［法］让-克洛德·奥凯　著
Jean-Claude Hocquet

陈侠　张健　译

De
l'esclavage
à la
mondialisation

LE SEL

从
奴隶社会
到
全球化时代

盐的世界史

社会科学文献出版社
SOCIAL SCIENCES ACADEMIC PRESS (CHINA)

目 录

引言　盐的价值、用途及象征意义······················· *1*

第一部分　小规模开采时期盐的生产与运输

第一章　盐路，奴隶之路·························· *17*

第二章　中世纪盐井的年金························· *57*

第三章　十九世纪切尔维亚盐田陈旧的家长式管理········· *71*

第四章　艾格－莫尔特盐场、王室垄断与罗讷河航运········ *99*

第五章　瑞士各州，盐来盐往······················· *138*

第六章　盐业参与世界贸易························· *179*

第二部分　盐的工业化生产以及盐场的扩张与集中

第七章　一个工业巨头的诞生及发展················· *219*

第八章　盐业现代化····························· *234*

第九章　洛林地区盐业的扩张······················ *248*

第十章　普罗旺斯和朗格多克地区的盐业工业化········· *265*

结论　盐对人类的重要性 ………………………………… 289

文本来源和致谢 ………………………………………… 296

参考文献 ………………………………………………… 300

索　引 …………………………………………………… 328

引言

盐的价值、用途及象征意义 [***]

盐是大自然的慷慨馈赠，看似微不足道，却在世界各地的人类文化中扮演了极为重要的角色。人类发挥聪明才智，发明了多种技术，才能够高效省力地提取盐。盐的分配涉及运输、商业、交通布局、港口、运输路线等多个方面。由于人类对它的依赖，盐成为最受人类关注的重要食品，地位远高于香料等诸多奢侈品。盐的生产、销售、消费等各个环节易于控制，各国政府很早就注意到这一点，并从中收取高额税收。[①]

盐具有多种特性，因此用途越来越多。其最重要的用途，或者说曾经最重要的用途，[②] 是因生物学特性而被食用：确实，盐首先是一种食品，能够为微生物、植物、动物和人类提供营养物质；它增添风味，既能衬托甜味，又可减轻某些菜肴的苦味。医学领域很早就有人意识到盐在温泉治疗、浸浴、伤口愈合等方面的功效，以

---

*　本书出现所有没有标注来源的表格均为原书作者自制，本书出现的所有图片均来自原书。——编者注

**　本书中出现的非书名斜体名词是保留原书中对法语以外的语言作的标注处理。——编者注

①　Adshead S. A. M. , *Salt and Civilization*, Palgrane Macmillan, Basingstoke, 1992, 3.

②　Sur l'histoire du sel, Hocquet (1985) J. -C. , *Le sel et le pouvoir, de l'An Mil à la Révolution Française*, Paris, Albin Michel. Hocquet (1991).

及等渗盐水可以替代血浆救治严重烧伤患者；盐的毒性可杀灭细菌
或真菌。盐为人类提供的最重要的服务是保存食品，正因如此，盐
很可能是推动中世纪欧洲经济发展以及人口增长的主要因素之一。
盐可以保存含蛋白质的肉类，这使人们能够为荒年或粮食歉收地区
储备食物。盐为十一至十三世纪的商业发展做出了巨大贡献，并增
加了皮革和毛皮等产品的价值。人们也把盐作为食品添加剂，例如
做面包时加盐有助于面团黏合并控制酵母的活性。

由于氯化钠晶体的物理化学特性——例如可溶性，盐可用来提
纯多种矿石（如银和铝）。[1] 盐有蒸发性，可用于给粗陶上釉。盐
具有吸湿性，可为有机液体或空气除湿，还可以防腐保存。盐有硬
度，可作为研磨料加在牙膏等产品中。盐的水溶性也得到了充分利
用：盐能够使冰点降低至 -18℃，这使它成为冬季冰雪天气维护道
路通畅的重要工具，还可用于冷冻食品；盐能使沸点升高，因此可
用于给蔬菜去皮；盐的平衡相对湿度有利于加工木材、稳定路面和
加速水泥凝固；盐的易溶解性可应用于提取染料、钻探、形成石油
以及建立存储石油和天然气的地下仓库；盐的导电性可应用于电镀
（银、铬、锌）和电解。[2]

但是，世界各地人民对盐的重要性的理解往往超出其自然特性
的范围：对荷马来说，盐是一种神圣的物质；对于柏拉图来说，盐
是众神珍视之物；对于古埃及人来说，盐就是生命的精华。在某些

---

① Ewald U. , *The Mexican Salt Industry, 1560 – 1980. A Study in Change*, Stuttgart-New York, 1985, 12 – 18 et 223 – 224 sur le procédé de raffinage de l'argent appelé *patio-process*.

② Matrat, 116 – 118. Nakashizuka M. et Arita M. , " Characteristics of Halophilic Bacteria in solar Salts ", *in* H. Kakihana (et al.), éds, *Seventh International Symposium on Salt* (April 6 – 9, 1992, Kyoto, Japan), Elsevier Science Publishers B. V. , Amsterdam, 1993, I, 665 – 669.

特别强调四大元素（土、水、火和空气）的宇宙起源论中，盐是独一无二且不可替代的，它是由四大元素结合而产生的。神话也将"火、盐和海"联系起来：例如在芬兰，传说天空之神乌科（Ukko）在天上升起大火，一颗火星掉落在海里生成了盐；在墨西哥，传说雨神在一场争吵之后，将妹妹乌伊斯托希瓦托（Huixocihuatl）送入海中，她在海水里创造出宝贵的盐，从此被奉为盐女神。①

其实，盐在迷信和宗教象征领域一直扮演着非常重要的角色。盐被视为具有神奇力量的最神圣的物质之一。② 从许多方面来看，《圣经》都是第一本证明盐的重要性和价值的书。《圣经》开篇就列举出与盐相关的象征意象：食物、储存工具、药物、味道以及驱魔工具、咒语与智慧。③ 这里所谓的象征意象是指通过类比对应关系，用具体的自然物质（盐）来表达超自然的、神圣的其他事物。

盐非常适合表达暗喻。应当指出，盐总是与智慧联系在一起：神秘学（la science mystique）中的智慧女神索菲娅（Sophia）以钠的形式出现，她的肤色像燃烧的盐一样呈黄色。④ 圣杰罗姆（saint Jérôme）⑤ 写道："稳婆用盐擦洗婴儿的身体，使皮肤变得干燥紧实。但是一个叫耶路撒冷的人因其父母不称职，既未得到

10

---

① Lawrence, 155.

② Jones, 43.

③ Latham, 256.

④ Bayley, vol. I, 228.

⑤ 4 世纪的伟大学者，一生致力于神学和圣经的研究，因把希伯来文圣经翻译成拉丁文而闻名。——译者注

味道①也未得到照料。"② 他在文中故意使用了"味道"（sapor）一词，因为该词与智慧（sapientia）一词具有相同词根。"平淡无味"（insipide）一词包含"失去理智"和"变得乏味"两层含义，词源也是 sapio，意为"感觉"和"知道"。同一词源还衍生出味道（sapor）和智慧（sapientia）两个词。盐有智慧的味道，它是智慧的结晶。一位东正教神父也曾讲到"智慧的调料"："少了上帝的盐，一切智慧都会变得平淡乏味"。

吕基亚（Lycie）③ 的主教梅多德·德·奥兰普（Méthode d'Olympe）（250~311年）在他的著作《十圣女的宴会》（Le banquet des dix vierges）中对盐的象征分析可谓登峰造极④：得到灵性之盐的圣女如同先知和使徒，她的肉体不会屈从于诱惑，她能用虔诚的信念平息萌动的欲念。这个隐喻还留下一个有趣的说法：时至今日，女孩失去童贞仍被称为"变淡"（dessalée），男孩也同样会经历"变淡"的情况。所以塞利纳（Céline）⑤ 这样写道："小劳拉……就是因为她，我才经历'变淡'。"⑥

11

盐也象征时间和永久，意味着永恒不变。因此，盐可以表示盟约长久不变。盐约⑦意味着永久的约定⑧。亚历山大里亚的斐洛

---

① 此处暗喻智慧。——编者注
② *Patrologie latine*, 22, 1073.
③ 位于今土耳其境内，历史上曾是罗马帝国在亚洲的行省。——译者注
④ *Patrologie grecque*, 18, 38–39.
⑤ 法国小说家（1894~1961年），代表作《长夜漫漫的旅程》。——译者注
⑥ Louis-Ferdinand Celine, *Voyage au bout de la nuit*, Paris 1932, 62.
⑦ 源自上帝与以色列人立约规定："凡以色列人所献给耶和华圣物中的举祭，我都赐给你和你的儿女，当作永得的份，这是给你和你的后裔，在耶和华面前作为永远的盐约"。——译者注
⑧ Dussaud, 218.

（Philon d'Alexandria）① 和犹太教辣什（Rashi）②（十一世纪）也持此观点："盐约终不渝，永不瓦解"。在祭品上撒盐是为了表明祭品永在，有不朽之意。因为盐意味着永恒，所以自古以来盐就与长久的友谊或忠诚联系在一起。众所周知，希腊人和古罗马人都有分享盐的习俗。普鲁塔克（Plutarque）③ 在《众友论》（*De amicorum multududine*）中印证了这一点，他建议"在接纳一个新朋友进家门之前，先请他一起吃一点儿盐"④。西塞罗（Cicéron）⑤ 把新朋友和"一起吃过很多盐"的老朋友进行比较，"老朋友的友谊随着年龄增长愈加浓厚"⑥。在东方国家，如俄罗斯，客人送给主人面包和盐向来表示友好亲善。相反，洒落盐或打翻盐瓶则预示朋友间将有口舌之争。客人把盐瓶递给主人的妻子可能会引起主人的嫉恨，因为丈夫可能会把这个动作视为勾引。拉格朗日（Lagrange）⑦ 对盐约做出了如下解释：分享食物的人被认为是一家人，一起吃盐就表示分享食物，因此意味着建立或确认血缘关系。

　　但人类之所以赋予盐重要的仪式价值并不是因为它象征持久和友谊。人们在庙宇中撒盐、用盐擦拭身体是因为盐可以辟邪和防止细菌感染。从圣杰罗姆的文字中可知，用盐擦洗新生儿的做

---

① 亦称斐洛·尤迪厄斯（Philo Judeaus）（约公元前25～约公元45年），生于亚历山大城，他首次尝试将宗教信仰与哲学理性相结合，被视为希腊化时期犹太教哲学的代表人物和基督教神学的先驱。——译者注
② 辣什因对圣经和巴比伦塔木德的注解而闻名。——译者注
③ 罗马帝国时代的希腊作家、哲学家、历史学家（约46～120年）。——译者注
④ André, 194.
⑤ 古罗马著名政治家、演说家、雄辩家、法学家和哲学家（公元前106～前43年）。——译者注
⑥ *Dialogus de Amicitia: Laelius, XIX, 67（multos modios salis simul edendos esse, utamicitiae munus expletum sit）*.
⑦ Lagrange, 252.

法曾经很流行。罗马人有个仪式，把受过祝福的盐送给将要受洗的初学教理者，这其实是延续了古老的罗马习俗，即在婴儿出生一周后放几粒盐在其唇上以驱除邪魔。法国人曾长期保留一个习俗，即在婴儿身上放盐，直至洗礼为止。荷兰人用盐擦拭牛犊的身体，也把盐放在婴儿摇篮里。① 这种做法证明农民了解盐的杀菌作用，知道盐是有效的消毒剂。另外，荷兰人在奶牛死掉后，会在牛棚门槛上撒盐，或者在死牛脖颈上挂一袋盐以驱散邪魔和幽灵，这显然表明农民的民间医学实践已经转变为一种对盐的神奇力量的信仰。

关于盐在洗礼中的重要性，从第49世教皇基拉西乌斯一世（六世纪下半叶）流传下来的祈祷词可以看出："全能永恒的神……，驱使你，智慧的生物……，盐得到智慧……"受洗之人会被要求"品尝有治愈作用的盐"，从而不断增强信仰。整段祈祷词将初学教理者（孩童）的成长与其信仰上的进步联系起来：他蹒跚学步，摆脱内心的蒙昧，同时他尝到盐味，并拥有健康的身体。第二段祈祷词是关于盐的祝福，似乎是指应该驱除盐里的邪魔，但约瑟夫·拉瑟姆（Joseph Latham）解释说，实际上通过这段盐的祝福，盐成为驱除初学教理者体内邪魔的媒介。盐成为圣礼，赋予生命并驱逐有害之物。盐有超自然的能力，可以使人免受任何邪恶的影响。②

巫术中曾广泛使用盐驱除邪灵。因为恶魔讨厌盐，所以恶魔的宴会桌上永远不会放盐。盐是抵御邪恶之眼、战胜邪恶力量的神奇物质。盐可以化解咒语。③ 1477年，在比利时的根特，两名骑士没有

---

① Meertens, 38.

② *The Oxford Dictionary of the Christian Church*, 1210.

③ Lawrence, 157.

在圣周四的餐食里放盐，因此被指控吃了无盐的肝，并遭受了酷刑。①

　　盐也经常用于祭祀。希腊人、罗马人和印度人曾有相同的习俗，即在祭牲上和祭火上撒盐，待祭牲烤熟之后，先切下一块供奉神灵，其余则由众人分食。② 当然，保存食物是盐最早的用途之一，祭祀也反映了这一点。撒盐是为了防止祭牲在肉体上和精神上腐败变质，保证供奉给神灵的肉是安全的。这种做法除了物质层面的意义之外，还包含"立盐之约"的意义："你要在献给神的一切祭物上放盐"③。

　　人们常把另外两个象征元素——水与火——与盐相提并论。与普遍看法相反，盐（食盐，即氯化钠）在炼金术士的工作中的地位似乎并不重要。炼金术士更喜欢用硫或汞等其他矿物做实验，他们提到"盐"时，主要指一些可溶于水的物质，例如明矾、硫酸盐和氨，就像哈斯（Rhases）十一世纪在托莱多写下的专著《盐与明矾之书》（*Le livre des sels et des aluns*）④ 的名字一样。荣格（Jung）提出，炼金术士所使用的术语无一具有确切含义，每个词语更倾向于代表某个神秘的想法或符号。因此，荣格纠正了对《哲学家的玫瑰园》（*Rosarium philosophorum*）⑤ 的常见误读："尝过盐和盐水的人洞悉智者和长者的秘密。所以要集中意念于盐，因为只有它里面才隐藏着科学以及古代哲学家最高深的秘密。"盐里隐藏着科学？实际上，拉丁文写的是"只有她里面"（in ipsa sola），

13

---

①　Meertens, 40.

②　关于盐在祭祀中及其在寺庙与建筑中的重要性，请参阅布洛赫（Bloch）的 "Zur Entwicklung der vom Salz abhängigen Technologien"，尤其是第 280～283 页。

③　*Lévitique*, 2/13.

④　Forbes, 6.

⑤　一部出版于十六世纪的炼金术专著。——译者注

与之相关的只可能是阴性名词"头脑"（mens），即"意念"①。语法分析能纠正对象征符号的荒唐误读吗？没有什么比这更不确定的了，因此我们不就此展开讨论，仅需注意这段文字中两次用"盐"一词象征敏锐的思想、知识甚至谈话技巧。此外，普林尼（Pline）② 在长期研究盐后总结道：

> 如果没有盐，我的天！人就无法过上文明生活；这种物质必不可少，甚至能带来精神上的愉悦；实际上，盐使这些愉悦有了名称，一切生活的乐趣、极度的欢愉和劳累后的放松都没有更恰当的词来表达。③

14

盐还与金钱和财富的观念联系在一起，从古罗马军团士兵的薪金——即"薪水"一词的来源④，到巴鲁亚人⑤或埃塞俄比亚人⑥的盐币，都反映了这种联系。盐对人的重要性也体现在地名中：几乎所有产盐的地方的地名中都带有"盐"字，从萨尔茨堡（Salzbourg）到无数带有"Hall"⑦的地名，例如哈尔（Halle）、哈莱因（Hallein）和哈尔施塔特（Hallstatt）等；从法国的萨兰（Salins）或萨利耶（Salies）⑧到苏格兰的索尔特科茨（Salt-

---

① Jung, 332.
② 普林尼（23~79年），古罗马著名科学家，著有《自然史》。——译者注
③ Pline, *Naturalis Historia*, xxxi, 88.
④ 古罗马军团士兵领取盐作为薪金，盐的拉丁文为 salarium，薪水（salary）一词即源于此。——译者注
⑤ Godelier, «La monnaie de sel des Baruya de Nouvelle-Guinée».
⑥ Abir, «Salt, Trade and Politics in Ethiopia in the Mamana Masafent».
⑦ 德语 salz、hall 都是盐的意思。——译者注
⑧ 法语 salins、salies 都是盐田、盐矿的意思。——译者注

Coats)①；从普鲁士的萨尔茨科滕（Salzkotten）到印度的拉瓦纳普拉（Lavanápura）②，包括土耳其的图兹拉（Tuzla）。

除了分析盐的象征意义外，我们还必须强调盐的药用价值和它在医学里扮演的角色。普林尼列举出许多能用盐治疗的疾病，因为盐"具腐蚀性，助清洁，利消肿"，并总结说"没有什么比盐和阳光对全身（健康）更有好处"③。医师约翰·范·贝弗维克（Johan van Beverwijck）在《健康之镜》（*Miroir de la santé*）（1636年）中列举盐的功效："盐之于味，正如优美的和弦之于耳，香气之于鼻，色彩之于眼，等等。"盐能使人分泌更多"唾液"（salive）④，帮助人们更好地品尝菜肴。⑤ 盐还能增强妇女的生育力和男性的精力。我们常听到"女人给丈夫的身体抹盐，治好他们的阳痿（……）前前后后都抹上，使他们重振雄风"⑥（1557年）。因此，在大众观念中，盐与性交、婚姻、性能力等意象联系在一起，有时还用来表示放荡的品行和"淫词秽语"⑦，轻佻的女子被称为"婊子"，在荷兰语中为"pekelhoer"（hoer 意为妓女），意为"生活在盐水里的女人"⑧。盐就像春药，像诞生于海洋的维纳斯女神一样能激发性欲，带来快感。海洋本身就象征着繁殖力，施莱登

15

---

① 英语 Salt-Coats 意为盐层覆盖。——译者注
② Schleiden, 70.
③ 普林尼，《自然史》第三十一卷，第102页。十九世纪末，贡佩尔（Gümpel）在《食盐》（*Common Salt*）一书中认为，必须摄取食盐以维持健康和预防疾病。
④ 法语唾液"salive"一词也来源于"盐"。——译者注
⑤ Meertens, 47.
⑥ Bergier, 154.
⑦ 法语 salace 意为"好色的，淫荡的"，词根的意思为"盐"。——译者注
⑧ Meertens, 30 – 33. 在里尔的卡尔顿酒店卖淫案中，主要被告人的绰号是"盐水多"。

（Schleiden）指出海洋是一个极具创造力且富有成果的载体，容纳众多物种繁衍生息。① 此外，汗水和眼泪、血液和尿液、唾液和性分泌物等体液都含有盐分、具有咸味。

普瓦捷主教伊莱尔（315～367 年）在评述圣马修时讲到，盐也是避免身体自然腐败的一种有效药：

使徒们经过水与火的圣礼，变得完美——而盐恰好集水与火两种元素于一身——使徒们向聆听其圣言之人撒播不朽。他们因此被称为大地之盐。通过传教，他们像盐一样使人体得以永存。② 得到盐的躯体受到保护，不会腐败。

另一位神父指出：

不吸收盐，我们就无法延续今生，同理，没有神的智慧的救赎，我们将无法达到永生。

圣安布罗斯（Saint Ambroise）在一首赞美诗里讲到对躯体进行防腐处理时，先用水冲洗躯体，然后加入另一种元素③：

经过水的冲洗，腐败的肉体不再恶臭，经过盐的浸渍，内脏得以长久保存而不腐烂。④

---

① Schleiden, 92 – 93.

② *Patrologie latine*, 9, 934 – 935.

③ Sur la momification, Lucas et Harris, 274 – 278.

④ *Patrologie latine*, 15, 1815.

　　盐可以防止尸体腐败。埃及人保存尸体时会在尸体上抹上盐。希伯来人很可能也用盐和香料来延缓尸体腐败。在犹太教法典（Talmud）和普鲁塔克的著作中也可以读到盐与灵魂的类比：没有灵魂，身体就会腐烂。而盐也能够完好地保存死者的身体，使之长久不腐，盐具有神性。因此，盐能够与死亡抗争，防止肉身分解。人的灵魂有神性，灵魂能使身体更强壮，并使身体保持活力。盐对尸体所起的作用相当于灵魂对身体所起的作用。在灵魂即将腐败之际，盐延续了灵魂对身体所起的作用。英国人曾经有在尸体上撒盐和土的习俗，土象征着身体腐烂，盐则象征着灵魂不朽。[①]

　　因此，一位东正教神父说："如果盐失去咸味，世人将迅速腐化堕落"。肉体的腐败将导致精神堕落，而精神堕落是魔鬼的特征，魔鬼因为不能吃盐，被罚在尘土中爬行。[②] 蛇无法对由盐分组成的人类躯体造成伤害，但是如果盐失去咸味，躯体就会化为尘土并成为蛇的食物。[③]

＊ ＊ ＊

　　然而，同其他的象征符号（水既能带来洪灾也能清洗净化人或物，火既能表示地狱也代表永恒的圣爱）一样，盐也具有矛盾性。盐既可以象征祝福，也可以象征诅咒。它的祝福像河流一样覆盖着广阔的大地，像水一样浸润干旱的土地；[④] 但《旧约》中也有

16

---

① Jones, «L'importance du sel dans la symbolique du folklore et de la superstition», 29.
② 圣经里的魔鬼指蛇。——译者注
③ *Patrologia syriaca*, I, 90, II, 26.
④ *Sagesse de Sirach*, 39/22, 27.

多处把盐作为惩罚手段的记录。为了惩罚邪恶的居民，盐把河流变成沙漠，把泉眼变成旱地，把果园变成盐沼。[①] 象征符号都具有矛盾性，它们在善恶之间变化的能力通常来自它们唯一的实际用途，正是这种用途使它们成为象征符号。盐作为调料可以提味，但过量的盐则会使本来美味的食物变得难以下咽。

　　在不同的地方，盐会带来好运或招致不幸。如果换个地方，盐的好处可能变成坏处。[②] 盐的这种二重性可以用几组反义词来概括：肥沃／贫瘠，创造／摧毁，升值／贬值，健康／虚弱，纯洁／污秽，友谊／敌意。[③]

　　盐是"咸"这一概念的物质基础，人和动物等一切生命都源自"咸"的环境：在物种进化过程中，鱼类是所有动物的祖先，而人类胎儿的生命也始于羊水这种咸水环境。所以，"咸"可以象征理想的生命初期，即在母体里的舒适状态，但同时也象征分离，因为这种状态在出生之时即会终结。

　　由于盐在人与神的盟约中扮演着重要角色，所以当未遵守盟约时，盐的负面象征意义就会自然显现出来："（邪恶的人）就像沙漠中的荆棘，无法得到幸福。他将生活在酷热的沙漠中、在荒无人烟的盐地上。"[④] 此处的盐地表示被诅咒之地。在亚比米勒王的故事中，盐也象征毁灭，"经过一整天的激战，亚比米勒夺取了（示剑[⑤]）城，屠杀了城中居民，毁灭了该城并在城里撒上盐"[⑥]。一

---

① *Psaumes*, 107/34.

② Beek, 83 – 109.

③ Jones, 88 – 90.

④ *Jérémie*, 17/6.

⑤ 示剑是希伯来圣经中提及的城市，建于公元前十九世纪，是以色列王国第一个首都，靠近今约旦河西岸的纳布卢斯。——译者注

⑥ *Juges*, 9/45.

方面，可以把亚比米勒王撒盐的举动理解为他试图压制被屠杀的示剑人的亡灵，防止他们复仇。但另一方面，也可把这一举动理解为一个撒盐净化场地以便筹备新的祝圣仪式①的程序。罗马人也曾在被毁灭的迦太基的废墟上撒盐，原因正如普林尼所写："凡是撒过盐的地方都会成为不毛之地。"②

亚历山大里亚的斐洛在讲到罗得之妻变成盐像的故事时，强调盐被创造出来是为了带来福祉和恒久，然而盐有时却会像火一样造成难以承受的毁灭和破坏。但是里昂主教伊雷内（150～200 年）对这一故事提出了不同见解，他指出"盐"这一物质的矛盾性：他认为罗得之妻不再是短暂存在的易腐肉体，而是成了永恒的盐像，就像教会本身一样，是"大地之盐"③。对伊雷内来说，罗得象征着基督，他的妻子则象征着教会。盐像也成为恒久和稳定的象征，正如人世间的教会。

18

哲学家加斯东·巴舍拉尔（Gaston Bachelard）试图解释为什么在古代盐对人类思想如此重要。④ 他认为，这种珍贵的物质被隐藏起来、被杂质包裹着，只有经过反复蒸馏才能获得。可一旦被提纯，它就成为营养要素的"精华"或"极致浓缩"。母液经过浓缩和蒸发，表面的杂质被去除，最后得到的盐是极为重要且宝贵的物质。"它与人的关系最为密切"⑤，并且盐的超凡能力使它被视为生命的起源，就像盐的来源海洋一样。巴舍拉尔指出，盐的价值还与

---

① *Rois* II, 19 - 21.

② 拉丁文原文为 *Omnis locus in quo reperitur sal*，*sterilis est*，*nihilque gignit*。

③ *Patrologie latine*，7，1070.

④ Bachelard，120 - 122.

⑤ Nicolas de Locques，20.

一个事实有关，即仅需少量的盐即可达到显著的效果。掌权者注意到了这一点，并依靠盐税来积累国家财富，充盈国库：盐税并不会使民众无法生活，因为每个消费者购买的盐量很少。

  盐，纯净洁白，不可分解为其他元素，无可替代。尽管具有矛盾性，但对一切生物都必不可少。数百年里盐占据着世界经济的中心地位，等同于其他各种形式的财富，甚至相当于货币。它的历史总是出人意料。本书主要讨论的问题有奴隶和苦役犯在采盐场里的劳作、剥削盐工利益的收入分配制度、法国国王参与修建的卡马尔格港口的城防式盐田、海上帝国为寻找这一战略物资而派出的强大船队、众多国家纷纷设立的盐税以及在工业化进程中的英格兰被同时发现的岩盐和煤矿。接下来的十章内容将探讨从新石器时代至今日，盐的生产、贸易及税收等各个方面的主题。

第一部分

小规模开采时期
盐的生产与运输

第一章

盐路，奴隶之路

　　盐场劳动者的身份性质取决于盐场所使用的技术系统。在天然盐沼和人造盐田里，经过复杂的流程，海水或地下卤水最后才析出盐分，因此盐场需要长期工和熟练工，有时甚至需要专业技工。制盐工作有时类似于农业活动，盐场劳动者的身份就相当于佃户或季节性短工；有时需要把盐晶体从地下挖出，或者用锅煮卤水，蒸发之后得到盐分，此时劳动者的身份属于有偿的矿工和盐工，盐工在青少年时期会经过漫长的学徒期来接受职业培训。

　　还有一类盐场被称为"天然盐田"，即盐的蒸发和结晶无须人工干预，仅靠阳光和风的共同作用即可完成，如分布在干燥的热带海滨或内陆的众多盐湖和盐沼。在这些盐场，采盐就像采收果实，通常需要打碎地表的盐壳，或者挖开掩埋在几十厘米沉积物（沙子、石膏、盖岩）下面的盐层，把盐块与杂质分开。这项工作没有技术含量，由短工完成，盐场很少使用长期工。除非当地没有雨季，全年可以采盐。无论制盐方式是人力劳动还是自然蒸发，采收之后都必须由人工搬运，但盐场的短途搬运环节不同于把盐运往盐路各个中转仓的长途运输。长途运输是为了贸易，通常由盐商亲自控制。

　　然而，盐业经济中劳动者身份的多样性并不能完全归因于制盐的技术系统，历史和意识形态也起了一定作用。在欧洲和欧洲以外的高度集权国家，例如古代中国，盐业生产中既有雇佣和佃租的形式，也有强制性劳役和报酬甚微的政府征调劳动的形式。在其他地方，特别是在游牧民族居住的干旱荒漠地区，供给点既需要定居人群维持，又需要由国家机构控制。在盐业生产中使用奴隶劳动曾是十分普遍的做法，时至今日也仍未消亡。[①]

强迫劳动和劳役

古代中国

中国宋代（960～1279 年）的盐场里有 6 万到 7 万个作坊，有10 万名制盐工人，80% 的盐场分布在黄海沿岸，尤其是淮河和浙江的入海口[②]。为了煮海水制盐，国家提供可制 320 公斤盐的大锅，供 20 多个工人[③]轮流使用[④]。制盐工人既对国家有义务也享有相应的权利：全部或部分免除劳役及某些赋税，义务是指必须用盐支付不可免除的赋税，并且必须将规定数量的盐低价卖给国家。其

---

① 很少有证据表明中世纪的欧洲盐场存在强迫劳动。拉德罗·奎萨达（Ladero Quesada）提到一个罕见的例子，卡迪克斯侯爵在十五世纪八十年代在利昂岛的加迪坦盐场以及金枪鱼捕捞公司中用了 52 名奴隶。

② 郭正忠：《十至十三世纪中国滨海盐场的监工制度》，《盐业史研究》1993 年第一期，第 4 页。此处的浙江为一条河的名字不是省名。此处原作者有误，是"滨海盐民约占全国盐民总数的八成以上"，不是分布在黄海沿岸，"官营盐场最为集中的地区是黄海沿岸"。另，此书许多用语皆翻译自法语原文，与论文原本用词多有出入，意思一样处不做修改。——编者注

③ 此处本书作者有误，"供 20 多个工人轮流使用"应为"可供二十余家合用"。——编者注

④ 《熬波图》（"熬波"意为"煮沸海水"）。

余的盐也必须卖给国家，只是价格较高，接近市场价。盐业工人须严格遵守专卖制度，不得私煎或私贩盐，不得改业或离开盐场。凡在国家监管之外的煮盐、卖盐活动都被视为非法和走私行为。宋朝因外敌入侵而被迫放弃北方，偏安长江以南（南宋）之后，皇帝试图通过加强盐业专卖制度恢复财政实力。所有离开盐场参军、开酒肆或转投其他盐场的工人都会受到责罚，有的杖责一百下，有的在面部刺字，有的关押进监狱或牢城营且不得赦免。① 一名盐工从登记为盐场佃户的那一刻起，他就失去了人身自由，只能终身制盐。但是国家收盐时很少支付现金，并且还会压低原本承诺的价格，甚至一再拖延付款。为了生存，盐工只得私自制盐，暗地买卖。于是国家采取更多的强制措施：煮盐时点火、熄火的时间以及燃料供应都由官员控制。十一世纪七十年代，国家重组了盐业编制：数个盐户组成一灶，5至10灶结为一甲②，各甲互相监督，一旦发现煎私盐行为必须向官家告发……否则同甲盐户承担连带责任，集体受罚。为了加强对盐场佃户的控制，官府还在盐场四周建墙筑篱，派士兵严密把守。从十世纪到十二世纪，食盐产量大幅增长，但政府基本没有为此支付费用。盐工生计无着，债台高筑。时任盐官的诗人柳永描述了盐户如何日益贫困，以及（官员）厚利③如何让人失去人身自由的情况：

① 此处本书作者有误。责罚不是统一的，投军和转盐场的都是杖80下押回，只有开酒肆的是杖责100下。刺字后关押进牢房不得赦免是对私贩的惩罚。详见《十至十三世纪中国滨海盐场的监工制度》第5页。——编者注

② 此处本书作者有误，灶是指煮盐的灶炉，因此也称盐户为灶户或者亭户，一灶就指一户，"从三灶至十灶，多少不等地将几户编为一甲"。详见《十至十三世纪中国滨海盐场的监工制度》第4~5页。——编者注

③ 此处法语原文为"comment l'usure a abouti à une réduction de la liberté personnelle"，据《十至十三世纪中国滨海盐场的监工制度》第7页可知盐户贫穷的原因是因为官家低买高卖，"官有九倍重利"，因此编者将 l'usure 翻译为（官员）厚利，而不是常用译法高利贷。——编者注

自从潴卤至飞霜，无非假贷充粮粮。

秤入官中得微直，一缗往往十缗偿。

周而复始无休息，官租未了私租逼。

驱妻逐子课工程，虽作人形俱菜色。[①]

　　盐户最终除了逃亡，别无选择。十三世纪，许多盐场因盐户逃
25　亡而废弃，盐业的衰落削弱了南宋的财政资源，南宋朝廷每况愈
下，最终被蒙古游牧民族取代。[②]

　　四川盐井处于中国大陆腹地，[③] 那里的徭役非常特殊：住在盐
井周边的居民被迫砍柴交给政府作徭役，报酬极低，仅为少许稻米
或几个铜钱。十一世纪，陵井监[④]居民每年必须给当地煎盐灶提供
40 万捆柴薪。[⑤] 直到十七世纪中叶，中国盐场的大多数工人才成为
自由雇工，但在极少数例外情况下，仍有盐工被迫从事应由畜力完
成的工作，特别是抽取地下卤水的工作。例如在川北产区和富荣产
区，盐工脚踏盘车带动辘轳和齿轮，从小开口深井里汲取卤水。每

---

① 节选自柳永《煮海歌》。——译者注

② Guo Zhengzhong, "The Supervision system of maritime salines in China from the Tenth
to the Thirteenth century", 139 – 150, *in* R. Just u. U. Meister Hg, *Das Leben in der
Saline*, *Arbeiter und Unternehmer* (2. Internationale Salzgeschichtetagung, Halle/
Saale, oct. 1992), Technisches Halloren-u. Salinenmuseum Halle, 1996. （即《十
至十三世纪中国滨海盐场的监工制度》，但此文并无相关结论。）

③ Hocquet (1991_1) J. -C., «Production du sel et changement technique en Chine»,
Annales E. S. C., 1991 – 1995, 1021 – 1039. Hocquet (1992_2), «Original technics
of early Chinese salt production», *Thesis from the International Symposium on the
History of Chinese Salt Industry*, Zigong, 22 – 30 (en chinois).

④ 此处法语原文是 la population de Lingjingjian。陵井是著名盐井，位于四川。陵
井监本为陵井的管理机构，后升为行政地理区。详见张连伟《陵井考述》，《盐
业史研究》2014 年第 2 期。——编者注

⑤ Vogel H. U., *Untersuchungen über die Salzgeschichte von Sichuan* (311 v. Chr. –
1911), *Strukturen des Monopols und der Produktion*, Stuttgart, 1990, 130 – 131.

当盐的需求量增加时（1884～1885年、1904～1905年、1938～1939年），每当灾难或内战迫使大量难民涌入城市和工厂，或者发生类似1919年造成8000头水牛死亡的牛瘟事件时，盐井就需要更多工人，无论男人、女人还是儿童。儿童们和四面八方的流民一同被招募到盐场编组做工。他们头无遮蔽、衣衫褴褛，常遭殴打不得休息，而所得报酬极低，吃饭喝水均须高价支付，他们完全失去了自由。他们工作地的盐井上架起的盘车被称为"犯人盘车"，实际上这些债户和流民已经沦为奴隶。在富荣盐场，一些盐工捣毁了盘车；五通桥盐场最终禁用了这种人力盘车。①

在中国中部，黄河大拐弯东北侧，山西运城附近的解池是另一个著名的盐产地。1486年的明朝，毗邻解池的十二个郡县必须提供采盐工（称为"盐丁"），他们必须按照指定线路前往盐湖。有一位盐官写了一首诗，描述1515～1517年盐丁的生活和工作条件。② 26

> 二州十县，盐丁万余，
> 夏五六月，临池吁且。
> 临池吁且，炎暑薰灼，
> 且勤且惧，手足俱剥。
> 手足俱剥，亦既劳止，
> 载饥载渴，亦既病止。
> 亦既病止，公事靡盬，

---

① Vogel, 200 - 204.
② Dunstan H., *The HoTung Salt administration in Ming times*, PhD Univ Library Cambridge, 1980, dactyl 238 - 239（奥凯自英文译成法文）。

彼此相念，岂敢辞苦。

岂敢辞苦，不日不月。

岂不怀归？宪法明切。

宪法明切，无敢离伍。

陟彼条山，瞻望父母。

瞻望父母，谁共饔飧？

弱妇稚子，忧心如醺！

忧心如醺，何云归哉！

我心悲伤，莫知我哀！[①]

　　明代解池采盐的组织方式是每 20 名盐丁为一组，由料头（领班）指挥：每组必须生产 1 料盐，即 1000 引。所以每个盐丁必须采盐 50 引（等于 5.9 吨）。[②] 十六世纪的文献显示盐丁总数为 20220 人，大约来自 8500 户家庭。[③] 这么多盐丁可以生产 1011 料盐，即 119299 吨。盐商收盐每引只需向盐丁支付 0.01 两银子。[④] 这种徭役制度不仅对盐工不利，而且影响到其他人口，因为留下来的人必须代为耕种被征盐丁的土地。盐丁一般为刚成年的男性，只因出身盐丁家庭便不得不去盐湖采盐。[⑤] 但有时政府很难征调到劳

[①] 明朝河东巡盐御史朱裳《捞盐诗》。此诗正文有多种不同版本，此处采用《中华大典·工业典·食品工业分典》1 第 542 页的版本。——编者注

[②] 没有记录能查到 50 引等于 5.9 吨的换算比例，根据郭正忠主编的《中国盐史》（古代编）第 522 页，明代每大引 400 斤，每小引 200 斤，第 654 页提到明代加斤现象。均不能得到本书作者的换算比。——编者注。

[③] 数据见黄壮钊《明代山西解盐生产技术的演变》，《中国经济史研究》2016 年第 3 期，第 119 页。此处提到的文献可能是《重修河东运司志》。——编者注

[④] 《明代山西解盐生产技术的演变》第 119 页，"于商人名下，每引征赈济银一分。每盐丁捞盐一引，即赈银一分。"——编者注

[⑤] Dunstan，242.

力：一方面，人们为了躲避艰苦的采盐工作而选择逃离；另一方面，盐丁家庭的人口可能下滑，或遭受饥荒、瘟疫、自然灾害（如 1556 年的大地震①）等各种变故。这些情况导致了严重的后果，例如 1574 年，闻喜县 466 户被征调盐丁的家庭中，有 199 户人去房空（逃离），有 110 户家园废弃（死亡）。最终，履行法定徭役的重担完全压在那些人口尚全的家庭，他们不得不雇佣穷人和流民去代自己履行义务。因盐湖附近的郡县土地盐碱化，官方便把采盐徭役鼓吹为惠民之举，认为贫困农民可以从中得到可观的收益。但实际上对于穷人来说，采盐徭役非但没有减轻负担，反而成为又一个生存考验。② 1532 年的一份改革上书提到，由于徭役的季节性和紧迫性，解池盐丁的处境比别处的盐工更加悲惨。他们必须在两个月内完成徭役，而其他地方——如两淮和两浙——的煮盐工，则可以全年工作。解池采盐的收成也总是很不稳定：若下雨，盐会溶解掉；若持续干旱，盐会太干而被风吹散。采盐工作如此紧迫，以至于兄弟之间也无暇顾及彼此，负债累累的父辈只得卖子嫁女，或者倾家荡产雇人替自己服徭役。最常见的解决办法是逃跑。改革议案的提议者继而提出：生于盐丁家庭的人不必终生在盐湖采盐，盐户不应一直贫困。况且当时的制度存在漏洞：徭役登记簿上有许多虚假信息，虽然婴儿出生时被登记在册，但他们到成年时常会意外"死亡"，进而消失不见，然后官吏就把强征的徭役推到他人头上。

28

伊维萨岛盐场的奴隶

欧洲的地中海地区曾大量使用奴隶，但直到二十世纪，掩盖这

---

① 指华山大地震。——编者注

② Dunstan, 248.

一事实的遮羞面纱才被揭开，因为当时各种文章开始关注温和奴隶制，主要是年轻的女性家庭奴仆。[1] 但直到近期，人们对中世纪盐场使用奴隶劳动的情况仍一无所知：是否有奴隶在盐场劳动？每年的制盐季节，采集、搬运等工作都需要大量劳动力，但是诸如 1348 年黑死病之类的瘟疫给人口，尤其是极端贫困人口造成了巨大损失。这时怎样填补人力缺口？欧洲国家的最终解决办法是袭击他国商船，虽然欧洲史学界一直强调袭击他国商船是柏柏尔伊斯兰教国家所为，欧洲基督教国家只是根据宗教命令在北非港口赎回被掠走的战俘，[2] 实际上基督教国家也曾为了获得战利品而袭击他国商船：最受欢迎的战利品是作为廉价劳动力的男子。[3] 在 1348 年黑死病致使伊维萨岛民及盐场工人大批死亡以后，岛上的吉扬·德·拉戈斯特拉（Guillen de Lagostera）中尉于 1349 年 3 月 10 日向国王彼得四世递交了请愿书，请求国王准许船只武装袭击。国王批准了他的请求：

> 将俘虏及其他货物和商品带回伊维萨岛……采取最优待的方式出售、交换、转让这些俘虏及其财产。[4]

恢复伊维萨岛贸易的最好方法就是捕获俘虏。奴隶的高死亡率导致盐场的人工成本和盐价上涨。巴塞罗那市场上奴隶的价格翻了

---

① Cf. les travaux de Livi, verlinden et Heers.

② Pelizza, A. , «*Riammessi a respirare l'aria tranquilla*». *Venezia e il riscatto degli schiavi in età moderna*, aivsla（Memorie 139），Venise, 2013.

③ Manca, C. , «Uomini per la corsa. Rapporti di classe e condizioni sociali nelle città marittime bararesche dopo Lepanto », *in* Ragosta R. éd. , *Le genti del mare mediterraneo*, Naples 1981, ii, 725 – 772.

④ 原文为拉丁文 «*in eadem（insula）reddireseutornare cum captivis et aliis rebus et mercibus（…），ibiqueipsoscaptivossivesclavos et bona eorumdemvendere, permutare, alienare, proutvidebitureismeliusexpedire*» （转引自 Ferrer Abarzuza）。

一番，1300 年至 1344 年的平均价格为 346 苏（sous），而 1348 年
到 1355 年的平均价格为 743 苏。

中世纪的伊比利亚半岛似乎注定是奴隶集中地，[1] 伊维萨岛也
一直有奴隶。[2] 十七世纪初，伊维萨岛平均每年生产 15000 蒙顿
（mondins）盐（1 蒙顿约等于 1.5 吨[3]），每蒙顿盐需要骡子从盐场
运到码头八趟。[4] 伊维萨岛盐业管理会为岛上所有家庭制定了相当
复杂的盐业管理模式，"根据人的价值"，即根据每个家庭的财富
按比例分配盐池。盐池被划分为"阿斯特"（astes），承包到户。
年盐产量的分配方式确保岛上的势力集团能够获得丰厚的利润。仲
裁员首先估算次年的盐产量，然后按估算的数量给各户盐池分配
盐。分配盐量较多者必须承担更多采集盐、运盐至码头以及装船的
劳动任务。获利者需要劳动力来完成这些工作，大部分劳动力就是
奴隶。关于这些奴隶，只能找到一些间接信息：1282 年，伊维萨
岛的一条私掠船参与了一次对阿尔及利亚科洛港的袭击，带回 32
名俘虏。[5]

雨季来临前，八月到九月初，这些俘虏忍受烈日炙烤，在盐池

[1] Maria Teresa Ferrer i Mallol, *De l'esclavitud a la llibertat: esclaus i lliberts a l'Edat Mitjana*, actes du Colloque International, Barcelone, 27 mai 1999, Institució Milà i Fontanals, Departament d'Estudis Medievals, 2000.

[2] Ferrer Abárzuza A. , *Captius i senyors de captius a Eivissa: una contribució al debat sobre «l'esclavitud» medieval（segles xiii - xvi）*, Publicacions de la Universitat de València 2015.

[3] Hocquet（2012），ii，1108. 在威尼斯，重量单位蒙顿的变动范围介于十五世纪中叶的 1886 公斤（最大重量）和十六世纪二十年代的 1358 公斤之间。

[4] Espino López A. , «La climatologia y el negocio de la sal en la Ibiza del siglo xvii», *Revista de Historia Moderna*, 33（2015），251；«La sal de Ibiza y Carlos ii. Control politico y control económico de una fonte de riqueza en la antesala del cambio dynástico, 1683 - 1691», *Obradoiro de Historia Moderna*, 18（2009），191.

[5] Ferrer Abárzuza, 325 - 327.

里干活。码头距离盐池 0.5~2 公里，运到码头的盐先装上小船，再由小船运到大商船。采盐活动使岛上所有人每年都像钟摆一样迁移，也吸引了瓦朗斯人前来务工。根据 1423 年 9 月 18 日的一封信，格林纳达王国①一位绰号圣莫罗的私掠船船员武装袭击了基督徒，他带着七八条长战船、一艘桨帆木船、一艘载着 24 排桨手的大战船，以及一些轻型战船和小船，突袭了伊维萨岛盐场，共有五六百个武装的摩尔人登陆，俘虏了三四十名基督徒和至少 150 名在盐矿中干活的摩尔人囚犯。随后这些摩尔人洗劫并捣毁了盐场，没有遇到任何抵抗。十六世纪阿让的主教马泰奥·班戴洛（Matteo Bandello）② 在他的《短篇小说》（*Novella xxi*）第 21 篇中写到"热那亚人会把一个不顺从的奴隶卖到伊维萨岛运盐来惩罚他"。确实有这类惩罚奴隶的事例，特别是在十五世纪，热那亚人卖了 13 批奴隶到伊维萨岛运盐。③ 贝内代托·博尔多内（Benedetto Bordone）的《世界岛屿》（*Isolario*，1528 年）写道，伊维萨岛盛产海盐，人们赚了大钱，因此能从私掠船大量购买奴隶运海盐到商船。奴隶每天必须搬满定量的盐，他们赤裸着上身，穿着长裤，脚上拴着镣铐。如果不能完成额定量，他们就会在码头被罚用铁棍打 50~100 下。晚上会被关起来，口粮是麸皮面包和水。奥斯曼帝国海军上将皮里·赖斯（Piri Reis）（*Kitab-ibahrije*，著有《水手之书》，1521 年）的舰队在地中海西部水域航行，沿途停靠阿尔及尔、突尼斯、布日伊和波尼等港口，他这样描述自己看到的盐

① 格林纳达王国（royaume de Grenade）是西欧最后一个穆斯林王国，建于 1283 年，1492 年向基督徒投降。——译者注

② 马泰奥·班戴洛著有《短篇小说》214 篇，对欧洲文学影响颇大，莎士比亚的剧本《罗密欧与朱丽叶》《第十二夜》《无事生非》等均取材于他的作品。——译者注

③ Ferrer Abárzuza, 331-332.

场和码头：码头上的平底驳船把盐运到商船上，每年商船都多达五六十艘。工人中有许多土耳其和阿拉伯囚犯，确切人数难以估算。因此，在有"世界盐场"之称的伊维萨岛，的确存在过"盐业奴隶"。[1] 除了季节性采盐劳动，奴隶们还得听主人差遣做农活（种粮食和葡萄），给商船卸货，或者参与修建防御工事等公共工程。[2]

在新西班牙[3]

在前哥伦布时期的美洲和被西班牙征服的领土上，也存在人们被迫进行季节性盐业劳动的情况。在墨西哥城西面毗邻米却肯主教辖区的地区，有一个濒临太平洋的州，州内有 202 个村庄，其中 101 个村庄产盐并因此被征税。因为该州有多个盐湖，如萨尤拉湖和奎采奥湖。[4] 贡赋是印第安人的主要负担，支付形式包括实物（物品或现金）和人力（劳动）。征服者修改了前西班牙时期的一项旧有贡赋，使之符合自己在新西班牙制定的标准和经济社会制度。例如，奎采奥环礁盐湖边，阿拉罗和锡纳佩夸罗的村庄必须向征服者贡奉玉米、辣椒、扁豆和当地手工艺品，再加上 30 筛（tamenes）盐和 30 条鱼，还要派印第安人去特立尼达的矿区干活。而 1535 年的税法修改了前西班牙时期留下来的这项制度，确定贡赋为必须派 60 个人为塔斯科银矿运送必需物资，包括 30 筛盐。征服者死后，贡赋被移交给国王。鉴于沉重的负担已导致人口减少，

31

---

[1] Ferrer Abárzuza, 334.
[2] Ferrer Abárzuza，奴隶用工日历（452 – 454）。
[3] 新西班牙指西班牙帝国管理北美洲和菲律宾等殖民地的总督辖地，首府位于墨西哥城。——译者注
[4] Liot C., *Les salines préhispaniques du bassin de Sayula (Ouest du Mexique)*, *milieu et techniques*, Archaeopress, Oxford 2000.

国王减少了贡赋，将派往银矿的印第安人减至 20 名，规定他们每个月必须运送 30 车（cargas）盐，以满足银矿所需。[1] 实际上，这些作为税赋缴纳的盐被用于提炼开采出来的银矿石。[2] 制盐在美洲只是辅助性行业，因为殖民势力更加关注银矿的回报和贵金属的精炼，但矿工们在干旱的盐湖（sebkhas）挖盐并运送到银矿，这种劳动仍属于强迫性盐业劳动。

农民劳役

欧洲也曾经迫使人们参加盐业活动。直到十八世纪，洛林地区的农民还在被迫服劳役，用马车将孚日山区的木材运到盐场，再把盐运到阿尔萨斯东南部的仓库以及瑞士各州。[3] 在塞勒河谷，盐矿附近的村庄里聚集了三四百辆用 6 匹马拉的大车。可以想象这些车队会造成怎样的拥挤和混乱。由于冬季道路无法通行，所以农民只能在夏季运盐，为此被征集的数百名农民必须中断农务，赶着他们的套车运盐。有的农民甚至来自远在香槟省边界的村庄。马车运输还引起另一个麻烦：维护运盐线路上的道路和桥梁也得由农民服劳役完成。农民是一个缺少货币资产的社会阶层，通常生活在自给自足的经济中，很少支付间接税，而向他们征收的以劳动形式支付的赋税，就是这些杂役。[4] 在旧制度末期，洛林盐矿每年的劳役要求

32

---

[1] Escobar Olmedo A. M., «La sal como tributo en Michoacan a mediados del siglo xvi», in Reyes, *La Sal en México*, 161 – 186.

[2] Ewald, *The Mexican Salt Industry, l560 – 1980. A Study in Change*, Stuttgart-New York, 1985. 参见"索引"中"贡赋"（tribute）。

[3] Boyé P., *Les Salines et le sel en Lorraine au xviiie siècle*, Nancy 1904. 盐税规定统一使用矛（muid）作为国内盐的计量单位，1 矛 = 24 米诺（minot） = 100 斤（livre poids du roi）。此处 muid 翻译为矛，参考熊芳芳《试析近代早期法国农民税负的经济效应》，《湖北社会科学》2010 年第 9 期，第 111 页。——编者注

[4] 关于用劳务代替缴税，见 Hocquet（1987）。

250000 天运输日。虽然劳役也有相应报酬，但人们付出的往往远高于他们得到的：1761 年冬季，因道路状况很差，农民们本已拒绝大车运输劳役，但当他们得到提高报酬的承诺时，又接受了……后来他们在路上出了事故，在运送 500 桶盐的途中损失了 40 匹马。[1]

苦役监狱和盐业苦役犯

撒丁岛上的众多盐田是税收的重要来源，税务机关通过招标给私人盐田开采权特许。需要大量劳动力才能完成采盐并把盐运至海关仓库或码头的工作，然后把盐出口到比萨、热那亚或威尼斯。盐田附近的村庄必须派出农民组成挖掘队（les équipes de *scavatori*）煮盐，还得派人赶大车运盐。撒丁岛人深受劳役之苦，[2] 他们分组每周轮流服劳役。这些劳动属于公共性质，因此是无偿的或报酬很低，内容包括修建桥梁、道路和教堂，以及盐业劳动。这是人民对国家及代表国家的法官们的义务。当撒丁岛进入阿拉贡王国时期（早在 1297 年教皇卜尼法斯八世就把撒丁岛和科西嘉岛给了阿拉贡王国，但直到 1324 年 6 月 19 日，阿拉贡国王正义的雅克二世才击败比萨，占领了这两个岛），大部分公共或集体的财产和服务被并入"王室遗产"，移交到新国王手中。为了满足主要来自北方（斯堪的纳维亚半岛）各国不断增长的对盐的需求，盐产量节节攀高，被征调劳动力的村庄——"被征调村"——数量相应也有所增加。十四世纪只有 5 个村庄被迫接受报酬很低的煮盐和运盐劳役，[3] 十七世纪增加到 10 个村庄。每年 11 月，当堆积的盐压紧之后，会有

33

---

① Boyé, 40 – 42.
② 拉丁语，直译为个人服务。——编者注
③ 西班牙语，直译为盐的提取和运输。——编者注

专门鉴定人来估测盐"丘"（les «monts» de sel），并据此计算工人的报酬。拒绝劳役的人会被罚款，且整个村庄都要负连带责任。倘若再犯，违抗者将被充军。由于盐业劳役的时间恰好与农忙季节（收干草料期、收庄稼期和收葡萄期）重合，农民就更加难以忍受盐业劳役。1770 年前后，一年中从 7 月 1 日至 8 月 5 日，卡利亚里地区的村庄必须每天提供 100 人和 40 辆推车，8 月 5 日以后则每天提供 400 人和 160 辆推车。这种劳役系统虽然参与其中的人数很多，但实际效率十分低下：已有 32 个村庄提供 382 个"被征调人"（这些村庄步行 6 小时 30 分钟内可达盐田），但仍需扩大"被征调村"的范围，结果又增加了 34 个村庄的 418 人（人们步行至盐田需要 7～22 小时）。最终，总共 71 个村庄①被要求提供 800 名劳动力，但半数被征调者宁愿支付罚款，所以采盐工作一直拖到秋天。当秋雨突至，盐板上仍有许多盐未收。总督曾试图向更远的村庄摊派替代性税，以便给盐工增加报酬，激励他们劳动。但到了1771 年，总督办已无计可施，只能要求国家派遣苦役犯，把盐田变成苦役监狱。②

从尼斯来的苦役犯难以适应烈日高温，纷纷发烧病倒。苦役犯戴着镣铐工作，日渐衰弱，他们诉苦伙食太差，生虫霉烂的豆子里满是沙石，配着腐坏的肥肉更倒胃口，他们还抱怨死亡率太高（在十九世纪的前三分之一里，盐田监狱人口每年死亡八分之一）。1836年，查尔斯·阿尔伯特国王废除了"盐业征调劳役"，撒丁岛的盐田

---

① 此处数字与作者进行沟通，作者确认无误，71 个村庄是因为 66 个村庄理论上能提供 800 人但实际不足。——编者注

② Di Tucci R., *I Lavoratori nelle saline sarde dall'alto Medioevo all'Editto del 5 aprile 1836*, Cagliari, 1929, 13 – 62. Pira, «I Dannati»（该死的），记录了 1767 年（原书第 141 页）意大利北部皮埃蒙特政府派出的第一批苦役犯，当时苦役犯们首次尝试逃脱，被皇家龙骑兵阻止。

里只剩下苦役犯在干活。为了降低生产成本和提高生产率，盐田安装了阿基米德式螺旋抽水机抽水到盐池，不再用笨重的木制手推车而是用筐子来运盐，并且开挖运河，苦役犯的生存环境也相应地有所改善。1837 年政府颁布了新规章，苦役犯的工作时间定为：早上 5 点至 10 点，下午 2 点至晚上 7 点。但在酷暑天气下"不能要求工人连续进行繁重工作"，总督办将每天的工作时间由 10 小时减少到 8 小时，并且在上午 9 点至下午 4 点这一天中最热的时段工人应该休息。[①] 虽然苦役犯报酬极低甚至没有报酬，管理成本却十分高昂。因为必须支付军饷养一批士兵看守苦役犯。后来法西斯政府废除了这座苦役监狱，改为雇工人采盐，并安置雇佣工住在夸尔图（Quartu）[②] 和盐田周边。

战俘

在一些盐矿，特别是奥地利盐矿，直到十九世纪工人仍享有一定的特权，然而在二十世纪情况却变糟了。盐矿工人曾经享有的主要特权是免服兵役，但第一次世界大战期间出现了一种新型的非自由劳工，被称为"本土矿工预备队"。不久之后，其他非自由劳工、外籍劳工和战俘也被合并进来，在战俘营之外服务和工作不符合战俘应得的待遇。本土预备队和外籍战俘的境遇同样糟糕，但有一个重要差异：在工作之外，本国人可以自由支配闲暇时间，回家、打理花园、干零活或做黑市买卖。第二次世界大战中，环境发生了根本性的转变：本国人和外国人都不再享有自由，所有人都可能因为企业主管的随意专断而受害。但外国人的处境尤为严

---

① Pira, «I Dannati», 144 – 146.

② 应该是 Quartu Sant'Elena, 在卡利亚里东边不远处。——编者注

峻，纳粹出于种族主义，把犹太人和斯拉夫人（尤其是俄罗斯人和波兰人）划为劣等民族，意大利人自 1943 年起也遭受同样的待遇。

德军在斯大林格勒遭到失败后，德国和奥地利的盐矿工人失去了免上前线服役的特权，被招募进国防军。因此，盐矿只能招募外籍平民并动用囚犯，这多少降低了苏联人面临的风险，因为纳粹放弃了最开始的灭绝计划。1941 年至 1942 年，在萨尔茨堡矿区，有 240 名法国和比利时囚犯在煤矿工作，有 80 名法国人在铜矿工作，有 40 名法国人在金矿工作，另有 40 名法国人在炼钢厂工作，400多名苏联人被发派到盐矿①。

是否可以将这些苦力和囚犯视为奴隶？他们的自由完全被剥夺，每天都有人被虐待，伙食、住宿以及带标记的工服等方面的费用都降至最低限度。当局不必担心这些劳动力消失，因为法院的严厉判决和战争源源不断地补充着囚犯人口储备；而当战争失利，对那些被指控抵抗、怠工或因拒绝揭发而被指责为同谋的民众的镇压导致大搜捕，然后被抓捕的人被关进集中营成为劳动力。并不存在释放和解放这些人的情况。当公共权力（国家或党国）决定一切，苦力和囚犯的状况就不会有任何改变。那些接受苦力和囚犯劳动的国家总是找道德或种族方面的理由为自己开脱，例如苦役犯有轻罪，或者农民往往粗鄙且习惯繁重的劳动（撒丁岛），再如战败的

---

① Sensenig E.，«Ein vielfach unentbehrliches Betriebsmittel. Kriegsgefangene und die Halleiner Salinenarbeiter im Krieg»，173 – 231，*in* U. Kammerhofer-Aggermann éd.，*Bergbau. Alltag und Identität der Dürrnberger Bergleute und Halleiner Salinenarbeiter in Geschichte und Gegenwart* (Salzburger Beiträge zur Volkskunde，Bd 10)，Salzburg 1998，339. 纳粹对犹太人实施了系统性灭绝计划，所以尽管奥斯威辛集中营和维利奇卡矿山距离并不远，纳粹也不鼓励使用这一潜在劳动力。唯一的例外是在矿井深处的秘密地下工厂里生产新型武器时，使用了这些劳动力。

俘虏被宣判必须服从优等民族，后者（纳粹德国）本可以选择种族灭绝等更迅速的解决方案。这些奴隶被驱赶到陌生的地方，像牲口一样成群结队地劳动，如果他们企图逃跑就会被监督他们的武装士兵射杀。他们不再拥有任何财产，离开家人时就知道无法再会。[①]

奴隶制及其延续

在希腊罗马时期[②]，除了奴隶制外，几乎没有其他形式的体力劳动，因此当时的地中海盐田只有成群的奴隶在干活。西塞罗提到，在爱琴海东岸小亚细亚地区，"在盐场劳动的（奴隶）家庭人口众多"。[③]到中世纪仍有奴隶制存在，主要是非洲的地中海沿岸东西部之间出现了大规模贩卖奴隶的现象，并促使新型的海上活动——袭击敌国商船和海盗活动——发展起来，从而提供了大量的廉价劳动力。[④]在海上的商业或军事活动中，划船这个工作曾经大量使用奴隶：船役犯（也就是桨手）。十六世纪到处都有人失

---

① 索尔仁尼琴在《古拉格群岛》中指出，在盐矿工作是苏联斯大林时期的一种处罚。

② 指希腊拉丁文化结合期，即公元前146年罗马人征服希腊至公元5世纪末西罗马帝国灭亡。——译者注

③ Cicéron, *Pro lege Manilia de imperio Cn. Pompei oratio*, VI, 14 – 16, Cité par Moinier, 50. familia（家庭）一词在famulus（服务员）（=奴隶）一词基础上形成，在古典拉丁语中表示：家中的所有奴隶，全体奴仆。

④ Tamsir Niane D., «Réflexions sur le commerce des esclaves du Soudan occidental vers la Méditerranée au temps de l'empire du Mali et de l'empire Songhay», in *L'Esclavage en Méditerranée à l'époque moderne*, colloque de Palerme (2000), publié sous le titre: *La Schiavitù nel Mediterraneo*, Quaderni Storici, 2001.

去自由人身份，桨手就在被判入狱的囚犯和苦役犯中进行招募。[1]
尽管奴隶制延续到中世纪和近代，但在欧洲地中海沿岸及欧洲大陆中部的盐矿开采中，却几乎没有使用过奴隶劳动。[2]

非洲撒哈拉地区根深蒂固的奴隶制

在非洲撒哈拉地区，盐与奴隶之间的联系非常复杂。很多记载提到盐在商品交易中充当货币，可以用来购买商品和奴隶。如在衰落的埃塞俄比亚的贡德尔帝国（十八世纪末至十九世纪上半叶）[3]，盐对于购买高回报的产品（尤其是奴隶）是必不可少的。为了满足人和牲畜对盐的需求，位于亚的斯亚贝巴北部高原的绍阿王国，只能从阿法尔地区运来食盐。但那里在雨季和旱季高峰期都停止开采盐矿，因为达纳吉尔洼地实在酷热难耐。运盐道路上的沙漠商队城市塔如拉不仅是食盐运往绍阿的必经之地，而且聚集着两三千名来自高原的奴隶。[4]

37

[1] Bono S. , *Schiavi musulmani nell'Italia moderna. Galeotti, vu'cumprà, domestici*, Edizioni Scientifiche Italiane, Napoli, 1999.

[2] Ducelier A. , «Marché du travail, esclavage et travailleurs immigrés dans le nord-est de l'Italie (fin du xive-milieu du xve siècle)», 217 – 249, *in* Balard M. éd. , *État et colonisation au Moyen Âge et à la Renaissance*, Paris, 1989；Constantelos D. J. , «Slaves and slavery in the late Byzantine World», *Klêronomia*, 18（1986）, 263 – 279；Bresc H. , éd. , *Figures de l'esclave au Moyen Âge et dans le monde moderne*, Paris, 1996；pour l'Espagne, Phillips William D. Jr. , *Historia de la esclavitud en España*, Madrid 1990, et Simon Larry, «Mallorca and the international slave trade in the Thirteenth Century», *American Historical Association*, Chicago, 1991.

[3] 此处法语原文为"fin xviiie – i^{re} moitié xvie siècle"，经与作者沟通确定应为十八世纪末至十九世纪上半叶。

[4] Abir M. , «Salt, trade and politics in Ethiopia in the Zämänä Mäsafent», *Journal of Ethiopian Studies*, iv - 2（1966）, 7 - 8；Dubois C. , *L'Or blanc de Djibouti. Salines et sauniers（19e - 20e siècles）*, Karthala, Paris, 2003. 1999 年 2 月 8 日采访了一位名叫萨伊德·艾哈迈德（Saïd Ahmed）的商队首领，从他的讲述中（转下页注）

因为没有涉及这些奴隶命运的文献，他们是否作为交易商品，是否被卖家用于换取食盐，以及是否被买家带到盐矿劳动。

38

图 1-1　阿法尔的盐工在开采盐块

有人认为，阿拉伯河边的盐场上满是被称作"津芝"[1] 的黑人奴隶，他们忙于撬取地表的盐壳。[2] 精通撒哈拉历史的让·德维斯

（接上页注④）得知：他出生于 1917 年前后，十二岁以后可以协助父亲，商队在"阿萨勒湖停下来装载盐……大篷车根据需要在此停留一至四天"。他强调："我们没有工人，所有的活儿都是我们自己干。阿萨勒盐湖的开采者仍是自由人，主要是拥有使用权的阿法尔人"（第 40 页）。法属索马里海岸是法国殖民地，一些法国公司自 1900 年开始工业制取海盐，大约在 1930 年前后合并成立吉布提盐业公司，对达纳吉尔洼地（阿法尔的阿拉伯名称）的传统采盐业有一定影响。后来的笔记很难说明以前的情况。

[1]　津芝（Zanj）是中世纪阿拉伯地理学家对斯瓦希里海岸黑人的称呼。——译者注

[2]　Miquel A., *L'Islam et sa civilisation*, $vii^e - xx^e$ *siècles*, Paris, 1968, 92.

图 1 - 2　阿法尔的盐工切削盐块

（Jean Devisse）对这个确定的事实却表现出极大的怀疑：1283 年，
39　一个由 6000 匹满载食盐的骆驼组成的商队从塔拜勒巴拉出发南下，
他计算出这个商队应该运载 30 吨盐，但觉得这是个"不切实际"
的数字。[1] 其实，由于不明白盐在人类和动物饮食中至关重要且
不可或缺，加上对旧的计量法缺乏了解，人们严重低估了盐的产
量和贸易量，并误以为奴隶只存在于马格里布地区和地中海沿

---

[1]　Devisse J. , «Le Commerce africain médiéval», *Revue d'Histoire Économique et Sociale*,
1972, 47 n. 22 et 71.

岸。另外，由于盐贸易建立在奴隶交易的基础上，小商队很可能愿意集结成大商队，以免被强盗部落①突袭洗劫而失去奴隶和单峰驼。

加拿大研究人员对此做出了很大贡献，他们最早开始分析这一经济机制，将食盐贸易和奴隶贸易真正纳入生产体系，指出这两个要素在生产体系中互为必要条件。

40

在萨赫勒和热带草原

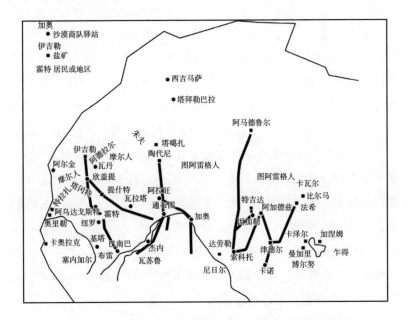

图 1-3 撒哈拉沙漠及萨赫勒地区的盐场和商队贸易地图

在昔日属于苏丹的西非国家（北尼日利亚和尼日尔），采盐是季节性工作，仅限旱季，雨季则中断。而在这些地区，农活大多集

---

① 据 Nantet 的观察，载于 Nantet B.，«Les route du sel»，*L' Histoire*，4 (1978)，54。

中在雨季，所以人们在旱季都可以从事其他活动，尤其是制盐。受益于此，盐业的劳动力成本很低。[1] 在债务和饥荒的威胁下，贫穷的人不得不寻求一些额外收入：

> 有些人选择制盐，而有些人则被迫制盐，要么因为他们是奴隶，要么因为他们的经济条件和社会地位使他们成为需要靠制盐收入维持生存的阶级或种姓。[2]

表 1-1 显示了生产技术、劳动者身份和居住地三者间的相关性。在十九世纪，使用奴隶劳动力对生产基耶盐必不可少，直到1941 年盐工仍被视为前奴隶。旅行家的笔记都十分一致：据帕特森（Patterson）记录，1919 年，由乍得湖周围的家庭奴隶生产盐；1941 年，里乌（Riou）观察到，卡泽尔制盐营地的"大部分盐业工人是前奴隶"。湖边有一个盐业奴隶居住的村庄叫作金贾利阿，意为奴隶村。这些前奴隶生活在水井周围的灌木丛中，拥有几只山羊和几头牛，旱季生产基耶盐，雨季种植小米。在生产基耶盐的地区，73 个村庄里有 51 个是前奴隶村庄。1932 年，拉武（Ravoux）在 22 个基耶盐营地中找到 419 名工人，即每个营地 19 名工人，约分为两个工作单位，其中最大的工作单位有 50 名工人。22 个营地共生产 2000 堆盐，平均每个营地生产 91 堆。

① Lovejoy (1986) P. E. , *Salt of the Desert Sun. A History of Salt Production and Trade in the Central Sudan* （African Studies series, n° 46 ）, Cambridge U. P. , （bibliographie exhaustive）. 参阅第 6 章 «la mobilisation du travail»。

② Lovejoy (1986), 115-117.

表 1 – 1　毗邻博尔努的两个地区的制盐技术体系和社会体系

曼加里地区（Mangari）	卡泽尔地区（Kadzell）
曼达盐	基耶盐（kije）
地下盐，雨后洼地渗出咸水，蒸发后得到盐分	植物盐，用五桠果（baboul）和其他植物（牙刷树 salvadora persica）的灰烬过滤得到盐分
制盐活动集中在含盐洼地	制盐活动分散在热带草原
旱季前往洼地的自由农民	游牧部落及其奴隶
定居农民	定居奴隶维护水井，水井对游牧部落转场放牧至关重要

资料来源：Lovejoy（1986），133 及 Moniot 书中第 336 页的苏丹中部地图。

加涅姆地区（位于乍得湖东北）用天然盐碱沉积物制盐[1]，由哈达德（haddad，工匠阶层）和前奴隶完成这项工作。盐场的环境极不适宜农耕，因此工人根本无法在当地生产食物。他们用盐与邻近村庄和地区交换农产品。因此，一大片区域都参与这一贸易交换活动，因为盐业工人需要食物并且能用盐支付。[2] 1946 年，阿德布尔（Adebour）附近缺少食物的贫困工人也用盐购买食物。[3]

在苏丹中部，盐场工作引起的人口流动曾十分常见。在曼加里和穆尼尤（Muniyo）地区，起初是自由移民在临时营地里生产盐，

---

[1]　各种盐含有的化学成分不同，食盐主要含氯化钠（NaCl），泡碱是氯化钠、碳酸钠和硫酸钠的混合物，如果碳酸钠是主要成分，就是天然碱［$Na_3H(CO_3)_2 \cdot 2H_2O$］。参见 Lovejoy（1986），134。

[2]　Lovejoy（1986），118 – 119.

[3]　Géry R.，«Une industrie autochtone nigérienne：les sauniers du Manga»，*Bull. de l'IFAN*，sér. B，14（1952），309 – 322.

但奴隶制在十九世纪末发展起来。1913 年，制盐工作通常由 10 ~
20 人共同完成，往往是一家人及"被保护人和前囚犯"（指奴
隶）。每个人各司其职，男人负责浸滤（清洗盐渍土壤的过程）、
过滤、制造模子，妇女和儿童查看洼地里待清洗的泥土、取水、寻
找稻草填进炉灶烧火。[①] 奴隶通常是因为具有劳动力而被买走去盐
田或田里劳动，很多奴隶想方设法逃跑。即使采地不大，主人也会
用 5 ~ 10 个奴隶从事耕作和制盐。1906 年，卡比（Kabi）仍有一
个汇集了大量奴隶的市场。一位殖民事务官员称，自 1909 年起，
主人不再禁止奴隶赚钱赎身。所以奴隶用薪水换取成为受雇替人做
工的自由劳动者的身份。[②] 尽管如此，洛夫乔伊（Lovejoy）仍列举
出许多村庄直到 1970 年还有前奴隶家庭。这些盐村位于含盐洼地附
近，工人在制盐季节搭建起临时营地。[③] 洛夫乔伊还记录了一段有趣
的"性别历史"（gender history），以此来结束对盐工社会状况的研
究：奴隶制尚未彻底消失，但奴隶数量已大为减少，妇女不得不成
为生产卤水和制取盐分的主要劳动力。有些家庭里男性让妻子去盐
场干活，自己在家坐享其成；但妻子们也可以拒绝做这项苦工，要
求依照习俗或古兰经的规定获得留在家里的权利。如今，极端贫困

---

① 在芒加（Manga）地区，用草木灰制成的盐来自一种叫作 *capparis sodada* 的灌
　木，它们生长在马伊内索罗阿（Mainé Soroa）以东，乍得湖缩小后露出的平原
　上，而含盐土壤则采集于该市西面沙丘之间自然形成的洼地底部［Gouletquer
　et Kleinmann（1976₁），21 - 23］。

② 奴隶如何获取收入？他们既没有工资，也没有分配给他的可以在市场上卖掉的
　盐。洛夫乔伊提到的军官对这个关键问题并没有提供答案［Lovejoy（1986），
　132. 洛夫乔伊（1983 年出版，2000 年重版）的文章也发表在海外特刊
　（Outre-mers）（2002 年）上］。

③ Lovejoy（1986），133.

导致家庭里夫妻双方不再按性别分工，而是共同努力制取些许 43
食盐。①

在沙漠中

在卡瓦尔（Kawar），北方绿洲的游牧民族为了得到食盐，把
奴隶送到南方的比尔马（Bilma）和法希（Fachi）去制盐。在特吉
达恩特瑟（Tegidda n'Tesemt），大多数盐工是来自因加勒椰枣林的
奴隶，他们平时在椰枣园劳作，雨水开始蒸发的季节则来到盐场干
活。② 各个盐场中都由奴隶生产盐，他们的主人不是游牧民族，而
是定居在绿洲的居民。加代尔（Gadel）在1907年写道：

> 特吉达的200名盐工是因加勒居民的奴隶。除了这些奴
> 隶，禁止其他人在特吉达采盐。

由于法国人的占领和奴隶制的废除（1922年），许多奴隶提出获
得人身自由的要求。但他们没有骆驼和食物，不熟悉道路，在沙漠中
无法走远，根本无法逃离，还是不得不留在主人身边，所以他们的地
位并没有实质性改变。虽然法国政府不鼓励彻底解放奴隶，但与以前
相比，奴隶更容易逃离或赎回自由，奴隶的第三代后裔就可以获得自
由。获得自由的奴隶根据前主人的种族，分别被称为"图布"

---

① 奥凯（Hocquet）对洛夫乔伊作品的评论见《年鉴，经济，社会，文明》（*Annales*,
Économies, *Sociétés*, *Civilisations*）（1989）第 1091~1094 页；洛夫乔伊的论文在
《技术与文化》（*Techniques et Culture*）杂志（1991，17 – 18）引起维格博杜
（Wigboldus）和古莱克（Gouletquer）之间的笔战。

② 在古莱克和克莱曼（Kleinmann）1976 年发表的文章中有相关（但稍有过时）
介绍。Gouletquer P. et Kleinmann D. (1976₂), «Structure sociale et commerce du sel
dans l'économie touarègue», *Revue de l'Occident musulman et de la Méditerranée*, 22,
131 – 139.

(*toubbou*)或"卡努里"(*kanouri*)，这些称呼其实有悖传统，因为奴隶来自被俘虏的异族"野蛮人"。20 世纪上半叶，奴隶（被普雷沃称为 *élément captif*，被俘人员）约占比尔马和法希人口的 28%。在比尔马和法希，通常以四个男人和一个年长女性或小孩构成的小组为单位制取食盐，他们全都是奴隶。① 法语里委婉地称他们为前俘虏(*anciens captifs*)②、仆人(*serviteurs*)或佣人(*domestiques*)。奴隶、前奴隶和为了赎回自由而工作的奴隶之间存在细微差别，而殖民事务官员并不是总能体察到这些差别，所以他们把盐工的身份统称为罗马法意义上氏族(gens)的被保护人(client)，被保护人这个称谓很贴切地表达了劳动者和所有者之间的关系。尽管殖民主义使奴隶数量减少，但相对地，也应看到越来越高的卖盐收入又被用来购买新的奴隶。

绿洲城镇比尔马和法希（位于尼日尔）是卡努里③在乍得湖地区的两个孤立的飞地，是加涅姆-博尔努(Kanem/Bornou)王国子民的后裔。传统社会结构将人口分为三类，自由人(*kambé*)、奴隶的后代(*toujana*)和奴隶(*kara*)。十九世纪，在比尔马有两个截然不同的城区，比尔马区是奴隶或仆人聚居区，而卡拉拉区

---

① Rottier cdt, *Renseignements coloniaux de l'Afrique française*, 1924，82. "卡瓦尔地区的卡努里人的奴隶（仆人）祖祖辈辈都跟从主人，主人指派他们耕地和制盐，并确保自己的给养。关于农活，他们为主人种一块地，再为自己和家人种另一块地。有时，奴隶可以与主人达成协议，向主人支付一笔钱，或者承诺通过工作每年向主人缴纳一笔地租，以此赎回自由。主人去世时，遗嘱里会写明，让忠于他的奴隶获得自由。"

② 里特(Ritter)在一部游记中写道，在欣盖提(Chinguetti)附近的营地中，当他醒来时，"一个十来岁的黑人小女孩给他端来小米粥作为早餐"（第 25 页）。这个小女孩是一名帐篷奴隶，她的父母或曾祖父母应该是从塞内加尔被带到这里。奴隶别无选择，除非在完全陌生的环境中去铁矿工作。"贝达尼"(*Beidani*)（即白人＝摩尔人）称他们为 *abid*（＝俘虏），他们认为黑人是真主赐给他们的奴隶，生来就是为他们服务。

③ 卡努里是对获得自由的奴隶的一种称呼。——译者注

（Kalala）则居住着拥有椰枣林、花园和盐场的主人。前来购盐的商队会去卡拉拉并停驻在那。[①]

　　在撒哈拉沙漠中进行盐贸易会面临的一个主要困难：长途运大量盐。组织这一贸易需要单峰驼，因此，拥有单峰驼数量最多的游牧部落就控制了商队运输。在尼日尔，每年需要数以万计的骆驼运输比尔马和法希出产的盐。由于穿越泰内雷（Ténéré）荒漠地区的线路上完全没有饲料和水，商队远行之前必须做好周密的准备。运输 2500 吨盐和椰枣至少需要 26000 匹骆驼，如果运输 5000 吨货物，骆驼数量则要翻一番。一匹骆驼每年往返数次，实际上每年有两个商队，二三月份的商队较小，由 1500~3000 匹骆驼组成；而十月的商队则有两三万匹骆驼，每天行进 25 公里，向南直至萨赫勒的黑人地区和苏丹的大城市阿加德兹和津德尔，以及乍得湖地区。特吉达恩特瑟盐场每年供应 400~600 吨盐，由 4000~6000 匹骆驼运输。另一条盐路自阿马德洛（Amadror）至苏丹中部，贸易规模也相等。所有这些运盐线路均被图阿雷格人控制，在和平时期只需要一小队人手就足以管理规模最大的商队。[②]

　　目前学者普遍认为盐是撒哈拉的主要资源，奴隶贸易只是盐贸易的附属产品。[③] 从十世纪开始，跨撒哈拉贸易主要包括向加纳出口盐，以及向北非出口黄金。在随后的两个世纪里，奴隶贸易也成为跨撒拉贸易的一种。阿尔维斯·达·卡达莫斯托（Alvise da Ca'da Mosto）认为大型盐仓所在地瓦丹（Wadan）是贸易路线的交汇点，向西可至葡萄牙在

45

---

① Grandin, capitaine, «Notes sur l'industrie du sel au Kawar et en Agram», *Bull. de l'IFAN*, sér. B, 13 (1951), 488–533.

② Lovejoy (1986), 183.

③ 雷诺（Renault）指出跨撒哈拉奴隶交易的重要性，并提到 E. 萨维奇（E. Savage）和 S. 达吉特（S. Daget）发表在 1988 年 12 月和 1992 年 4 月的《奴隶制及其废除》（*Slavery and abolition*）杂志上的两个研讨会纪要。

阿尔金（Arguin）的贸易据点，以及昔兰尼加海岸和柏柏里海岸：直到
1506 年至 1507 年，仍有突尼斯商人来瓦丹购买黄金和奴隶。十八世纪中
叶，一个强大的撒哈拉部落（奥拉德门巴拉克人[①]）将伊吉勒盐（Idjil）
从提什特（Tishit）运到尼日尔和塞古市场（marché de Segu），用盐交
换黄金和奴隶。奴隶贩子被统称为"摩尔人"（Maures），他们讲哈萨
尼亚阿拉伯语（hassaniya），实际上也包括图阿雷格人
（tamashegh）。安妮·拉弗内尔（Anne Raffenel）在 1840 年前后写
道，在卡尔塔地区（Kaarta），如果不用奴隶交换，就休想从摩尔人
那里买到一粒盐。1810 年时，一个商人只需在通布图用盐兑换金粉[②]、

---

① 奥拉德门巴拉克人（Awlad Mabarak 或 Awlad M'barek）被摩尔人视为最大的战士部
 落之一，消失于十八世纪（遭到突袭和部落战争破坏）。他们来自 Banu Hassan 部
 落，他们是在十五世纪的阿拉伯移民潮中到达毛里塔尼亚的。——译者注
② 人们常在新闻媒体上读到或听到关于非洲盐的报道，这些报道称，当地人用盐
 交换同等重量的黄金（理解为：1 公斤盐兑换 1 公斤黄金）。这种说法十分荒
 谬，它是对十四世纪阿拉伯大旅行家伊本·巴图塔（Ibn Battuta）一段文字的
 误解，这段文字描述了游牧民族和黑人之间的哑市交易。游牧民族放下盐条离
 开，黑人顾客拿来黄金然后也离开。游牧民族返回以后，如果他们认为黄金数
 量不足，就保持一切原封不动，以此示意购买者再增加一点黄金。如果交易看
 起来很公平，图阿雷格人就拿走金子，留下盐条。文中并没有说两堆物品的重
 量应该相等，而是价值相等。德维斯（Devisse）纠正了等重交换盐和黄金的说
 法，并指出伊本·豪卡（Ibn Hauqal）提供的信息与此一致 [传说一匹骆驼负
 载的盐等于 1 公斤黄金，实际上伊本·豪卡写的是："他们没有盐就什么也做
 不了，在内陆和（苏丹）最偏远的地区，一匹骆驼负载的盐价值 200 甚至 300
 第纳尔。"]；伊本·巴图塔（Ibn Battuta）还更精确地给出了盐和行程长度的关
 系 [在乌阿拉塔（Oualata），1 载 = 47.20 克黄金；在马利（Malli）= 141
 克]；费尔南（V. Fernandes）也提到（在通布图，一匹单峰驼负载的盐兑换了
 570 克黄金）（第 58 页第 69 条）。这些数据还可用来确定奴隶的相对价格。还
 应该注意到，盐与黄金之间的等价交换是基于旧计量体系的转换，而这并不确
 定。不可或缺的盐和完全非必需品的黄金，关于二者价值的问题，请参见伊丽
 莎白·安·麦克杜格尔（E. Ann McDougall）1983 年的文章中的分析。本注释
 当然不足以消除所有愚蠢的言论，这些言论的作者关注轰动的效果大于真相，
 他们把盐称作"白色的金子"，故意延续理解上的混乱。

奴隶、象牙或胡椒，就可以赚取 50% 的利润。直到十九世纪末，　46
仍有两三千匹骆驼组成的商队前往巴南巴用盐换取奴隶。十九世纪
八十年代后期，摩尔人（*binger*）用提什特盐（即伊吉勒盐）换取
奴隶，在南方市场上用一条盐可以换来数名奴隶，然后把他们送到
摩洛哥。法国人的征服并没有带来变化。有位名叫艾蒂安·佩罗兹
（Etienne Peroz）的观察家，记录下 1886 年至 1887 年基塔（Kita）
地区的交易机制：

> 在沙漠中盐几乎没有价值，但越往内陆价格越高，在基塔
> 市场上盐条的价格已经达到 55～60 法郎，在布雷（Buré）涨
> 到 100 法郎，而在食盐需求很大的瓦苏鲁（Wassulu）有时甚
> 至高达 150 法郎。这里使用黄金或奴隶支付，可以用 20 块金
> 币或一个奴隶换一条盐。如果朱拉（*juula*，指沙漠商人）用
> 盐兑换黄金，可以带回 800 法郎的净利润，但如果用盐兑换奴
> 隶，利润则更为可观：用两条盐和一匹骆驼可以换三个奴隶，
> 他通常可以把奴隶以 400 法郎的价格卖给摩尔人，但是每个奴
> 隶头上顶着一袋花生，而出售花生的收益为 1000%。[1]

① Elizabeth Ann McDougall （1992），"Salt, Saharans and the Trans-Saharan Slave trade, Nineteenth Century Developments"，61 - 88，*in* Savage éd.，*Slavery and abolition.*［*a journal of comparative studies*］，63（v. note 42）；«Un monde sens dessus dessous: esclaves et affranchis dans l'Adrar mauritanien, 1910 - 1950 »，*Groupes serviles au Sahara. Approche comparative à partir du cas des arabophones de Mauritanie*，Villasante-de Beauvais Mariella éd.，（Études de l'Annuaire de l'Afrique du Nord），2000；"Discourse and distorsion: critical Reflections on studying the Sahara slave trade"，*in* Outre-Mers，*Revue d'Histoire*，*Traites et esclavages: vieux problèmes, nouvelles perspectives ?*，Société Française d'Histoire d'Outre-mer，Paris，2002，195 - 227；"Perfecting the fertile seed: the Compagnie du sel aggloméré and colonial capitalism, c. 1890 - 1905"，*African Economic History*，2002.

这种交易在法国占领时期是非法的。由于无法禁止这种交易，政府找到终止它的办法：必须去掉奴隶的价值，为此应该引进欧洲商品。如果一条盐可以购买一个价值 200～250 法郎的奴隶，就应该在市场上供应价格为 5～10 法郎的盐条，这样奴隶就会失去价值，当地人就不会再辛苦地去远方寻找这种商品，只要给他们提供价格合理的商品，奴隶制就会消失。政府甚至在马赛成立了一家砖盐公司（1891～1904 年）供应食盐。1898 年苏丹最大的奴隶贩子萨莫里被逮捕之后，[①] 商队拒绝再把阿德拉尔（l'Adrar）的盐运到纽罗市场及其以南广大地区，他们空手而来，并扬言：只要法国不允许自由买卖奴隶，我们就不会再给法国控制下的市场运送食盐（ "*No more slaves, no more salt*!" ）。

十九世纪，苏丹陷入困境，1840 年通布图遭到封锁。陶代尼（Taoudenni）盐场无法再出口盐，只好停止生产，因此伊吉勒盐出现在了瓦拉塔（Walata）和阿拉旺（Arawan）的市场上。运盐路线也发生了变化，阿拉旺取代通布图而成为最大的盐仓。通布图剩余的贸易落在撒哈拉人（图阿雷格人）手中，他们同时控制了生产和运输。图阿雷格人通过突袭萨赫勒地区的村庄获得奴隶，他们俘虏妇女儿童，用以与其他图阿雷格人交换牲畜，特别是骆驼。一些新出现的小型农业区成为盐和奴隶交易的中心，就这样，巴南巴成为"法属苏丹最重要的盐仓之一"，吸引了来自提什特（伊吉勒盐总仓库）的两三千匹骆驼组成的庞大商队。1860 年，提什特商人卖出 2000 条盐，其中一半用于购买奴隶，也就是说按当时的价格买了约 500～1000 个奴隶。

---

① Roberts R. , *Warriors, merchants and slaves. The State and the economy in the middle Niger valley, 1700–1914*, Stanford University Press, 1987.

十九世纪九十年代，一个新地标成为贩奴之路的交汇点，即位于阿德拉尔地区中部的中世纪城镇欣盖提。一位名叫艾哈迈德·拉明（Ahmed Lamine ech Chenguiti）的当地作者描述了当时的情况：

> 过去，这种贸易在毛里塔尼亚蓬勃发展（用盐换取苏丹的奴隶）。骆驼运来成捆的盐条，到达苏丹之后，盐条被放置在地上，并按照待售奴隶的脚印长度切割，切下来的盐块就等于奴隶的价格。也就是说奴隶按脚的尺寸出售。如今情况发生了变化，一匹骆驼的负载才可以换一个男性或女性奴隶。如果该奴隶被认为不足价，则需要加上一些小米补足差价。在苏丹，一切都可以用盐来支付：马、衣服、小米和奴隶。有些人卖掉孩子换盐。盐来自伊吉勒盐场，买家来自胡德、提什特、雷吉巴和塔冈特，有些人去欣奎特购盐，有些则喜欢直接去盐场购买。这些人买到盐后，全都带到苏丹卖，然后带着奴隶离开。[①]

伊丽莎白·麦克杜格尔提出一个问题：事实上谁资助了跨撒哈拉奴隶贸易？又是如何资助的？法国的分析专家在盐业市场方面犯了错误，他们没有看到苏丹对盐的需求之外的其他因素，被麦克杜格尔称为 1901 年"抢劫"（hold-up）的事件大概是法国殖民当局垄断盐交易的一次尝试，他们忽略了一个基本事实：撒哈拉人需要奴隶。许多进入沙漠的奴隶留在了那里。像苏丹社会一样，撒哈拉社会已经开启了经济增长的进程，为此需要获得无偿的奴役劳力。十九世纪，奴隶数量庞大，因此变得"常见"（visibles），他们做

---

① Roberts, 71. 此页有跨越撒哈拉沙漠的商队路线图。

家务，如汲水、拾柴、做饭、打扫卫生等，还负责搭帐篷，缝衣服，照料孩子，在营地附近或灌木林里放牧小群牲口。与之前不同的是，在沙漠边缘和尼日尔河谷迅速发展的农业（种粮食、花生、椰枣树，或混合种植谷物椰枣树）也使用奴隶劳动，农业生产需要整饬土地、栽种以及安装灌溉系统。另外两个行业，采割阿拉伯树胶和制盐也需要大量奴隶。

　　十九世纪，一些新盐场在特拉扎（Trarza）投入生产，成为酋长们和地方掌权者的财源。在阿德拉尔，艾哈迈德·沃尔德·穆罕默德酋长（Ahmad Wuld Muhammad）（1875～1891 年）发展了伊吉勒盐场。[①] 陶代尼盐场的情况不大为人所知，但是有记录显示，十九世纪中叶，塔贾坎特人[②]让他们的奴隶和当地盐工一起劳动。最后，提什特的"地盐"（amersalt）产量终于也有所增加。奴隶劳动对各地盐场极为重要，他们在特拉扎海滨盐田制盐，在提什特提炼盐及装袋，在陶代尼建造盐井并开采。在伊吉勒，从事提炼盐工作的是被保护人，他们是奴隶出身的阿扎齐尔人，但到十九世纪末已不再是奴隶。在伊吉勒，奴隶还要做与盐业相关的家务，他们陪伴盐工、建造营地、煮饭、照料动物，在商队到来时往驼背上装货物。奴隶和被解放的奴隶（haratin）一直都在参与商队贸易。从通布图城到卡巴拉港的盐路困难重重，图阿雷格奴隶被安置在沿线以保障盐路畅通。在阿德拉尔、提什特和通布图，奴隶在贸易中充当贸易中介的角色。提什特商人派他们的奴隶和被释放的奴隶去苏丹的村庄里出售伊吉勒盐和地盐，或去他们的咸水湖收盐。陶代

---

①　"广阔的采盐场（现已废弃）和蜿蜒的坑道可以追溯到这个时代"（Amadu Mahmadu Bâ）。

②　塔贾坎特人（Tajakant），柏柏尔人的一支，讲阿萨尼亚阿拉伯语，传统上居住在西撒哈拉、毛里塔尼亚和阿尔及利亚。——译者注

尼盐业最大程度地利用了这一体系：在通布图，奴隶一年四季都忙忙碌碌：要么在盐块上画识别标记，要么在制造捆绑货物的绳索和皮带。大部分盐块运到目的地时已经破损（破碎的盐块会贬值），必须重新包装，然后把盐块送往尼日尔河上游或更往南的市场。曾于 1828 年到访通布图（《通布图之行》）的卡耶（Caillé）称，尼日尔河上的贸易掌握在船主手中，船主让他们的奴隶负责开船，其中一些奴隶是有报酬的。这些有报酬的奴隶就转手雇别的奴隶替自己干活，还能从主人那里得到一半工资。航行结束时，仍然是奴隶头上顶着盐块卸货。[1]

如何计算"看不见的奴隶"的总数量？伊丽莎白·麦克杜格尔谨慎地提出西撒哈拉有十万个奴隶，她同意克莱因（Klein）的观点，认为虽然这个数字远低于苏丹奴隶的七十万，但两地总人口中奴隶的占比相等。[2] 麦克杜格尔得出结论，显然，撒哈拉   50

① McDougall, *The Salt Industry in West African History*, MA thesis, University of Toronto, 1976; *The Ijil Salt Industry: its role in the precolonial economy of the western Sudan*, Ph. D. thesis, University of Birmingham, 1980; "The view from Awdagust: war trade and social change in the southwestern Sahara from the Eighth to the Fifteenth century", *Journal of African History*, 1 (1985), 1 – 30; "Salts of the Western Sahara: myths, mysteries and historical significance", *International Journal of African Historical Studies*, 1990, 23; "Banamba and the salt industry of the Western Sudan", 151 – 170, *in* D. Henige et T. McCaskie eds, *West African Economic and Social History: Studies in memory of MarionJohnson*, Madison, 1990.

② Klein M. , "The demography of slavery in Western Sudan: the late Nineteenth century", 50 – 61, *in* D. D. Cordell et J. W. Gregory, *African population and Capitalism*, Boulder and London, 1987. 麦克杜格尔在其 2002 年的文章《话语与扭曲》（*Discourse and distorsion*）中指出：一方面，撒哈拉地区的奴隶制可能实际上并没有欧洲历史文献所认为的那么严重，因为欧洲历史文献受到十九世纪下半叶反奴隶制主义（废奴主义）的主导，以及亲奥斯曼帝国的东方主义的影响；另一方面，视非洲黑人为受害者，视非洲穆斯林白人为奴隶贩子，将二者对立起来，这是错误的。

的贸易体系、信用机制、贸易网络以及撒哈拉盐业贸易共同组成了贸易的基本结构。"羞耻的奴隶交易"深深渗透进复杂的地区间合法贸易网：它促进了两种基本商品的分配，即盐和劳动力。二者都是刚需，因此这种交易很难被根除。法国政府在二十世纪进行的人口普查显示，1950 年阿德拉尔西部总人口为15000 人，其中仍有 2000 个奴隶（占总人口的 13.5%）。人口普查注明他们就是奴隶，不是被解放的奴隶，后者会被统计为白人［在邻近的奥加夫特（Awjeft），被解放的奴隶占总人口的18%］。在阿德拉尔东部的欣奎特（Shinquit），奴隶人口占比高达 23%。E. 拜尔努什（E. Bernus）指出，在尼日尔，越往南奴隶人数越多。在撒哈拉沙漠的图阿雷格部落，奴隶只占少数，但在萨赫勒南部和苏丹则占多数，在某些农业区甚至占到总人口的70% ~ 80%。[1]

这种国际贸易包含了一种基本的信用机制：一部分奴隶被用来偿还商队出发前所欠的债务，一部分被带到特拉扎（位于塞内加尔以北，毛里塔尼亚境内）出售，其余的奴隶最终成为家庭奴仆。在类似巴南巴这样的贸易中心，撒哈拉商人把季末仍未卖掉的盐运到更往南的地区购买奴隶。信贷，也就是债务，在这种循环经济中起核心作用。这也就是说：沙漠里的游牧民族使用萨赫勒黑人奴隶劳工生产盐，再把盐卖到萨赫勒，而贫穷的萨赫勒黑人只能卖掉更多黑人成为奴隶以换取不可或缺的盐。生产者和消费者属于同一种族，介于中间的游牧民族为两者提供服务，他们的职责是在危险的

51

---

① Bernus（1981）E., *Touaregs nigérians*: *unité culturelle et diversité régionale d'un peuple pasteur*, Mémoire ORSTOM, Paris, 1981. E. et S. Bernus (1972), *Du Sel et des dattes. Introduction à l'étude de la communauté d'In Gall et de Tegidda-n-tesemt* (Études Nigériennes, 31), Niamey, 1972.

沙漠中长途运输。游牧民族是盐场和单峰骆队的所有者，贸易链的一端是专门制盐的定居劳动者，另一端则是农民消费者，获取外国或邻近地区劳动力卖给游牧民族，这些被卖掉的人最终成为制盐的人。

法国海外事务主管克洛泽尔（Clauzel）明确指出，苏丹中部也出现了债务奴隶。在西撒哈拉，陶代尼位于廷杜夫至通布图的盐路中间。摩尔人用 Agorgot 指代盐场（复数），*el melha* 也表示盐场（单数），图阿雷格人称盐场为 Egharghar en tésemt（*tésemt* = 盐），而颂雷人（les Sonray）则管盐场叫 *tyiri-gousou*，意为盐洞。要理解为什么制盐一定要借助专属奴隶，就得先了解盐矿的工作条件。克洛泽尔在 1957 年的人口普查基础上进行了研究，当时大多数人口是流动人口，固定人口（43 人）居住在斯米达（Smida）被废弃的堡（ksar）中，而流动人口（203人）住在盐场。炎热的季节结束时，部分人口就会离开陶代尼，随大商队回到通布图。从 10 月中旬开始，盐工们又重新开始工作。所以，黑人矿工是随着季节移动的。这个完全由外来移民组成的流动性劳动人口仅包括成年男性或年轻人，而固定人口（主要是非劳动人口）由本地人（男人、妇女和儿童各占三分之一）组成，共 10 个家庭。克洛泽尔在人口普查的记录中找到 89 个白人（＝摩尔人/阿拉伯人）和 157 个黑人（仆人和被解放的奴隶）。黑人和白人工作不同，白人是雇主、商人、盐块切削工或没有固定工作。他们不当采盐工，因为这项工作过于艰苦，工人必须坐在盐矿底部的小盐柱上，用镐从两腿之间敲击采盐；盐矿地道里的工作更加辛苦，空间逼仄，盐工没有任何自由活动的余地，他们身处黑暗之中，动作稍有不慎，脚下的盐泥浆就会溅到身上。"地道的工作？上帝分配给了黑

52　人"①。只有黑人能在矿井底部和地道里采集盐块。整个盐矿的开采都是黑人独自进行，白人做不到。同样，能够选择矿井位置并决定在哪儿开挖地道的工头全是黑人。白人控制着陶代尼及其贸易，黑人管理着盐矿。② 在二十世纪五十年代末，债务奴隶仍在陶代尼存在，克洛泽尔对此解释为：

　　　　当一个工人欠了通布图某个商人很多钱而无法用现金偿还债务时，如果商人在陶代尼拥有盐矿或者与某位盐矿主有生意关系，那么工人就可以去陶代尼为债权人工作偿还债务。商人首先为工人提供离家期间他家人生活所需的食物。然后，计算工人的全部欠款（包括最后留给他家人的食物），把总金额转换为需要工作的月数，按照每月工作等于 1000 法郎计算……一个工作月指三十个工作日，因此加上休息日，用来抵债的一个月工作实际上为期 40 天，要偿还 10000 法郎的债务，工人就必须

---

①　商队运输的衰落，加上欧洲向非洲港口供应食盐，动摇了图阿雷格文化和图阿雷格人的优势，今天图阿雷格人不得不接受这项以前专为固定人口保留的工作。法国的占领有助于使图阿雷格人定居下来，以便政治上更容易控制他们。雷尼耶（Regnier）讲述了一个年轻的图阿雷格人的失望："我很气愤，因为我以为作为图阿雷格人，我只会做养骆驼的工作，但阿斯吉乌人（Askiou）命令我像奴隶一样敲盐块。我什么也不能说，因为他也干活儿，但这活儿很伤手，我手上起了水泡，背也很痛。"［转引自 Ritter（1981），113］

②　Clauzel J. , *L'exploitation des salines de Taoudenni*, Institut de recherches sahariennes de l'Université d'Alger, Monographies régionales 3, 1960, cartes et plans, 60 – 61. 格维尔－雷阿什（Gerville-Réache）和马修（Mathieu）细致地描述了盐矿恶劣的工作环境，高温难耐，潮湿的泥土、泥浆、死水和盐卤水散发出令人窒息的难闻气味。俘房们赤身裸体，黑色的身体覆盖着一层白色的盐，盐壳下面是皲裂破损的皮肤，阳光和盐使他们眼皮肿胀，眼睛血红。干活造成的伤口变成溃疡，盐分进一步腐蚀皮肤，从开裂的皮肤腐蚀到肉里。在八天中，承包商抽取六天生产的盐，并允许俘房（l'hartâni）保留第七天的盐，然后在第八天强制俘房休息（以便接下来连续工作六天）。

在盐矿待 13 个月，而不是 10 个月。在地道工作期间，根据惯例，只有当采盐工采集的盐量达到盐矿主应得的份额时，即达到规定高度，或够五条盐条，当天才能算一个工作日。①

还有另一种解决债务的方法，即用盐条计算债务。在陶代尼，用盐条抵偿债务的估值从 50 法郎（信用不好的付款人）到 100 法郎（信用良好的付款人）不等（一条盐条在盐场的正常售价为 150~250 法郎）。要偿还 10000 法郎债务，债务人必须交付 25~50 条盐条。② 这样一来，债务变成以实物形式而不是以劳动力偿还。这个作恶的体系也是上文提到的循环经济的一部分：

> 当一名工人去陶代尼采盐并还清债务后，他通常得继续为一位雇主按月工作，以得到足够的盐来偿还他在盐场工作期间欠的新债务（购买衣服、食物、糖和茶），或者为了赚一点盐带回家。③

雇主是谁？或者换种说法，盐矿主是谁？他们往往只负责招募工人，把开采权交给工头，并收取盐条。特尔哈扎（Terhazza）盐场在十六世纪摩洛哥苏丹和桑海帝国（l'Empire songhay）之间的冲突中被废弃，位于朱夫盆地（la dépression du Djouf）的陶代尼取而代之。陶代尼一直在通布图的贸易圈和势力范围内，盐矿区的街

---

①　Clauzel, 68；Ritter , 127.

②　按照一匹骆驼负载 8 条盐计算。——译者注

③　Clauzel, 70. 根据让·克洛泽尔参与的电视纪录片《四匹单峰驼》（Les Quatre dromadaires），这些债务条件在二十世纪九十年代仍没有改变：当黑人矿工债务奴隶把采集到的 5 条盐拿给商队，游牧民族组成的商队在陶代尼强行低价收购，在通布图以高价转售，独吞一切利润。

道名称竟然与位于其南边 750 公里处的通布图郊区街道和村庄名称一样。克洛泽尔解释说：

> 在陶代尼，大部分交易掌握在十几个真正的商人手中……几乎所有的商人同时也管理着一个或多个盐矿：他们养活矿工，支付报酬让矿工采盐。有些商人甚至养骆驼，以便能够自己运输一部分盐。他们往往只是通布图商人的管理人，而非幕后大老板。他们有时在家里接待顾客、游牧商队并与之商谈售盐事宜；有时去盐矿监督采盐工作。他们都是阿拉伯人（其中只有一个是被解放的奴隶，因去过麦加朝觐所以地位上升）……他们都被困在债务、债权、各种合同与人情债等编织而成的大网中。他们总有放出去的账，总有在路上的盐……如果盐矿不需监管且生意顺利，他们每年都会南下，在通布图度过三四个月，他们真正的家通常安置在那里。①

结　论

　　盐的生产导致了从劳役到奴隶制等各种形式的强迫劳动，但似乎很难在剥削劳动力的各种形式与特定的生产技术体系之间建立联系。同样地，国家作为统治阶级管理劳动者的一整套制度，对盐的生产进行干预的方式也不尽相同。专制的欧洲国家和古代中国王朝倾向于使用劳役，这似乎是大规模农奴的最后形式；而开明专制的国家试图利用所有人力资源来增强国力、增加税收，毫不犹豫地将盐场转变为生产力低下的监狱；极权国家在这条路上走得最远，强

---

① Clauzel, 83.

迫战俘和集中营的囚犯开采盐矿，而许多囚犯和战俘愿意用这种方式逃脱被灭绝的命运。当然，这一结论仍有待验证！另外，在非洲撒哈拉地区以及撒哈拉以南地区，有以下特殊情况：

- 黑人曾在这里建立强大的国家，而沙漠中的游牧部落并没有中央集权制；
- 黑人政权将战俘作为奴隶卖给沙漠游牧部落；
- 富人会强迫违约的债务人劳动。

55

图 1-4 在特拉帕尼（西西里岛），收盐及运盐情景

在这个体系中，控制了盐的人可以购买任何他们缺少的东西，如谷物以及他人的劳动。黑人建立的国家的军人或商人贵族不得不派遣（放逐）一些劳动力到很远的地方，去开采游牧民族几乎不需要的盐矿。游牧民族本来只需要在迁徙途中经过盐场时给单峰驼喂点盐防止它们生病，再捎带一些自己食用的盐就够了。为了得到小米，也就是碳水化合物，游牧民会用椰枣树的果实作为交换物。沙漠地区的奴隶制可能是一种劳动力转移，热带草原上的国家把劳动力交给游牧民族，换取不可或缺的盐。在世界其他地方，常见的盐矿开采方式是佃租或雇佣劳动，直到技术、化学工业和资本主义的发展将整个制盐行业转变为少数大型企业，其中中等规模的企业如今年产量也已超过 100 万吨。

图 1-5　锡拉库萨（西西里岛）的马格尼西盐场

在盐田搬运盐一直是一种劳动密集型工作，一批批季节性工人前来运盐，按件领取酬劳。

第二章

中世纪盐井的年金

    中世纪时期，拥有海岸线的国家，无论海滨是阳光灿烂还是阴霾多雨，只要朝向大海，几乎都能生产食盐。阳光不足并无妨碍，可以用木材或泥炭作燃料熬煮海水或海岸滩涂的咸水来制盐。盐产量并不低，例如英吉利海峡两岸地区/拉芒什海峡沿岸、英格兰的滨海地区、荷兰的泽兰省、弗里西亚群岛以及丹麦海峡的莱斯岛等地。但这样生产出来的盐成本很高，因此催生了大规模海运及河运的盐业贸易，以填补北欧对盐的大量需求。但高昂的运费又抑制了盐业经济发展。幸运的是一些内陆国家并不缺乏易开采的地下盐矿。除了苏格兰和斯堪的纳维亚半岛等岩基（régions de socle）地区外，几乎整个欧洲大陆从中生代（l'ère secondaire，即第二纪）开始都有海洋沉积层（les mers sédimentaires），从三叠纪到始新世，这些海被环礁圈起来，海水在原地蒸发，沉积下厚厚的盐层。阿尔卑斯褶皱的扭曲折叠运动把这些盐层埋入地下几十米处，盐层上覆盖着不透水层，因此不会被地表径流溶解。盐岩是一种轻质柔软的岩石，易扭曲变形，能顺着断口和间隙滑入岩石之间，从而在近地表处形成盐矿。欧洲的所有沉积地形都有这样的盐矿床，处在盆地边缘的盐矿因地势抬升而更易被开采。

卤水开采方法

中世纪时期，岩盐产量最丰富的地区是德国、奥地利、西班牙、法国东部（洛林和弗朗什－孔泰地区）、英格兰（柴郡）、意大利（萨尔索马焦雷）和西西里岛、波斯尼亚（图兹拉）、波兰、罗马尼亚及俄罗斯。其他国家岩盐资源埋藏较深，因此当时尚未被发现，例如瑞士与荷兰。除了波兰的维利奇卡和加泰罗尼亚的卡多纳（Cardona）使用旱采法（*dry mining*），其他地区大多使用盐井技术或盐泉技术。从蒂罗尔到施蒂里亚，包括巴伐利亚南部和萨尔茨卡默古特，这些阿尔卑斯山区的盐场使用一种特殊方法，对钻井水溶法的应用最为出色。这种方法是在山体上挖出几近水平的巷道以及直井或斜井，与盐层里人为挖出的洞穴或硐室（*Zimmer*）相通。雨水或雪水经井道流进洞里，冲刷溶蚀洞壁上的盐分，成为浓卤水（波美度①约为 25°），随后沿着松木制成的管道流到山谷盐场，被装入巨大的平锅用柴火加热熬煮。这些真正意义上的工业企业诞生于十二世纪，发展于十三世纪，它们从地理位置上成功地分离了原料卤水与成品盐的生产。原料来自海拔较高的山上，而成品盐则在山谷生产。每个制盐企业都需要当地亲王进行大量初期投资，如蒂罗尔伯爵、萨尔茨堡大主教、奥地利公爵、施蒂里亚公爵等。这些亲王不断收回前人在十二世纪时赠与本笃会和熙笃会（Cistersien）② 修道院的熬盐锅，以确保完全控制盐的生产。通常，如果一位亲王要收回被前人分散出去的固定资产，他会以支付年金

---

① 波美度（°Bé）以法国药剂师波美命名，他在十八世纪末发明了液体比重计，用于测量液体密度。

② 又译为西多会，此处翻译参考国内宗教学期刊论文的翻译熙笃会。——编者注

的形式将其赎回。

在平原地区及山地边缘，盐矿开采情况则有所不同。盐泉通常 60
会吸引野生动物或家畜前来饮水，所以人们在泉眼筑井汲卤，并尽
量隔开附近的淡水，以保证卤水的浓度。这种井口径很大，井壁经
过加固以防止塌方，水桶和绳子靠曲柄和环链带动，环链由马拉车
盘驱动的齿轮系统转动。我们对这种井（钟摆井）的建造技术不甚
了解，中世纪考古学没有关注过这种井何时出现，直到十一世纪才
有文字记录证明其存在。它们出现的年代实际上应该远早于此，而
且这种盐井大量使用了"砖砌工艺"（通常可追溯到铁器时代），证
明人们当时已经会汲取地下卤水，放在黏土陶器里在土灶上熬煮。
这就解释了为什么制盐场地总有大量坚硬的熟化黏土沉积物。十一
世纪和十二世纪的盐井遗迹数量大大增加，德国哈雷和法国萨兰的
盐矿遗址虽然地方并不广阔，但都有数口盐井。其他遗址则通常只
有一口井，例如德国的吕讷堡，不过这个唯一的盐井出水量很大，
可为 54 个制盐场供应卤水，每个盐场拥有 4 口熬盐的平锅。总之，
在阿尔卑斯山区，一个地区唯有一个盐场，由唯一的所有者掌握，熬
煮的卤水属于亲王；平原或中低山区则不同，卤水由许多小规模制盐
场共用。①

平原地区的盐井天然适合共享。这种共享有两层含义：一方
面，必须在所有小规模制盐场之间分配卤水，否则生产就会中断，
必须确保每个盐场能按时得到所需卤水。原则上，这种共享与滨海

---

① Palme R., *Die landesherrlichen Salinen-und Salzbergrechte im Mittelalter. Eine vergleichende Studie* (Innsbrucker Beiträge zur Kulturwissenschaft, Sonderheft 34), Innsbruck, 1974, 11–13; *Rechts-, Wirtschafts-und Sozialgeschichte der inneralpinen Salzwerke biz zu deren Monopolisierung* (Rechtshistorische Reihe, Bd. 25), Francfort/Main-Berne, 1983, 508–510.

盐田分配卤水或地中海地区的灌溉系统没有区别。[1] 熬卤者也是卤水所有者，能够获得卤水原料制盐；而卤水所有者也可以自建盐场，熬卤制盐。另一方面，中世纪盛行的社会经济制度是封建制度，这种制度规定，将要提供或已经提供的服务以及其他许多交易都以永久年金的形式支付酬劳，以盐为年金的受益人很多，遍布各地，他们认为这样能够确保自己获得低价盐，满足自己的日常需要。修道院是最主要的盐年金受益人，它们留下了极具价值的文献资料，使我们得以了解十一至十三世纪的经济史。虽然文献资料大多来自修道院，但并不能否定还有一些世俗家庭也能持有或购置盐井资产，这些家庭通常是富庶大户，偶尔也有小门小户。这些年金导致了盐矿资产被分割。

盐井的生产非常适合协作。实际上，主教、大主教或伯爵等大所有者都很少轻率地放弃这种由盐带来的收入，通常某些家族或者主教从拥有地下资源的皇帝或西班牙国王手中得到盐井之后就会一直持有这一财产。但是，用桶提捞卤水的方法又促使这一财产被分割。这些受到皇帝或国王馈赠的盐井所有者，并非得到一桶、十桶或百桶卤水，不仅是因为当时尚未通用十进制，更因为生产盐还需满足其他技术方面的要求。当时的实际情况是，必须装满大锅（poêle）才能算一锅浓盐卤，因此年金权益人会得到若干桶卤水，凑成一锅之量，然后才能得到一锅浓盐卤。切勿将一"锅"之量与熬煮卤水的铁锅或铅锅等锅具混为一谈。人们常常无法正确区分容器和内容物，就会误判中世纪盐场的产能。实际上，年金的构成还有一个要素：时间。在周而复始、不断更新的生产中，以盐为永久年金可以理解为持续支付盐，一年中可以每天支付一锅，或每周

---

① 参见法比安·瓦托（Fabienne Wateau）整理的参考书目。

支付一锅，或每年支付一锅，或每逢重大的基督教节日支付一锅。根据支付频率，年金可以是1锅、4锅、52锅甚至更多。但不会是365锅，因为至少要扣除一年中不开工的天数，如星期日、宗教节日和会导致盐水浓度降低的大雨天或导致制盐设备冻结的低温天。并非所有盐泉都能提取饱和盐水，有些盐泉浓度太低，甚至无法避 62 免冻结。

中世纪时期，凡是已被发现的盐泉，甚至波美度低至2°或3°的盐泉，都被开采过了。这些盐泉面临的严重问题是：在农业扩张时代，人们把古老的林地变成了农耕地，但并没有充分考虑砍下的木材能派什么用场；而当大面积砍伐森林的时代结束以后，就很难得到开采盐泉所需的燃料。运输成本和土地分割导致地方大权落在有能力垄断盐业的领主手中，在一个没有竞争的制度下，他们根本无须考虑效益问题。许多盐矿的情况都有史料翔实的专著记录，特别是德国的盐矿，下文我们将选取一些盐矿作为示例：德国的吕讷堡和哈雷、法国的萨兰和萨利耶德贝阿尔恩（Salies-de-Béarn）、英国的柴郡以及西班牙比利牛斯山麓盐矿。

所有权和年金

在意大利帕尔马，其城市公社（commune）十三世纪时战胜大贵族获得并巩固了独立地位。该城市公社与十二世纪时对盐井和盐场建立了领导地位的帕拉维奇尼家族（Pallavicini）展开斗争。1249年，神圣罗马帝国皇帝腓特烈二世还在认可强大的封建家族拥有特权，但帕尔马城早在1272年就开始购买小地产者的所有权，随后与强大的侯爵们展开争夺萨尔斯盐井的武装斗争。1318年，帕尔马城从冲突中获胜，并颁布法令："除非应公社之需，任何个人及团体均不得汲卤制盐。"

　　开采许可证由行政长官和元老签发。帕拉维奇尼家族的所有成员都有十天时间出示地产契据。售盐所得收入全部用于建造城市公共建筑、投资盐矿和盐井、购置平锅、筑井、建造盐场及一切必需设施。[①] 由此，城市公社成功取代了强大的封建家族，建立了与阿尔卑斯地区各公国垄断盐业几乎相同的管理制度。

　　尽管领主大量发行年金，但从未放弃盐田的财产所有权，因此能够始终控制盐的生产，确保土地收入或税收收入。在法国的萨利耶德贝阿尔恩巴亚广场上的盐泉属于贝阿尔恩子爵的财产。十五世纪初，子爵将盐泉开采权出租给一些农民，统一由财务官管理。奥多（Audaux）领主们名下的"罗马奥斯多"的锅具作坊于1299 年买断了在萨利耶德贝阿尔恩制造和修补铅锅的专属特权，要求所有使用其锅具的当地人必须用小米支付使用费。[②] 至于子爵何时收回了盐矿开采权则无从得知。在西班牙阿拉瓦省和布尔戈斯省交界处的阿纳纳，开采盐矿的方式是用三个水渠将天然卤水导流到晒盐池。根据阿方索八世于 1198 年或更早颁布的一项法令，古老的阿纳纳盐矿庄园由一个理事会和"盐矿继承人团"管理。当盐矿被纳入王室财产后，这些继承人组建了"阿纳纳王室盐场继承人团"[③]。

---

① Falconi E. , *Liber comunis Parmae jurium puteorum salis（1199 – 1387）*, Milan, 1966.

② Tucoo-Chala P. , «Recherches sur l'économie salisienne à la fin du Moyen Âge», in *Salines et chemin de Saint-Jacques*, Pau, 1966, 34; «La Vie à Salies-de-Béarn au début du xvᵉ siècle», *Revue de Pau et du Béarn*, 1982, 32 – 34.

③ Arellano Sada P. , *Salinas de Añana a través de los documentos y diplomas conserados in su Archivo municipal*, Saragosse, 1930, 507.

图 2 - 1　西班牙巴斯克地区的阿纳纳盐矿全景

法国萨兰盐矿的开采情况比较复杂，当地共有三个盐矿，其中 64
两个在上镇（le Bourg-Dessus，分别称为大盐场盐矿"la *grande
saunerie*"和罗西耶尔小锅盐矿"la *chauderette* de Rosières"），另一
个在下镇（le Bourg-Dessous），名为卤水井盐矿（ le *puits à
muire*）。据 1145 年以来的史料记载，大盐场盐矿和卤水井盐矿生
产设施齐备，设施包括井、锅炉和烘干间等。地下引水设施被称为
井，大盐场盐矿有两口井，名为上游井和砂岩井，可为不产卤水的
罗西耶尔小锅盐矿供应卤水。萨兰盐矿的历史具有代表性：喜欢考
据文字记录，尤其是形成时期较晚的文件档案的历史学家对占有卤
水的两种方式进行了对比。他们认为大盐场盐矿只属于让·德·沙
隆（Jean de Chalon）伯爵（人称"老伯爵"）一人。他发行了很
多年金，从而挥霍了盐矿财产，而卤水井盐矿却是由许多所有者，
即"年金购买者"（rentiers）共同持有。基于这一看法，很容易得

出结论：这两个盐矿最初应该属于勃艮第伯爵和萨兰领主，这些大贵族可能很早就把一部分财产变为年金出让了。根据萨兰契据集（又称让·德·沙隆契据集）记录，让·德·沙隆伯爵本人或其家族将卤水用"盐或货币"的形式捐赠给了宗教机构和出于职业关系、附庸关系或亲属关系而为宗教机构服务的个人。捐赠惠及102座修道院、隐修会、医院等，分属15个不同的宗教团体，其中半数位于贝藏松，其余分布在朗格勒、洛桑和日内瓦的主教区；受到馈赠的个人几乎同样多，伯爵的慷慨散财之举意在笼络人心并扩大政治联盟。实际上，我们可以反过来理解上述历史学家的观点：伯爵并非把原本属于自己的财产分割成年金出让了，相反，应该看到他通过不断牺牲年金购买者的利益增加了自己的财产。实际上，让·德·沙隆老伯爵于1237年通过交易获得盐矿后就开始大刀阔斧改变财产管理模式：十几位年金购买者（包括教士、骑士和萨兰市民）与伯爵达成了一项协议，同意他把卤水拿到自己的制盐场里熬制食盐。[1] 此后，这位老伯爵不断将卤水年金转为盐年金，又把盐年金转为用盐的销售收益支付的货币年金，从而开始了对盐业的垄断。[2] 甚至原定捐赠的卤水也立即被换算为货币，金额通常在10~100里弗尔。[3] 换算行为反映出伯爵的策略，他并不打算分享对盐矿的控制权和所有权，恰恰相反，他想花一部分收入换取对

[1] *Cartulaire de Hugues de Chalon*, doc. 575.

[2] Voisin, 1984, 144 – 146.

[3] Locatelli R. et Brun D. , et Dubois H. , *Les salines de Salins au xiiie siècle. Cartulaires et livre des rentiers*, préface de J. Favier, Annales littéraires de l'Université de Besançon, 448 (Cahiers d'Etudes Comtoises, 47) 1991, XX planches. , 1991, 53 – 54.

大盐场盐矿及其盐井的全权占有，以保持对生产的控制。[1] 然而，伯爵后裔并不满足于只拥有大盐场盐矿，他们也没有放弃卤水井盐矿的所有权。于是在 1290 年 12 月，让·德·沙隆的继承人，包括勃艮第伯爵及萨兰领主奥顿、奥克塞尔伯爵让·德·沙隆、维涅日领主埃蒂安·德·沙隆和阿尔雷领主让·德·沙隆，联手"向伯爵镇（即下镇）收购了卤水井盐矿"[2]，并将其收益和费用平分为三份。1290 年对卤水井盐矿的这次收购，是伯爵家族试图复制老伯爵 1241 年在大盐场盐矿的成功操作。1267 年，让·德·沙隆伯爵立下遗嘱，将大盐场一分为三，传给他历次婚姻产生的继承人；[3] 当时卤水井盐矿的情况则不同，仍沿用过去的方式，由 150多位所有者共同开采。[4] 在德国的吕讷堡，数个相隔甚远的盐泉通过地道（Fahrten）汇集到盐井（Sod），井上有建筑（la Küntje）。1269 年，不伦瑞克－吕讷堡公爵在距离该井（后称为 alte Sülze，"老井"）500 米处开挖了一眼新盐泉。十四世纪末，新盐泉的卤水也被引入老井。[5]

　　在英国柴郡的德罗伊特威奇，盐泉被引入三口井，根据其在穿城而过的萨瓦尔珀河边所处的位置，分别称为上威奇井、中威奇井和下威奇井（Upwich, Middlewich, Netherwich）。大缸（vats，拉丁

---

①　Hocquet (1994), «Les moines, producteurs ou rentiers du sel», 197 – 212, in Ch. Hentzlen et R. de Vos, *Monachisme et technologie dans la société médiévale du xe au xiiie siècle*, Centre de conférences internationales de Cluny, ENSAM, 200 – 202.

②　勃艮第伯爵契据集（*Cartulaire des comtes de Bourgogne*），第 389 页。

③　Prinet (1898), 71 – 72. Dubois (1976) Henri, *Les foires de Chalon et le commerce dans la vallée de la Saône à la fin du Moyen Âge (1280 – 1430)*, Paris, 522.

④　Locatelli et Brun (1991), 43.

⑤　Witthöft (1976) H., *Struktur und Kapazität der Lüneburger Saline seit dem 12. Jahrhundert*, *Vierteljahrschrift für Sozial- und Wirtschafts-geschichte*, 63. Bd, Heft 1, 15 – 17.

文为 *plumbi*）作为提捞卤水的工具，也是卤水（*brine*）计量单位：

66 1 大缸等于 12 筐（*wickerburdens/wickerbrine*），每筐可容纳 18 个 32 加仑容量的容器（*vessels/burdens*）。1 大缸就等于 6912 加仑或 3138 升。[1] 这样很容易将 1 大缸二等分、三等分、四等分，甚至分割成更小的份额，以便在权益人之间分配卤水。我们无法确定十二世纪的情况，1215 年约翰王授予该市镇特许制盐权，以年金 100 镑的价格将盐井及其税费（*Salsae*）出让给了市民。此后，市镇直接向每一大缸卤水收取税费。税费收取情况被记录在盐税册（*salsae rolls*），最早的记录可追溯到 1274 年至 1276 年，到 1432 年共有 49 册。每册包含 100 ~ 130 个市民的姓名，每个姓名下记录各自支付的金额，以大缸计量。每一册都会区分市民得到大桶卤水权利的方式是继承、购买还是租赁。市民由此获得了制盐的垄断权。但是从十四世纪中叶开始，一些曾经持有盐矿份额的庄园主，为了获得卤水和市民的权利，前来该市镇定居。六月至十二月是煮盐季节，此时雨水渗入的风险较小，卤水浓度也较高。在煮盐季开始之前，大缸卤水权利持有者必须证明自己的身份，同时通报自己计划熬煮卤水的缸数。煮盐季（*weeken brine*）分为 12 期，正好对应每大缸所分的 12 筐，每个使用者每期（*weeker burden*）收到 18 瓮卤水，其中井的表层、中部和底部各取 6 瓮，以期获得的卤水能够浓度均匀。[2]

---

[1] Hocquet（1992[1]），*Anciens systèmes de poids et mesures en Occident*，Londres，Variorum Reprints，iii，14.

[2] Berry E. K.，"The Borough of Droitwich and its salt industry，1215 – 1700"，*Historical Journal*（University of Birmingham），VI（1957）n° 1，39 – 48.

开　采

中世纪时期，法国萨利耶盆地曾被拍卖，中标人将卤水份额卖给所有权共享人，后者再将其权利转卖给加工者或制盐工。制盐工买到了卤水，所有权共享人、农场主和子爵也都从中受益。所有权共享人的地位不言而喻，他们建立了一个世袭行会，确保家庭长子继承所有权的利益。这在当地引起了旷日持久的争议，至今仍未平息。[1] 这一行会可能诞生于十六世纪下半叶（根据 1587 年法令），但直到 1786 年才有一位迪耶特里克男爵（Baron de Dietrich）清楚描绘了行会的运作方式。要成为所有权共享人，必须出生于萨利耶，且父母均为萨利耶人。盐泉每周被汲空一次，每一份（compte）卤水包含 26 桶（seaux）。户主们不可在同一周内前往盐泉，而必须轮流前去汲取卤水。盐泉每周生产 80~100 份卤水，因此每户每年可以得到 4 份或 5 份卤水。由 26 桶组成的一份卤水能熬制出 24~26 袋 50 斤重的盐。[2] 汲取卤水的方式常常会导致混乱：因为盐泉的卤水密度较大，上层覆盖着从周围广场、屋顶和街道汇来的淡水。两层水并不交融，所以汲卤者都想要抢先汲取淡水层之下的深层卤水原料，然后将桶交给搬运工，多名搬运工接力跑把卤水桶运送到制盐工的蓄水池里。一小时之内盐泉就会被抽空。

在德国哈雷，搬运工肩扛着粗木棍，担着沉重的大桶（cuveaux）

---

① Labarthe J. , *Salies et son sel*, *Salies-de-Béarn*, 1981, 42 - 43.

② De Dietrich Ph. , «Description des fontaines salantes de Salies», in Id. , *Description des gîtes de minerai*, *des forges et des salines des Pyrénées*, Paris, 1786, 433 - 434.

把卤水运送到盐场。① 这种古老的运输方式在其他地方很少见。在萨兰和吕讷堡，盐水都是通过木质管道输送到盐场，这样不仅方便运输，而且可减轻工人负担。

在十三世纪的萨兰卤水井盐矿，三条长管每年抽取 57 锅（meix）卤水，这些卤水可以四等分、八等分或按小桶（seilles）分，一锅卤水理论上可以分为 120 桶或者每部分 30 桶的四等份。这种计数方式便于划分卤水，例如 1267 年的 57 锅卤水被分配给了 143 个世俗所有者和 24 座教堂，世俗所有者平均每人得到 13.5 桶，而教堂的平均份额为 24.5 桶。当时，"锅"这个词是指煮一锅盐所需的卤水量。十三世纪中叶以后，卤水所有权被大规模分割，但萨兰的盐业生产并没有因此停滞，这是因为九个管理机构（moutiers，隐修院）经营有方。然而卤水所有权继续被分割，多数卤水份额持有者需要向教堂或世俗所有者缴纳年贡，有时年贡以盐卤使用费的形式出现。② 无从查证这些年贡和年金源自哪位领主，但可知它们在 1267 年时已经存在很长时间。这个社会组织中有两点值得注意：第一，"大所有者"（grands）在 1290 年再次掌握所有权之前，大概只保留了"领地"（la Domaine）的卤水份额，此处的"领地"很可能是指过去的保留地；第二，自十三世纪中叶起，卤水所有者不仅有修道院教士（主要是熙笃会修士），还包括该地区的骑士、葡萄园主和萨兰的显贵。③

在我们思考年金对盐矿的作用时，不应该再视之为基督徒的慷

① Piechoski W., *Die Halloren. Geschichte und Tradition der Salzwirkerbrüderschaft im Thale zu Halle*, Leipzig, 1981, 14.
② Dubois (1991) H., 303 – 319.
③ Dubois (1981) H., «Du xiiie siècle aux portes de la modernité. Une société pour l'exploitation du sel comtois: le Bourg-Dessous de Salins», in Cabourdin éd., 70.

慨善举。例如吕讷堡的维恩豪森修道院向一位市民购买了"每份（flut）① 卤水支付半车盐的年金，从吕讷堡盐矿的辛克斯特作坊入口右侧的铅锅里抽取作为年金的盐。"②

　　档案里没有记录购买价格，该交易有两个契约，一个是制盐工售盐的契约，另一个是债权人购买年金的契约。然而，购买年金总得支付一笔资金：1257 年，让·德·沙隆以 600 勃艮第里弗尔的价格将 6 锅浓盐卤的年金卖给了贝勒沃（Bellevaux）的熙笃会修道院，一年分三次交付盐卤；1250 年至 1300 年，该修道院花费了大约 3500 多里弗尔进行各种收购，甚至不惜借贷 1220 里弗尔以购买在隆勒索涅（Lons-le-Saunier）提捞 5 次卤水的权利。③ 在吕讷堡，订立年金能够满足双重目标：对年金权益人而言是投资，可以将资本投到已建成的盐矿；对支付年金者而言是一笔贷款，因为高昂的生产成本和设备更新换代都会造成资金短缺。年金的作用就是向一个需要巨额投资的企业注入资本。在吕讷堡，投资盐井、管道、盐锅和盐场的各类年金持有者组成了盐矿所有者团体。这个团体中教士很多，所以该盐矿得名"教士盐矿"。宗教机构总共拥有 50% 的盐锅，控制着 81% 的盐产量，仅熙笃会修道院就拥有 9% 的盐锅及 9.75% 的盐矿资本（占总量的 10%）。1370 年，该盐矿总收入高达 57840 马克。④

① 此处卤水计量单位 1 份 = 7036.9 升。——译者注

② Bachmann K. , *Die Rentner der Lüneburger Saline*（*1200 - 1370*）, Hildesheim 1983, 24.

③ Hocquet（1994），«Les moines, producteurs ou rentiers du sel», 197 - 212, *in* Ch. Hentzlen et R. de Vos, *Monachisme et technologie dans la société médiévale du xe au xiiie siècle*, Centre de conférences internationales de Cluny, ENSAM, 202.

④ Volk O. , *Salzproduktion und Salzhandel mittelalterlichen Zisterzienserklöster*, Sigmaringen, 1984, 135 - 137.

　　尽管欧洲各地盐场的技术和经济条件相近，在社会组织方面这些盐场却走上了不同的道路，这主要取决于政治权力及其垄断盐业的能力的强弱。在一些地方，大贵族被城市公社剥夺权利；在另一些地方，国王将财产管理权下放给市民；此外，有的地方的强大亲王从众多年金权益人手中把先前分散出去的财产尽数收回。尽管亲王重新掌权，山地社区仍然保留了特权。年金在各地继续存在，不仅出于其封建特性（收买人心和施舍恩惠），更是出于投资的必要性，毕竟中世纪以来企业都需要资金更新设备。但是，这种年金很难脱离封建社会制度，也正是在此制度下年金才具有持续性。从十三世纪中叶开始，伯爵或亲王等领主就尽量不再将生产资料变成年金，而是将实物年金转换为货币年金，随后在十四世纪又对年金进行回购。只有在吕讷堡这样基本独立的城市，年金体系才得以保留。直到十七世纪，年金繁多导致生产成本过高，所有盐场都出现了严重亏损，这套体系才被终止。

第三章

十九世纪切尔维亚盐田陈旧的家长式管理

教皇国、收租者和罗马涅地区的盐田

与上亚得里亚海的其他盐业中心［基奥贾、皮兰、帕戈（Pago）］一样，切尔维亚唯一的经济活动就是盐田开采及相关经济活动，如盐的陆运与海运。这座罗马涅地区的城市历经拉文纳大主教、切尔维亚主教、罗马涅领主马拉泰斯塔家族（Malatesta）和威尼斯共和国的统治，最后在 1511 年教皇尤利乌斯二世领导欧洲军事同盟（史称康布雷同盟）[①] 大获全胜之后成为教皇国。但不论权力如何更迭，盐田和财政始终处于教廷财务院的控制之下。当时的盐田都归私人所有，所有者与佃农身份的个体开采者签订租赁和劳动合同，但是最后收获的盐被公共机构垄断。这个公共机构就是教廷财务院及其在该省的代表机构——罗马涅财库。教廷财务院拥有向私人和商户售盐的专卖权，因此能够征收并控制盐税，从这个意义上说，这的确是垄断。事实上，教廷财务院公开拍卖销售盐的整套业务，中标者负责成品盐运输、售卖或分配，并根据双方签署的租约付给教廷财务院应纳税款。开采者会把收获的一部分盐

---

① 康布雷同盟是欧洲各国针对威尼斯的军事同盟。——译者注

（地租）交给盐田所有者，双方都必须把自己得到的盐（收成或地

71 租）卖给罗马涅财库，财库按照自己定的收购价支付盐款。因此，在整个盐经济链中存在三个参与者：劳动者、土地所有者和国家垄断机构。

在法国大革命的漩涡中，意大利和罗马涅地区都被卷入波拿巴发动的战争，在动荡不安中诞生了一个傀儡共和国。法国占领者取缔了罗马涅财库及其特权[①]，设立了新制度，开始推动管理制度现代化。盐工们虽然失去了教皇时期可以享受的利益和好处，但是盐价翻了一番。从此，他们和大家一起成了公民。1799 年，罗马涅大区弗利的地方政府着手扩大盐田规模，提高盐质。拿破仑政府[②]极为关注切尔维亚及其盐产，于是，来自马赛的工程师吉拉德·德·巴戎（Gérard de Bayon）大胆提出了一个革命性方案，即采用法国朗格多克地区艾格莫尔特（Aigues-Mortes）盐场的模式，建立一个大型盐场统一产盐，以取代众多各自为营的小型盐田。1808 年，被称为"峡谷"（Il Vallone）[③]的大型盐场建成。此外，盐工的待遇也得到了显著改善，这得益于法国人卡洛·雷西（Carlo Ressi）的管理制度。卡洛·雷西之前是一个把盐运到教皇统治下的安科纳边境省（la Marche d'Ancone）的包税人，后被任命为运盐总管（expéditeur général），在雅各宾派专政时期被任命为

---

① Casadio（2001₁）A. ，《I Salinari fra Cinque e Ottocento》，295 – 342，in *Storia di Cervia*，vol. iii – 1，*L'Età moderna*，Rimini. 通过工作任务的难度和场地的恶劣环境来为这些特权（在盐田工作的人享受的特权包括：砍树、在河道捕鱼、在家使用特许盐、债务和刑罚的减免等）辩解（第296页）。在当时，盐工们曾是"罗马涅财库的特权主体"。

② Mascilli Migliorini L. éd. ，*L'Italia napoleonica. Dizionario critico*，UTET Turin，2011.

③ Mazzeo G. ，《Cervia：non soltanto sale per una nuova vita nella salina》，*in* F. Cecchini，122.

盐矿行政总管，据其自述，他在 1812 年执行了对开采者有利的第三方租赁协议，将三分之二的酬劳发放给劳动者，另外三分之一给了盐田所有者。①

意大利的里尔商人——弗朗索瓦－夏尔·布里昂西奥

从敦刻尔克到欧洲商贸交汇点里尔

1769 年出生于敦刻尔克的弗朗索瓦－夏尔·布里昂西奥（François-Charles Briansiaux）是菲利普－雅克·布里昂西奥·德·米勒威尔（Philippe-Jacques Briansiaux de Milleville）与妻子弗洛朗斯·弗朗索瓦丝·约瑟夫·维格勒（Florence Françoise Joseph Viguereux）最小的儿子。通过这次联姻，布里昂西奥家族得以与北海港口大名鼎鼎的私掠船长让·巴尔（Jean Bart）成为亲戚，并引以为傲。这对夫妇有八个孩子，但最终只有两个长大成人。从十八世纪中期开始，整个布里昂西奥家族情况有变。家族里的大人物，让－路易·布里昂西奥（Jean-Louis Briansiaux），即弗朗索瓦－夏尔的伯父，一位商船主，在英法七年战争（1756～1763 年）爆发之初改行做起海上劫掠的营生，倾家荡产为王室效力；作为回报，路易十五封他为贵族，并自觉对他再无亏欠。虽然布里昂西奥家族从此成为贵族，但在经济上很窘迫，并一直持续到法国旧制度结束以后，使"德·米勒威尔骑士"在人生最后三十年不胜烦忧。作为这个落魄家族最小的孩子，弗朗索瓦－夏尔很快意识到未来难

① Casadio（2015），«Un ceto di frontiera fra corporazione e mercato. I salinari di Cervia nell'ottocento preunitario»，*Società e Storia*，150，721－746.

以仰仗自己的亲人。法国大革命初期的运动可能进一步促使这位年轻人觉醒，攻占巴士底狱那年他 20 岁。布里昂西奥离开家乡外出闯荡，他选择安身于刚刚摆脱 1792 年奥地利军队围攻的里尔，[①]进入商界，渐渐小有名气。

事实证明，他做出了一个明智的选择。里尔这座城市拥有很多优势，首先，它是一个工业、商贸和金融中心，直接或间接控制着鲁贝、图尔昆和阿尔芒蒂耶尔的纺织品生产并承担其国内外销售；纺织品批发商除了投资当地各类工业生产活动之外，还充当银行家，经营票据贴现，尤其与巴黎商界保持着长期稳定的关系。其次，里尔是法国北部省最为重要、人口最多的城市，1803 年成为省会。最后，里尔还是离边境和邻国最近的法国大城市，也是"旧制度法国"下的最后一座大城市。国民公会时期，比利时被法国攻占，并在督政府时期被并入法国。然后法国又很快将领土向北扩张，1810 年吞并荷兰和德国最北部，里尔的地位不断得到强化。处于巴黎和逐步被法国吞并的其他商贸和金融市场之间的里尔成为当之无愧的欧洲商业交汇点。

布里昂西奥以他的名字创建了一家贸易公司，起初主要经营土特产（油、亚麻、肥皂、烟草等），随后将经营范围扩大到一切可以买卖的商品，逐渐又将业务扩展到保险、经纪、海上军备和军事物资，最后又增加了贴现和银行业务。布里昂西奥公司的卓越成长与法国大革命和法兰西第一帝国的特定历史背景密不可分，从几个数据可以看出其发展之快以及业务之广：从布里昂西奥定居里尔到 1799 年执政府建

---

① 1792 年 9 月 25 日，奥地利军队开始围攻里尔，并对城内炮轰数日。里尔市民顽强抵抗，10 月 8 日奥地利军队最终撤离。——译者注

立（他当时 31 岁），其公司资产从 4000 图尔里弗尔①增至 270000 图尔里弗尔。法兰西第一帝国期间，布里昂西奥成为里尔市场上最大的批发商，名下资产估值高达 600000 法郎②。他在不惑之年已然成为一位横跨政商两界的社会名流，兼任仲裁员和商会成员，很快又成了市议会成员。他的社会地位上升主要是他三十多年辛苦奋斗的结果，也得益于他一贯拒绝所有冒险交易的审慎态度，同时还依托于他多年来努力打造并精心维护的庞大的客户与供应商关系网。布里昂西奥自然而然地成为里尔或北方商人与首都、比利时和荷兰商人之间不可替代的中间商。但在他的商业版图中，法国南部甚至南欧地区却无足轻重：通信的 3196 个人中，仅有 12 个人来自意大利。

富甲一方的社会名流

　　布里昂西奥的发迹史以两段婚姻为节点，第一任妻子是一位普通的敦刻尔克女子（于 1791 年结婚），再婚妻子则是一位富裕的布鲁塞尔寡妇（于 1809 年结婚），这反映出他在职业和社会关系两个方面眼界渐宽。第二段婚姻使他迅速进入大宗商品交易市场。最终，他成了大地产主（在十九世纪初，这一身份体现了社会地位），名下地产包括诺曼市毗邻杜埃的一座美丽农庄以及加来海峡的圣奥古斯丁的一处大庄园，他在晚年把越来越多的时间和精力都花在了后者。通过他的财产代管者弗朗索瓦·博蒂（Francesco Botti），布里昂西奥购入了切尔维亚的盐田：博蒂曾欠他债务，因

①　里弗尔是中世纪法国货币计量单位之一，最初相当于一磅白银，因图尔地区的圣马丁修道院最先铸造名为"里弗尔"的银币，因此该货币又被冠以"图尔里弗尔"或"图尔锂"的名称。——译者注

②　法国旧货币，1795 年取代里弗尔成为法国标准货币，现已停止流通。——译者注

无力偿还，只得将自己名下的盐田所有权转让给他。其实，布里昂西奥从未亲临过盐田，只是坐享收益。

1825 年，查理十世统治初期，布里昂西奥去世，享年 56 岁。他的继承声明最后一次梳理了他留下的资产：共计 253053.18 法郎。毫无疑问，他是当时商界和金融界一位举足轻重的人物。[①]

弗朗索瓦 - 夏尔·布里昂西奥成为一个时代的代表人物，这无疑是因为他处于世纪之交，受到新旧两种政治制度的影响，并将两种从事大宗交易的方式融会贯通。他与很多人一样，能及时抓住每一个出现的契机并从中攫取最大的利益，但常常比别人出手更快、做得更好。他时刻留心周围的环境，抉择时思考周密，极度审慎，遇事常双管齐下，个性强硬专断，有时奸诈狡猾，充分代表了享受法国大革命的红利而发家致富的一批资本玩家，他们实现了阶级跨越并最终在十九世纪上半叶成为新的显贵。

布里昂西奥和切尔维亚的盐田

从 1810 年起，弗朗索瓦 - 夏尔·布里昂西奥从事盐业贸易，从他的账册中可以看出交易规模庞大，却无法猜到交易的性质。[②]他是否曾为拿破仑的军队供盐？他是否获得了法国北部的盐业专卖权？他是否曾为里尔地区应用勒布朗制碱法的新兴化工业或制皂

75

---

① De Oliveira M. et Bosman F., *Au Carrefour de l'Europe commerciale. François - Charles Briansiaux (1769 - 1825), négociant et banquier lillois de la Révolution et de l'Empire*, livret-guide de l'exposition organisée aux Archives du Monde du Travail à Roubaix, 17 fév. - 15 sept., 2011.

② Roubaix, Archives du Monde du Travail (AMT), 3AQ70 Bilans FCB. Sur la maison Briansiaux, Latty, Georges.

业①供盐？1810 年至 1815 年，他的盐业贸易额从 7903 法郎增长到 13042 法郎，王朝复辟不仅没有影响他的生意，反而使贸易额在 1816 年突破 48239 法郎。1817 年至 1819 年，他似乎又放弃了这项利润丰厚的生意，盐业贸易账面上只有一笔 1200 法郎的固定收入，很有可能是他签了地租，从商人变成了收租者。仔细研究之后发生的事情，我们完全有理由提出疑问：在拿破仑统治期间，他是否曾负责管理切尔维亚盐品专卖，从而结识了切尔维亚的盐场主弗朗索瓦·博蒂，并让他成为自己的财产经理人？这个猜想似乎合情合理。②

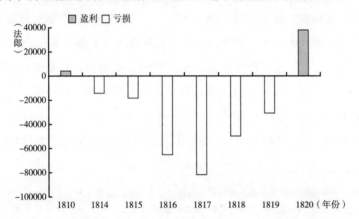

图 3-1　弗朗索瓦-夏尔·博蒂在圣奥古斯丁（法国）的累计亏损

　　布里昂西奥当时住在巴黎，委托意大利人弗朗索瓦·博蒂管理他在圣奥古斯丁的庄园③，博蒂在经营中连年亏损（见图 3-1），　76

---

①　希尔施（Hirsch）在研究布里昂西奥的业务时（第 263～278 页）从未注意过盐业贸易。

②　我们没能获准查阅切尔维亚盐田事业档案（les archives de l'entreprise de la Saline de Cervia），该档案在不久前（2012 年 5 月）迁移到了拉文纳国家档案馆（l'Archivio di Stato de Ravenne），目前正锁在柜中等待分类。

③　位于加来海峡省泰鲁阿讷附近。

并在 1819 年 7 月欠了布里昂西奥 31998.29 法郎。经过仲裁，双方达成一致。趁弗朗索瓦·博蒂在热那亚出差之际，居住在圣日耳曼昂莱的博蒂之妻出面办理了交割事宜。为了还清丈夫的欠款，博蒂夫人将丈夫在切尔维亚盐田拥有的财产份额全权转让给了布里昂西奥。[①] 就这样，布里昂西奥将应收款换成了年利率 6.285% 的年金。[②]

在切尔维亚盐场的平面图（见图 3-2）上，可以清楚地看到南部的盐田（图左）像一幅杂乱无章的单色画，环绕着一座孤岛，岛上曾建有切尔维亚的中世纪古镇，十七世纪因疟疾爆发而被遗弃。博蒂家族的盐田（见图 3-3）和杰苏阿蒂家族（Gesuati）的盐田位于北部，沿着引水渠呈几何形排列，看得出在启蒙时代还曾 77 扩建或整修过，或者对旧盐场进行了重新布局和现代化改造。

博蒂的父亲把盐田留给了三个兄弟，弗朗索瓦、拉扎罗（Lazzaro）和吉罗拉莫（Girolamo）。这些盐田所具有的现代特色

---

① 博蒂起初与两个兄弟共同拥有这些盐田，之后三人分割了地产。博蒂转让给布里昂西奥的盐田曾以每年 2200 法郎的价格（免除税收）租给博托尼·德·费拉尔先生（M. Bottoni de Ferrare），博蒂夫人信誓旦旦这份地租无任何抵押，她交给布里昂西奥一份盐田地图，属于博蒂的部分位于中央，用字母 ABCD 界定范围。布里昂西奥同意这笔交易可以抵清博蒂欠他的全部债款。如果该交易发生争议，布里昂西奥有权"在不经过任何司法程序的情况下立即催告对方偿还 35000 法郎的债款以及从签订协议之日起计算的利息，并支付注册费、催告费、诉讼费，直至偿清"。（Roubaix, AMT, fonds Briansiaux, 3 AQ 352）利古里亚的博蒂侯爵在十八世纪初（1702～1724 年）成为 31 块盐田的主人，这些盐田由教皇财务官米凯兰杰洛·马费伊（Michelangelo Maffei）于 1685 至 1687 年负责建造（Bolognesi, 279-280）。

② 乔瓦尼·博托尼（Giovanni Bottoni）曾于 1796 年（教皇国时期）和 1816 年任罗马涅财务官，当教皇政府恢复其拍卖传统做法时，他一举中标，签下了一份 12 年的租约，1820 年到期［Casadio (2001₂), 428-429］。追求自由主义新思想的土地所有者不愿遵循旧例，他们打算只付给盐工四分之一的收成，并将盐田委托给周边的农民而不是在旧行会中注册过的人。

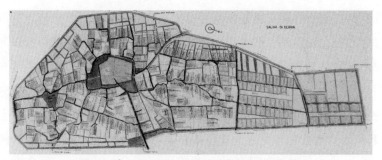

图 3 - 2　十九世纪中叶切尔维亚盐场布局图

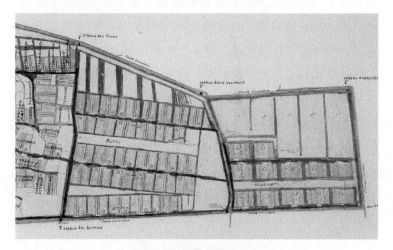

图 3 - 3　博蒂家族的盐田

以及博蒂这个姓氏，都说明这些盐田①是新建成的。

78

　　布里昂西奥怎样管理这份距离如此遥远的产业呢？1824 年 11

---

①　关于切尔维亚的盐田，参见 Hocquet（1975），（1988），（1974），39 - 56；Hocquet（2012）。《关于切尔维亚的盐田》（*Sur les salines de Cervia*）一书用大量篇幅讲述了切尔维亚为教廷制盐的历史，特别是第一卷第五章《切尔维亚的盐，引起与罗马教皇争端的祸根》（Le sel de Cervia, pomme de discorde avec la Papauté），以及第二卷第十四章《切尔维亚回归罗马教廷》（le retour de Cervia au Saint-Siège）。

月1日，他的外甥，居住在米兰的让·莫雷尔（Jean Morel），写信向他汇报在切尔维亚开采盐田所遇到的困难：从前开采博蒂盐田的佃户（弗兰切斯基和博托尼）都被辞退了，换成了一位名叫拉普朗什（Laplanche）的法国人。可这个法国人一直拖欠地租，情急之下，有病在身的莫雷尔只得从米兰派自己的合伙人法布里吉（Fabrigi）前往博洛尼亚向这位佃户要账。拉普朗什拖欠布里昂西奥3700法郎，他打算这样还：此前他已经在马赛还给布里昂西奥3000法郎，剩余欠款700法郎将陆续通过邮寄的方式，在十月底新账结算之前全部付清。这里所说的"新帐"很可能是指是罗马涅财库为收购盐支付的款项。身体抱恙的布里昂西奥打算把盐田卖掉，却意外遇到了三个突然出现的阻碍：第一，把盐田出让给布里昂西奥的弗朗索瓦·博蒂有一位寡居的弟媳，她曾用盐田做过一份抵押；第二，盐田先前的佃户针对前租主提起了诉讼①；第三，教廷财务院为了发展罗马附近的奥斯蒂亚（Ostie）盐场，打算放弃切尔维亚的盐田开采。在这样纷繁复杂的情况下，找到一位愿意接手的买主就成为一件困难的事。②

　　布里昂西奥的病情没有好转，不久后他便去世了。他的遗嘱执行者，里尔的律师杜瓦杨（Doyen）向拉普朗什致信，而对方却回复称自己并不知晓布里昂西奥的死讯。如果让他支付欠款并交出账目，必须出具正式的文件（死亡证明）。他在回信中还告知了律师

---

① 曾经的佃户是弗兰切斯基和博托尼，前租主是博蒂。这些盐田的权利归属十分复杂：负责经营的佃户夹在了身在外地的承租人博蒂和盐工（开采者）之间。

② Toute la correspondance provient de: Roubaix, AMT, *fonds Briansiaux* 3 AQ 237 Bologne Laplanche 1825 – 1826, succession Briansiaux; 3 AQ 331, S. Germain en Laye, Botti 1820; 3 AQ 352 et 293, deux lettres adressées de Milan par Morel à son oncle François Briansiaux à Lille, 22 déc 1820 et 25 jan 1825, lettre de Morel, Milan, 1er nov. 1824.

向他打听的信息：当年的租费将在 12 月到期，待来年 1 月他收到教廷财库的拨款之后才能支付。前任佃户博托尼侯爵的合伙人弗兰切斯基在签订租约时曾支付过 2000 法郎，大概是押金，需在租赁到期时返还。更棘手的是，拉维扎夫人（Ravizza），即拉扎罗·博蒂的遗孀，声称过去的抵押并未撤销，合同仍对博蒂家族的共有资产具有效力，并且该抵押是在三兄弟分割财产之前做出的。如果取消抵押，肯定会引起诉讼，届时弗朗索瓦·博蒂则必须应诉。拉普朗什在抵押登记处申请开具了一份证明，证实弗朗索瓦·博蒂的财产没有任何抵押。但是别人可以质疑这份证明文件，更何况由于博托尼先生与拉维扎夫人之间关于拉扎罗·博蒂盐田的诉讼闹得盐田被拉维扎抵押一事人尽皆知。所以，当拉普朗什重新提起弗朗索瓦－夏尔·布里昂西奥想要卖掉盐田的夙愿，买主们开出的价格远低于资产购入价（35000 法郎），这一点也不意外：教皇的财政部长千方百计想要毁掉切尔维亚的私人盐田，以便使位于波河三角洲的科马吉奥盐场和奥斯蒂亚盐田得到发展——这些盐田都是罗马教皇的财产（实际上属于教廷财务院）。不过这位部长很快成了红衣主教，辞去了财政部长一职。总之，这不是出手的好时机，必须耐心等待更好的机会。1826 年 5 月 25 日，拉普朗什再次致信杜瓦杨，后者从 1823 年起便催他汇报经营情况。拉普朗什在信中提到已经先后向布里昂西奥和莫雷尔汇报过账务，又提到给弗兰切斯基和博托尼还 2000 法郎的事情。拉普朗什认为，这笔钱应该向博蒂而不是向布里昂西奥索要。然而，这一答复未能阻止这笔争议款项被没收代管（很可能是由教廷财务院代管）。拉普朗什曾催促布里昂西奥派人寻找博蒂，他本人也曾往热那亚寄过信，但没有任何回音。

最终，继承人们放弃出售盐田，从而避免使债务纠缠不清的情况变得更加复杂。作为切尔维亚主教名下财产的经营者[1]，弗朗索瓦－夏尔·布里昂西奥将财产依次传给了继承他经营者身份（tenancières）的女儿弗朗索瓦丝·约瑟菲娜·奥尔唐斯（Françoise Joséphine Hortense）和阿德琳·约瑟菲娜（Adeline Joséphine），后者嫁给了弗朗索瓦·德·蒙布兰（François de Montbrun），男方在1885年前去世，两人的女儿玛丽－路易丝（Marie-Louise）嫁给了巴黎的路易·阿纳托莱·德拉普拉德（Louis Anatole de la Prade）（见图3-4）。1891年3月22日，家族在切尔维亚的财产传给了玛丽－路易丝·蒙布兰，她是路易·阿纳托莱·德拉普拉德的遗孀。

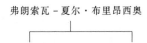

图3-4　弗朗索瓦-夏尔·布里昂西奥的女性后代

布里昂西奥盐田的资产构成和开采情况

地产总面积为 371.21 台（table）[2]，在 1879 年价值约为

---

① 我们可以看到封建政府在复辟之后如何继续在教会国家掌控所有权：盐田直接所有者是切尔维亚的主教，他最初将使用权交与辖区的佃户，随着时间的推移，后者变为了小贵族，并被看作是资产的所有者，他们会雇盐工来盐田耕作。使用权包括使用和受益，也就是用益物权，这项权利可延伸为财产让与权。

② 根据本书下文解释，1 台 = 20 米 × 24 米 = 480 平方米。——译者注

2884.39 埃居①，合每台 7.77 埃居。博蒂家族资产里属于布里昂西奥的十块盐田，有的位于渠边，有的在盐场中心，每块面积在 1.05 ~ 1.8 台。地块标号从第 785 号到 794 号，土地总价值为 1492.5 埃居。相邻的地块（每一侧）中，渠边的盐田属于享有用益权的塞西尔·拉维扎（Cecilia Ravizzi）和契约所有者拉扎罗·博蒂，中间的盐田属于契约佃户塞西尔·拉维扎。布里昂西奥在另一片区域还拥有一些盐田和草场，第 822 号至 837 号地块为牧场，第 838 号至 841 号地块为盐田，第 842 号地块属于拉维扎（享有用益权）和拉扎罗·博蒂。

在盐场外围，布里昂西奥还拥有 2 块草场和 14 片长条形草地（很可能是长草的坡地）②，总面积略超过 5 方（quadrati），不足盐田面积（32 quadrati et 7 tavole，32 方 5 板）的六分之一。为了维护盐田和盐场设施，盐工们可以收割干草，但禁止在盐场周边的草场放牧。在季节允许的情况下，母羊仅可于白天在羊倌的看管下沿着远离盐田的河道或沼泽吃草，以免弄脏盐。根据商会管理处颁布的条例，所有违反规定的牲畜（马、牛、羊）一律没收，其主人将被罚款。为了盐工和切尔维亚居民的利益，冬季期间（从盐入库结束至 3 月 24 日之间）可以捕鱼。但严禁在盐田附近用会毁坏盐田的"固定的网"（pendegola）或"口袋"（a grotte），否则所捕获的鱼和所用渔具③将被没收，并处以 2 埃居的罚款。

81

---

① 拉文纳国家档案馆（ASR），*catasto. Legazione di Ravenna，comune di Cervia，mappa di saline*。

② ASR，*catasto di Cervia*。

③ 用 *pendegola* 捕鱼，在意大利语里被叫作 *bilancia*。这一捕鱼技术会破坏堤坝，导致盐田受损。

盐田采盐活动受法规约束

教皇国曾经斜着穿过亚平宁半岛北部，艾米利亚和罗马涅这两个地区都曾受罗马和教皇统治。在拿破仑统治时期，盐业行政长官代替了教廷财务院的司库，制定了规章（*Capitolo*）以明确盐工与政府和土地所有者之间的关系，并规定了每筐（corbeille）盐的价格（表3－1），该规范在1816年[①]后失效。

表3－1　切尔维亚盐业生产者的报酬

盐品质量	教廷财务院的收购价(单位:巴约基)		
	给盐工	给土地所有者	总价
顶级盐	6	3	9
精品盐	3	2	5
普通盐	2	1	3

注：巴约基（Baiocchi）为罗马帝国发行的一种银币。——译者注。

深入研究过切尔维亚盐品市场发展方式的专家[②]认为，普通盐
82　质量低劣，容易潮解，杂质过多，过细易溶，价格低廉。1812年，切尔维亚共有199对盐田[③]，其中47对属于国家，其余为私人所有，但是盐始终是国家垄断商品，所有成品盐都必须交由皇家盐场管理局统一收购专卖，价格根据质量而定。

法国王朝复辟期间，切尔维亚盐田重新回到教廷手中，归教廷财

---

① 布里昂西奥在1816年开始对盐业失去兴趣。

② Casadio（2001₁）对切尔维亚盐田的研究是目前对该主题最全面的研究。

③ 根据下文的解释，相邻的两个盐田组成一个开采单位，称为一对盐田。——译者注

务院直接管理。由于盐的产量超过了市场需求，教廷财务院决定限制生产。司库长克里斯塔尔迪（Cristaldi）颁布了一系列重要公约（*Conventions solennelles*）①，1824 年又在蒙地奇托利欧（Montecitorio）颁布了另一项法规进一步补充，制定了明确的平衡机制，调整了每担盐上交入库的价格。该法规"恢复了后拿破仑时代逐渐消失的传统惯例，并使之成为正式规定"②，同时也符合盐工的诉求。教廷财务院在切尔维亚盐田及其范围内的任意其他土地（盐田周围约 10 里③被一条叫作 *circondario* 的宽阔水道围起来，水道能汇集雨水并引流入海）的买卖交易中可以行使优先购买权，原因有二：教廷财务院已经拥有近四分之一的切尔维亚盐田，而且国王特权赋予教廷财务院多项权利（1824 年颁布的法规的第 22 条）。

　　三种不同质量的盐运输和入库费用（*reposizione de Sali*）并无差别，都是每百筐 25 巴约基，由盐田所有者和盐工共同承担，付给运盐工。这笔款项由教廷财务院先行垫付，在向盐田所有者和盐工付收购款时扣除（第 16 条）。成品盐上交时需要"用规定尺寸的筐④称量"，标准盐筐的金属样本由本地大法官保管。所有木筐都必须严格比照金属样本的尺寸制作（1824 年颁布的法规的第 26 条）。

───────────

① *Regolamento da osservarsi nella condotta dello stabilimento salino di Cervia a forma della notificazione di Sua Eccell. Rma Monsig. Tesoriere Generale in data di questo stesso giorno 4. Maggio 1824.*

② Casadio（2015）.

③ 此处应为古罗马的长度单位，1 里等于 1472.5 米。——译者注

④ 切尔维亚的盐筐容量不大，约为每筐 30 公斤盐。在批发贸易中常用百筐计算，或以大袋装盐。

图 3 - 5　切尔维亚运盐图

图 3 - 6　切尔维亚盐库和防御塔

从业人员的身份

要成为经营盐田的负责人（capo cultore），必须年满 18 周岁，且通过身体健康检查。所有申请盐田工作的人由教廷财务院审定资格并编入总名册（Rôle général），每年 9 月教廷财务院管理处在盐田总巡查员的协助下更新名册。盐田负责人必须居住在切尔维亚或周边隶属区域，并且在本地拥有合法住所十年以上，从事盐业连续三个采盐季，品行端正，从未受过任何讯问调查或处罚，从未因偷盐而被起诉。如果盐田的所有者或租户（proprietario o affituario di saline）连续三个采盐季亲自从事开采工作，就有权继续直接管理自己的一块盐田。如果一名盐工因死亡或离职被总册除名，教廷财务院会从盐民阶层（classe salinaresca）中另选一人替补。如果盐工家庭户主亡故，遗孀和子女无论能否胜任盐田工作，都会被安排进入盐矿社团（colonie de la saline），与一名正式盐工搭伴。[①] 这项措施旨在为孤儿寡母提供援助。由于孤儿寡母会得到二分之一的收成，因此也必须承担一半的采盐固定支出和盐田维护工程费用，而且只要盐田所有者没有任命新的盐工，这种搭伴模式就会继续。盐矿社团实行工作机会共享：任何一个盐工家庭，即使拥有多块盐田，都只能开发一块盐田，以此来保障贫穷家庭也有工作机会。但如果一个家庭由 6 人以上组成，且盐田负责人的一个儿子或亲属年满 18 周岁并处于工作状态，那么这个家庭就被允许同时经营两块盐田。教廷财务院为大多数盐工无偿提供翻新过的住所，入住的盐工则有义务维护好房屋。

85

　　盐工能保留三分之二的成品盐，并且可以随心使用，任何与此相抵的契约都无效。盐工的身份带来了收益和相应的责任。因此，其他与生产相关的辅助工作则由经营者负责：按照教廷财务院人员的要求把盐入库、搬运及送往别处。切尔维亚大法官每年会任命一

---

① Monti, 29, cap. XXXII, *per morte dei capi [famiglia] persino le vedove ed i pupilli, quantunque inetti al lavoro, sono conservati nella colonia della salina in società con altro salinaro in ruolo.*

名督察员（*rincontro camerale*），薪酬为每板①（*per tomba*）15 巴约基，由盐田所有者和盐工共同支付。就这样，教廷财务院与市镇政府联合起来监管盐田，采收的盐在入库前必须放在台上沥水，而市镇政府委派的这位督察员要估算收获的盐量。②

为防止走私和藏盐，每名盐工都要在采盐季开始时做出承诺，保证勤恳劳动，恪守职责，允许督察员在存盐入库的季节对盐工进行日常检查，并及时举报私自存盐（*ripostigli*）或人为制造小孔的行为。如果一名盐工被财务院检查人员发现有违规行为，他会立刻被定为可疑分子。如果在两个采盐季之间再次违规，违规者将被踢出总名册。

1834 年切尔维亚盐田的所有权

市镇督察员弗朗切斯科·曼塔尼（Francesco Mantani）在一张表格中按盐田所有者分组，整理了 1834 年切尔维亚全部盐田的产盐量。他标出的并非属于布里昂西奥的收成（原则上为三分之一），而是布里昂西奥拥有的全部盐田的总产量（其中三分之二的收成归他的佃户）。

86　　　这一年细白盐的产量占总产量的 61%（1087276 筐），普通盐的产量占总产量的 13%，后者低廉的价格让盐工们转而优先生产价格更高的细白盐。

当时的地产通常都是分割成小块的土地，一对盐田为一组，切尔维亚盐场的 199 对盐田属于 50 个所有者，其中包括一些法人

---

① 借用"板"为单位，计算每块盐田需要支付的费用。水面上用木板搭建了一个平台，每日收获装筐的盐在装船运往仓库之前需放在板上，督察员就站在板上执行工作。

② 切尔维亚市镇档案馆存放了这位督察员的三本登记簿（*l'Archivio comunale*）。

(personnes morales)①。1834 年产量低于 8000 筐的成对盐田很可能是所有者自己直接管理的：其中 22 对盐田属于这种情况，占盐田总数的 44%。这些盐田合计产盐 124633 筐（占全年总产量的 11.5%）。

　　一些较大的盐田产量超群，尤其是布里昂西奥的盐田产量在当年总产量中占比 6.9%（接近 75000 筐）。产量排名更靠前的盐田分别属于多利亚·潘菲利亲王②、切尔维亚主教（他并未将持有的盐田全部分出去，而是保留了一部分）以及罗马教廷财务院。博蒂家族的吉罗拉莫和拉扎罗两兄弟保留了一块相当好的地，由女伯爵塞西尔·拉维扎管理，盐田产量为 115336 筐（占全年总产量的 10.60%）。如果算上布里昂西奥从他们的兄弟——弗朗索瓦·博蒂手中获得的盐田，博蒂家族的盐田产量就超过了切尔维亚总产盐量的六分之一（17.5%），因此博蒂家族盐田所在的区域以该家族的姓氏命名（博蒂）。

　　除了一人例外，这些盐田所有者都有一个特殊的身份，都是主教的租客（affittuari）。法国王朝复辟实际上恢复了过去的一切封建权利，也恢复了切尔维亚主教的权利。从法律上讲，盐田唯一的所有者是主教，中世纪以来，盐田也属于他的"份地"（manse），但他不能自己开发盐田，所以要招募经营者，并签署向他们"永久"出让地产占有权的契约（livellum），占有权规定的权利极为广

---

① Nous n'avons pas pu consulter *Delle saline di Cervia. Memoria del Magistrato di detta città e de'cervesi proprietarj*, *e cultori aventi interesse nelle medesime*）, Ignazio Galeati, Imola 1830 ni *Ragioni dei Salinari e Proprietari delle Saline di Cervia*, Maricotti, Ravenne 1848.

② 多利亚·潘菲利亲王（le prince Doria-Pamphilj）曾在 1814 年在拉文纳公证人科西莫·维尔吉利（Cosimo Virgili）的公证下与治内农民签署了 10 份佃户合同，但没有在合同中明确佃户的薪酬，这为后来的各种霸王条款开了先例。

87 泛，经营者们可以自由出售盐田甚至可以赠予自己的继承人。这些经营者成了主教的契约租户（livellaires），他们必须向主教缴纳年贡，所以他们是租客身份。事实上，他们就是土地的控制者，但在整个十九世纪，地籍登记簿都特地注明布里昂西奥是"切尔维亚主教的租户"，这个身份也传给了他的继承者。但没人知道他是否曾连本带息地向主教上缴过一次年贡。①

所有权当时被另一重枷锁捆绑着：在教皇国，盐被教廷财务院、临时管理机构和教皇财库垄断管理。生产的所有盐都会被教廷财务院以固定价格收购，收益的三分之一归契约租户所有，另外三分之二归属盐工（盐田所有者的承租佃户）。切尔维亚的盐田几乎永久地被委托给了切尔维亚的盐工，他们子承父业，代代相传。② 所有权就像一个权利金字塔，从中世纪开始层层搭建，一直持续到意大利盐田彻底被国家垄断（1913 年）。

盐田的开采与盐的收成

盐田开采的收成很不稳定。切尔维亚盐场总产量在七年间的变

88 化以及 1836 年一年中不同盐田的产量差异。相隔两年年产量就有可能相差一至三倍：1834 年大丰收，共生产 1068266 筐盐，但仅仅两年之后，年产量就萎缩到 354512 筐。1834 年，根据负责清点盐工上交给教廷财务院③仓库盐量的市镇督察员的记录，博蒂家族的盐田产量惊人：14 个佃户上交入库的盐多达 86771 筐。

---

① 通过查阅切尔维亚主教档案可以对年租的征收有所了解。

② Monti L. , *Ragioni dei salinari e proprietari delle saline di Cervia onde si reclama al governo*, Ravenne, 1848, 29.

③ Archivio del Comune di Cervia, *Rincontro comunale：registro del numero delle corbelle consignate dai rispettivi salinari e riposte negli emporii camerali nell'anno 1834.*

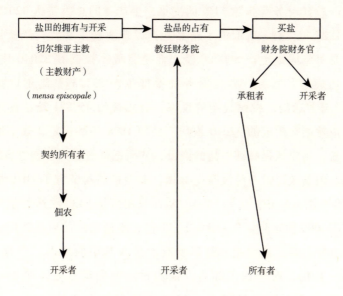

图 3 - 7　盐田的所有权以及盐品的占有与支付

1836 年，博蒂盐场中，布里昂西奥的盐田和塞西尔·拉维扎与吉罗拉莫·博蒂的盐田各有 12 名盐工。这 24 块盐田全年一共生产了 41577 筐盐。

莱奥纳尔多·蒙蒂[①]（Leonardo Monti）的论文介绍了不同盐品的价格（第七章）：高品质的细白盐的价格为每筐 9 巴约基[②]，产量为 300000 筐；精品盐的价格为每筐 4.5 巴约基，产量仅 200000 筐；最后，普通盐的价格为每筐 3 巴约基。不同盐品的价格能相差

---

① 蒙蒂在切尔维亚经营一家零售盐和烟草的商店，他是雅各宾派传统的追随者，以意大利复兴运动（Risorgimento）为宗旨领导了一场反教权的运动 ［Casadio（2001），446 - 447］。他的论文对法国投资人托马西的新计划做出了回应，托马西计划将传统盐场合并为更大的单位 ［Casadio（2015）］。

② 1 巴约基 =1/100 埃居或 1 生丁（centime）。

三倍。教廷财务院扣除 11% 的皮重，生产者的总收益达 32040 埃居。1827 年，财务院取消了精品盐，以普通盐来替代：产盐目标并不是每年固定生产 500000 筐，而是将成本控制在 32040 埃居。为了达成这一目标，教廷财务院批准生产 371239①筐细白盐和 86282 筐普通盐，按照规定的税率，将总量为 457521 筐盐的成本准确地控制在预定的 32040 埃居。按照 1824 年的规定，如果取消精品盐，则应该提高细白盐的产量，从而把资金投入控制在 32040 埃居。但是教廷财务院没有这么做，取消精品盐节省了 8010 埃居（200000 筐 ×4.5 生丁 –11%），从而只用负担 5430 埃居的生产成本（200000 筐 ×3 生丁 –11%）。不过，不论盐品的质量如何，普通盐也好，精品盐也罢，盐田所有者投入其中的成本（即盐田）都是一样的，对于盐工而言，他们付出的劳动也是不变的。对 1826 年、1831 年至 1835 年、1837 年至 1838 年、1840 年至 1842 年和 1845 年至 1848 年的生产记录研究表明，目标产量降低了 6113757 筐，直接造成 527147 埃居的收入损失，对盐田所有者、盐工和全体切尔维亚人民都产生了极大影响。蒙蒂指出，教廷财务院收购库存盐时，除了按常规减去 11% 皮重之外，还将损耗率定为 75%，高得离谱。蒙蒂确认"盐工们只能收到卖出总价 25% 的钱，尽管法规第 12 条明确规定'库存盐'是储备物资，在需要时按照规定价格收购"。

真实的生产是否与教廷财务院设定的额度存在差距？在 1834 年至 1858 年这四分之一个世纪里，我们了解其中十年不同盐品的产量。这十年间平均年产盐 545610②筐，所谓的优质盐包括粗粒

---

① 此处原文为 371259，与作者沟通应为 371239。——编者注
② 此处原文计算有误，268496 + 270856 = 539352。经与作者沟通确认为 539352。——编者注

盐（268496 筐）和精制盐（270856 筐），普通盐的产量降至156642 筐。在支付收购款时，教廷财务院扣除 11% 的皮重，这样就使真正能够换来报酬的盐量减至优质盐 480000 筐，普通盐139411 筐。由于财务院同意支付的收购费用只有 32040 埃居，所以多余的盐会被教廷财务院存入仓库，十年间每年平均入库110000 筐优质盐和 50000 筐普通盐。

目标产量决定每个生产单位的产盐量，同时也决定每名采盐工的工作量。如果实际产量高于目标产量，多余的盐会被存放入库但教廷财务院不付钱；如果实际产量低于目标产量，差额将由盐工承担，或者用往年的存量填补，或者等到来年的收获季再进行清偿。盐工们逐渐形成了一个社会等级，即盐民阶层。收成的三分之一分给盐田所有者，这满足了盐工们的诉求，但所有盐都必须上交公共仓库。

教廷财务院在对盐田所有者和其盐工进行收益分成（1/3 和2/3）之前会先去除 11% 的皮重，然后将超出当年额度的盐存放入库，这些库存会在之后歉收的年份加以收购并重新流入市场，这种情况曾在 1836 年出现过，当年的收成勉强达到 1834 年的三分之一。有三个年份产量未达到规定量，1858 年和 1859 年的情况尤其糟糕，1859 年本可以是丰年，但盐田里仅剩两名盐工，其他人都离开了盐田，响应号召参军抗击奥匈帝国，并投入全国解放战争①（1859 年在拿破仑三世帝国军队的支持下展开的）。年轻的维克托·伊曼纽尔二世在这场战争中收回了教皇行省。盐田产量骤降，1854 年产量最高，也只不过 58529 筐，而 1858 年产量更是低至 6133 筐。那么，盐工如何应对这些突如其来的风

90

————————

① 此处指第二次意大利独立战争。——译者注

险以及收入下降呢？根据 1824 年 5 月 4 日的旧法规第 14 条，年产量需要控制为细白盐 300000 筐、精品盐 200000 筐。市镇行政管理人员（fattori）会进行夜间核查（stime serati），大致估算盐的总量，但每到季末，估值与实际情况常常相去甚远，要么大大超出实际产量，要么远远低于实际产量。该法规第 20 条规定：存盐入库完成三个月之后，可以在切尔维亚政府办公室查阅存盐总账目，盐款会在年内支付给相关各方。而被教廷财务院强制入库的生产额度之外的余盐则会被登记在另一本结算总账目里，也同样可供查阅。盐田所有者上交盐时，会收到教廷财务院发放的证明。而属于盐工的余盐被强制入库时，盐工则不会收到任何证明，因此当他想向第三方支付时就会引发问题。这些存盐会被登记在一大本名册里，记在每个权利所有者名下，由政府机关保管。这本登记簿就是每个人存盐的凭证，被称作"存放册"（deposito）。通过这种方式（不发放存盐证明），教廷财务院就可以防止盐工在收获季结束之前私售将来可能拿到的余盐，同时防止他们掉入投机者和高利贷的泥沼，在歉收的年份，存盐能让他们活下去。卡萨迪奥（Casadio）指出，这些针对某一社会阶层的援助措施带有浓重的家长式作风，就像"家里人需要监管、指导和帮助"，相应地，制定这些措施的人认为"顺从和依附是每个盐工的主要义务"。①

---

① Casadio（2015）也指出了这些盐债愈演愈烈的虚拟特征，拥有盐债的盐工去世后会被从名册中除名，他的家庭也将无法获得这些盐款，从而失去生活的依靠。1839 年，吉塞利（Ghiselli）主教前往罗马法庭为这些家庭辩护，1842 年，这些家庭最终获得了 40% 的欠款。

　　切尔维亚盐场的产量在 1843 年至 1845 年[1]这三年间经历了巨大的波动，从 528330 筐（1843 年）增至 673613 筐（1844 年），但一年之后又跌落到 363870 筐（1845 年）。此外，我们也整理了布里昂西奥的盐工们在 1842 年至 1850 年的存盐账目。

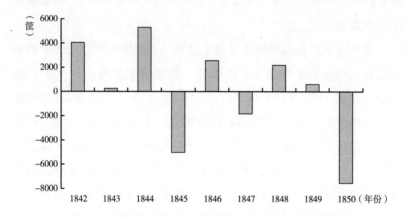

图 3 - 8　博蒂盐田存盐账目变化表（1842 ~ 1850 年）

　　在 1843 年和 1845 年这两个年份，盐工们并没有完成教廷财务院规定的产量，但在 1844 年，产量却又超过了规定量。从上图可以看出，一半的年份产量过剩，另一半年份则相反，只有 1843 年和 1849　92 年的产量接近规定的额度。根据既定协议，如果遇到歉收年，教廷

――――――――――

[1]　Example；en 1845，«la intestazione delli n° 200 salinari，e proprietari singolarmente descritti nel presente riparto è stata fedelmente desunta dal Ruolo Generale di quest'anno in data 23 settembre 1845，sottoscritto dall'Ill. mo S°ʳ Amministratore Conte Carlo^{xxx} sull'appogio de quale sono state dal Magazziniere^{xxx} rilasciate ai rispettivi salinari le bollette nel complessivo n° di 739 pel sal bianco minuto，n° 356 pel sal comune，ed il quale è stato ritirato dall'anno. A Cervia 13 ottobre 1845，Francesco Mantani，rincontro comunale».

财务院会结清之前的存盐款；如果之前的存盐已经用完，教廷财务院则会预付未来的存盐款，这项谨慎的家长式政策保障盐工在收成不确定的情况下始终获得一份稳定收入。从这一点来说，盐业工人受到行会主义性质的保护。经历过法国大革命的资本家商人恐怕很难接受这种管理制度，《勒沙普里安法》（Loi Le Chapelier）[1] 后来取消了这种制度。

从未亲临过盐田的弗朗索瓦·布里昂西奥唯一留存的关于切尔维亚盐田的经营账簿显示：1820 年，切尔维亚盐田应收 35871.20 法郎（这是 1819 年的资产价值或购买价），本人入账盐款 1200 法郎[2]；1821 年，本人入账盐款 1200 法郎，切尔维亚盐田 35871.20 法郎 +171.26 法郎（9～10 月），余额 36042.45[3] 法郎。[4] 收益微不足道，但可以看出他对每年 1200 法郎的固定收入很满意，因此郑重记录在账簿中。最后，除了拥有资本企业家和银行家的双重身份外，布里昂西奥还是旧制度法国的一名投资者，他迅速将自己的商业利润用来购置并经营大地产，以及在旧制度盐税这个讨人厌的税尚存时经营国家垄断商品——切尔维亚盐品。但在这两项投资中，这位商人的选择似乎造成一大笔债务。

---

① Minard Ph. , "Trade without institution? French debates about restoring guilds at the start of the Nineteenth Century", 83 - 100, *in* Ian Gadd et Patrick Wallis éds, *Guilds and Association in Europe, 1200 - 1900*, Londres, Institute of Historical Research, 2007.

② 我们需要理清，按埃居支付给布里昂西奥佃农的收成的三分之一（减去 11% 的皮重）与佃农交付给布里昂西奥的固定地租是否与年收入 1200 法郎恰好重合。

③ 此处原文与作者沟通，36042.45 为原始文献记录。——编者注

④ Roubaix, AMT – 3 AQ 70 *Bilans*.

1913 年的法规

1913 年，在统一后的意大利王国里，一项新的法规①根据盐田的生产潜力将它们分成三个等级：产能大于等于 600 担的盐田、产能在 420 担和 600 担之间的盐田，以及产能小于 420 担的盐田。分级每五年核改一次，并根据实际产量的提高或降低对划分标准进行调整。当一块盐田无主时，就让同级盐田的盐工竞争上岗，如果无人参与竞争，则由次一级盐田的盐工竞争。至于第三等级的盐田，则指定一名替补人员成为其盐工。盐田等级审核委员会的提议需要呈交政府。

这项法规的第 16 和 17 条明确了盐工和政府的分工："盐工负责装船，将盐从盐田运到港口船坞（darsena），将盐卸载到料斗或仓储设施入口，等等。"第 35 条规定：对于运送到港口并存入仓库的每一担盐，政府需要向盐工支付 1.50 里拉。事实上，政府通常先支付 1.30 里拉，而在采盐季结束时将剩余的 0.20 里拉汇入盐工名下的邮政储蓄银行账户。但没有盐田管理者的特批，盐工不能取钱。在歉收的年份（所有盐田的总产量没有达到平均产量的三分之二），盐工可以提现，但不能超过存款金额的一半。

这项法规第 53 条规定："盐款分两次支付，上交和清算时教廷财务院立即支付一半盐款，次年四月支付另一半盐款。七月初，政府向盐工支付预付款，使他们能够负担开采盐田的费用：一级盐田的盐工 180 里拉，二级盐田的盐工 150 里拉，三级盐田的盐工 115 里拉。这笔预付款分两次从两笔盐款中扣除。"

---

① *Regolamento speciale per la coltivazione delle saline di Cervia*, Ministero delle finanze, *Direzione generale delle privative*, 1913.

　　这项法规第 65 条规定："关于成品盐支付、采盐季费用及欠款清算的条款具有可追溯性，适用于 1909 年至 1910 年采盐季所有的国有盐场的盐工，以及部分私有盐田的盐工，这些盐田被私人所有者出让给国家并于 1911 年 9 月 31 日之前达成了销售协议。"

　　看起来，意大利在 1909 年至 1910 年通过向个人收购所有权的方式获得了盐田（domanialisation，公有化）。不过收购并非强制，盐田所有者可以自行选择是否接受。所以，当时意大利盐业的垄断伴随着盐田的国有化（nationalisation），但同时保留了教皇国时代的家长制存盐政策，让盐工成为一个受保护的职业阶层。

第四章

艾格－莫尔特盐场、王室垄断与罗讷河航运

普罗旺斯和朗格多克滨海地区的盐生产

在小卡马尔格（Petite Camargue）① 地区，大罗讷河的泛滥和塞文山区维杜尔河（le Vidourle）湍急的山洪带来大量泥沙和冲积物，在小罗讷河（河口三角洲西侧的岔流）的西岸沉积，形成许多南北走向的沙洲。沙洲之间因积水形成的池沼经天然水道（拉丁语为 gradus，意为通道、港口）或人工河道通往大海，② 从而形成沙洲与浅沼相间的地貌。这些浅沼的底部为冲积层砂质黏土，从天然水道流入的海水使浅沼的水保持一定的盐浓度，这就有了形成和开采盐沼的三个有利条件：深度有限、含盐度高和不透水层。加上夏季高温少雨、日照时间长等气候因素，导致沼中海水蒸发旺盛，所有这些条件加在一起，促使制盐业在这片海岸潟湖区繁荣发

---

① 罗讷河在下游分为两支流入地中海，东侧岔流称为大罗讷河，西侧岔流称为小罗讷河。河口形成卡马尔格三角洲，小罗讷河西侧地带称为小卡马尔格。——译者注

② Rossiaud（2009）J.，«Aigues-Mortes et le Rhône à la fin du Moyen – Âge»，*in* G. Fabre，D. Le Blévec et D. Menjot éds.，*Les ports et la navigation en Méditerranée au Moyen Âge*，Actes du colloque de Lattes，12 – 14 novembre 2004，acplr，75 – 84. 75 fait une utile étude de paléogéographie des tracés du Rhône.

展，但与纳博讷和阿尔勒地区的盐沼相比，这里制盐业出现的时间

95 较晚。①

对地理优势的充分利用

长期以来，盐的生产和运输都是需要大量人力和畜力的劳动密集型活动。可是，在小卡马尔格的水陆交汇区域，河水在沼地上四处横流，形成的冲积带上芦苇和灯心草间杂丛生，蚊虫猖獗，沼泽特有的热病（即疟疾，意大利语为 malaria，意思是"有毒的空气"）肆虐，一度人迹罕至。但发生了两个重大事件促使这片无人区在二十多年里转向发展一种已在朗格多克和普罗旺斯的沼地里发展起来的农业和商业活动。首先，邻近沼地的普萨尔莫迪修道院于13世纪初大兴土木，用雄伟的哥特式建筑取代了残破的罗马式建筑②，因此欠下巨额债务，不得不在1246年至1248年将大片土地出让给路易九世，其中包括日后被称为"国王池塘"的区域。路易九世在这里创建了一座全新的城市。普罗旺斯伯爵通过收购当地生产的全部成盐而垄断了盐业，随后在塔拉斯孔设立税卡，对河运的每矛盐征收40苏的重税（1255～1262年）。于是，维勒讷沃的居民向国王呈交了一份陈情书，希望改善吕内勒和博凯尔（Beaucaire）之间的陆路交通（以便绕过普罗旺斯伯爵的河运税卡）。现存资料无法证实国王收购修道院的土地是因为此地有盐田存在，还是他有意在此修建一个港口作为过往船只、商人和朝圣者

---

① Chartrain et al., «Vers une archéologie du sel en Languedoc».

② Stoddard W. S. et Young B. K., «Psalmodi, une abbaye au cœur des étangs», *in* Landes, Les Etangs à *l'époque médiévale*, 107.

的落脚地，并把它建成一座与其他地中海港口建立常规商贸关系的据点。土地收购是逐步进行的：圣路易①购买了一些基础的港口设施以及日后会成为一座城市的土地，这座城市还包括从圣殿骑士团手中收购普萨尔莫迪修道院以西的夸蒂厄森林（la sylve de Coitieux），后来他的儿子腓力三世和孙子腓力四世（别号美男子腓力）又陆续获得了佩凯地区（Peccais）的土地及盐田。

其时，当地的领主们——普萨尔莫迪修道院院长和于泽斯家族（les Uzès）已经开始发展盐田，因为盐资源对于滨海沼泽区的渔业捕捞及海产保存必不可少②。1268 年，国王派出官员调查于泽斯领主关闭佩凯运河一事。于泽斯领主此举对自己的盐田有利，但却损害了艾格－莫尔特港口的利益。1276 年，于泽斯与修道院长就划界问题达成协议，随后开发了罗克莫尔盐田和布尔布瓦索勒盐田，这标志着制盐业开始扩张。1291 年，普罗旺斯伯爵与腓力四世达成协议，出让了每年能给自己带来 350 里弗尔净收入的丰厚盐税。作为交换，国王赐给普罗旺斯伯爵两座城市—— 勒穆兰（Rémoulins）和蓬齐亚克（Ponzillac）（价值 100 图尔里弗尔），以及博凯尔辖区的通行税（价值 250 图尔里弗尔）。从此，国王开始亲自开发盐田。这十六块中世纪的盐田分别是：罗克莫尔、佩凯、方古斯、东泽勒、古茹斯、艾斯塔格、普朗、库尔布、米尔古德、特拉斯、布尔布瓦索勒、库比隆、杜丽乐、迪米略或穆

96

---

① 圣路易是路易九世的别称。——译者注
② 莫里泽（Morizé）还指出，艾格－莫尔特港口地渔业收入非常可观［1283 至 1288 年对普萨尔莫迪的税收调查形成了长 17 米宽 22 厘米、由 22 块羊皮制成的卷轴，如今保存在加尔档案馆（H 167, coté Estang l'abbé, n° 4）］。

瓦延。其中两块盐田一直属于普萨尔莫迪修道院[1]，另外十四块
则已成为王室地产[2]。

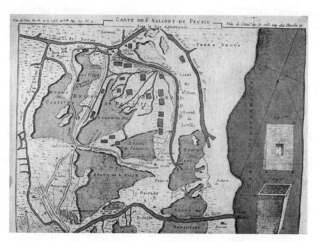

图 4-1　1763 年艾格－莫尔特地区的佩凯盐田平面图

普罗旺斯和朗格多克盐田的开采模式

不论是开采规模、权属/开采权、经营权[3]的性质，还是每块

---

[1] 普萨尔莫迪修道院院长在十五世纪的一本备忘录中提到，他的盐场位置优越，
临近河流，人们可以将盐运到小帆船或货船上，从而避免了货运马车短缺的问
题，因为每年 5 至 9 月运盐季节，马车也正忙于运输草料、粮食、葡萄和红酒
（Moulinier P. , *Le sel du Rhône au Moyen Âge*, thèse de l'École des Chartes, Paris,
1960, 130）。

[2] 从普萨尔莫迪档案馆的目录（AD Gard, 30 H 177）中可以推测出 1424 年实际上
共有 25 块盐田，但是只有 17 块被命名。除了这些王室盐田之外，还需加上修
道院的图瓦尔盐田和卡尔捷盐田。

[3] 奥雷尔（Aurell）在《法案汇编》（*Actes*）第 227 期发表的一份合约清晰地阐释了
经营权（fâcherie）的性质：吉扬·波舍莱（Guilhem Porcelet）以曼卡·若纳尔斯
（Manca Jornals）岛的一半资产作为抵押得到了一笔 600 苏的借款。作为抵押补
偿，他的两个债权人有权获得半座岛上三分之二的水果，波舍莱保留另外三分
之一。该法案的剩余部分显示了这些南部封建领主如何掌控金钱。

盐田所占的面积（每块盐田包括数个开采场地①）等，我们对普萨尔莫迪修道院的盐田几乎一无所知。尽管所有这些信息都非常重要，但关于中世纪的盐沼开采，我们真正有所了解的只有威尼斯潟湖。不过查阅资料后还是能发现若干信息。马拉蒂克（Malartic）在耶尔发现，盐沼被划分为许多块开采地，称为"盐田"（salins），例如法布雷加特盐沼（l'Étang de Fabregat）在1290年包括39块盐田（至1364年仍有27块），朗盐沼共有14块盐田，大盐沼有4块盐田。根据1257年的调查，这些盐田被收取了金字塔式的税费：盐田的开采者可以保留一半的盐作为劳动报酬（因此可以将他们视为佃户），作为盐田所有者的领主获得另一半收成的盐，而普罗旺斯伯爵会从中抽四分之一。这是一种传统的封建模式，佃户保留一半的成盐，另一半则用于缴纳领主与君主（在此为普罗旺斯伯爵）层层叠加的税费。在耶尔地区还存在一种"领主共有盐田区"，领主们享有1/5的收成，并把其中的1/12交给伯爵。也就是说，伯爵可以获得采收的盐的1/60（1.66%）。伯爵垄断了盐的生产后，并没有改变这种符合领主经济的分配方式，而是向另外两个社会阶层购买保证垄断正常运转所需的盐。1290年的财产清点十分清楚地体现了耶尔盐田所有权的双重性：盘点清单题为《君主全权拥有的盐田以及部分拥有的城堡地区盐田》。由此可知，西西里国王兼普罗旺斯伯爵②全权拥有自己的若干盐田，然而

98

---

① 奥雷尔在《法案汇编》第323期给出了一个答案：1227年，富尔纳莱盐沼的14名领主（domini）向阿尔勒主教上交了十分之一的盐。为了开发盐沼，这些领主成立了一家公司，他们保留领地的一部分盐田（领主直接管理），然后将另一部分租给佃农，但是他们可以从收成中提成十分之一，前提是主教将卤水的管理权下放给他们，领主可以根据需求开放或关闭盐沼。

② 即法国国王路易九世的兄弟卡洛一世。——译者注

对耶尔城堡区域的盐田仅有部分所有权。①

1289 年，福斯（Fos）的领主，贝尔特兰·波尔瑟莱（Bertran Porcelet），在土伦主教主持的法庭上抗议王室官员损害了自己在贝尔（Berre）盐沼的利益。他提出要求：自己及佃户有权在城堡区内及福斯境内的盐田制盐，并有权将制得的盐在普罗旺斯境内任意地方出售②。领主们收税的税率变动很大，比如，从盐田收成中扣除属于阿尔勒主教或艾克斯大主教的什一税之后，或扣除十六分之一税甚至商品交易税之后，福斯领主罗歇（Roger）从剩下的收成中有时抽取二分之一，有时仅抽取五分之一。不论盐田的主人是领主还是伯爵，盐田的开采者始终都是佃户，也就是盐工。租佃合约一般为期三到五年，盐田使用权被暂时出让，租金按照比例从收成中收取。③ 所以，这是一项短期合同，如果佃户停止开采，致使盐田所有者无法继续享受定期收益（此类合约也被称为 renda，即年金合约），盐田就会被返还给土地所有者。有一位寡妇，为了向吕内勒的一位犹太人偿还 100 莫吉奥里弗尔的债务，出售了一方盐田及附属建筑和相应的使用税（即租金），包括向邻近的一位马格洛讷盐工的盐田收取的地租。④ 这个盐工是做工的人。认为别人是劳动者是一件很奇怪的事，通常人们会称他为所有者，但拥有这块盐田的女士可能想澄清，她已将自己的地产出让给了自己开采盐田的经营者。盐田承租人是有能力管理盐沼和水流系统的经营者，被称为"盐田主"，但是在夏末，他们会雇佣一些短工来帮

① Malartic（1961）Y., *Le sel à Hyères*（mémoire d'études supérieures, Faculté des Lettres d'Aix-en-Provence, dactyl.），30.

② Aurell, *Actes*, n° 495.

③ AD Gard，修道院院长盐田的两次租借，一次在 1387 年，另一次在 1399 年（H 172）。

④ *Cartulaire de Maguelonne*, doc. dxxxi, 592–594, 1243 年 1 月 25 日。

忙采收盐并堆放整齐。

佩凯盐田实行类似的三方模式，因为法国国王绝无可能直接管理盐田：事实上，让长期承租的领主①与被称为"盐田主"的开采盐田的佃农谈判协议更加简单，双方共享收成，然后国王再向他们购买全部成盐（王室专营权）。虽然国王拥有直接产权，但是1291年的交易法明确规定国王必须要尊重长期承租经营者或封建主拥有的盐田使用权②。直接领主（国王）的权利意味着国王可以无偿得到1/7的成盐，并且每矛盐收3枚双图尔德涅尔③。

一份1424年的史料④提到了开采修道院长盐田的"盐田业主"（proprietarii），以及修道院长向他们每一个人征收的地租金额。

通常盐田被分割为大小不等的若干个开采地，分别租给不同的承租经营者。修道院长在佩凯仅保留了两块盐田，租给11位开采负责人，向他们收取的租金相差一至三倍不等（20～60矛，总计405矛）。中世纪的所有权概念与1789年法国大革命中诞生的现代所有权概念相去甚远，甚至可以说当时就不存在所有权，多个不同的社会阶层可以对同一地产享有权利。历史学家对所有权和占有权进行了区分，试图将这个问题阐释清楚，但是这对理解当时的所有权状况并无帮助。地主（即领主）采用长期租约将地产转让给开采者，租期99年或延续三代人，或每隔29年自动续约，受让人可

---

① 长期租赁契约是一份长期合约（29年续约、延续三代或永久有效），这类合约几乎将让与人的全部权利转让，受让人需要向让与人定期缴纳租金并且有义务对财产进行维护保养，甚至翻新。

② Sur ces termes du droit féodal, voir supra 80, note 15.

③ Double tournois，双图尔德涅尔是法国国王从十三世纪末开始发行的一种钱币，一枚相当于两个图尔德涅尔（denier tournois），六枚双图尔德涅尔等于一图尔苏（sou tournois），二十图尔苏等于一图尔里弗尔。原文中dt为其缩写。——译者注

④ AD Gard, 30 H 177fol 4.

以任意处置受让的地产，包括出售，但是他必须亲自或雇人开采甚至改造盐田，以保证能够持续向地主缴纳地租。如果盐田被出售，购买人需要继承这项义务。历史档案中的图表清楚列出了地租。因为每个盐工收获的盐量不可能正好都是 5 和 10 的倍数，所以图表里列出的应该是佃户（必须支付地租的佃农）支付的定额地租。

1315 年，王室盐田的产量接近 3100 矛（每矛等于 8.370吨①），约合 26000 吨，平均单个盐田产量不足 2000 吨。这一年天气恶劣，收成惨淡，标志着经济形势倒退和十四世纪危机的开始。盐业也不例外，进入衰退期。但即使产量锐减，佩凯盐田依旧是地中海地区产量最大的盐田之一。

起步较晚的佩凯盐田？

1241 年 12 月 11 日，兼有普罗旺斯伯爵与侯爵以及福卡尔基耶（Forcalquier）伯爵头衔的雷蒙·贝朗热（Raymond Bérenger），为了让自己的原罪得到宽恕，授权准许普萨尔莫迪修道院及院长"每年从卡马尔格地区（的盐田）购入 15 桶盐供其日常消费，无须支付任何盐税和通行税"。然而，普萨尔莫迪修道院并没有从卡马尔格购盐，而是每年从滨海圣玛丽采购。1273 年，锡斯特龙（Sisteron）的主教批准滨海圣玛丽的行政官在盐产不足时，可以使用其他地区的盐免税交付。根据这两份史料，可以看出普萨尔莫迪修道院当时尚未开始在艾格－莫尔特地区进行盐业开采，从而不得不依赖普罗旺斯地区的盐田。1294 年，情况发生了改变，法国国王腓力四世对博凯尔的司法总管提出要求，其下属不得再在普萨尔

---

① AD Gard, H 177（1424）. 作者认为年产量为 2500 矛至 4000 矛，因为罗讷河洪水对产量变化有巨大影响。

莫迪修道院为盐田引入海水的人工河道上设置障碍①："大部分盐   101
田在 1275 年之前就脱离了修道院，成为艾马尔格（Aimargues）领
主的地产，后于 1290 年被国王接手"②。渔民可以捡掉落的树枝，
但是不能伐树：这是否因为盐田护岸需要木桩？因为将柽柳枝条与
木桩穿插，可以编织成柴排，用来保护盐沼及人工河道沿岸不被激
流侵蚀。各类不同职业阶层（渔民、盐工和水手）都有开采利用
盐沼及河道，并在其上安装自己生产活动所必需的设施，这势必互
相影响而常常发生矛盾。当艾格－莫尔特的贸易达到鼎盛时期，佩
凯盐场的面积也达到了百年来的最大值：总面积 2000 公顷，周长
超过 15 公里，盐田 500 公顷，西部的蒸发池和东南部的结晶池每
年可生产 5000 ~ 6000 桶盐。③

盐田的平面布局

南方盐田中有很多无法利用潮汐运动，有的蒸发池高于海平面
或池沼水平面，有的则较低。较高的蒸发池靠力学提升装置给水。
那么，这种提升装置应该在何时、何处安装呢？

1. 最初，蒸发池占据着盐田最高处，而结晶池位于最低处。
这样布局的优势是：盐田里的水可以靠重力作用自然流动。但是有

---

① 定置渔具如渔网或鱼箔会阻碍航行，1283 年之前国王派人拆除了罗森纳尔河道
上数百处此类捕捞渔具（Cart. Psalm. , f° 258v – 259）: *dominus Hugo de Gasneio
et Buccucius, cum erat vicarius（Aquarum Mortuarum）, fecerunt aperiri et ampliari
multas resclausas in dicto loco ut iter navigiorum esset magis spatiosum et utile... in
aliquibus locis cavaverunt et vispiaverunt（coupèrent les roseaux）et resclausas fregerunt
ad hoc ut navigia possent melius per dictum viagium pertransire*（cité par Florençon
（2001）P. ,«Note sur les étangs du littoral aigues-mortis», in Bourrin-Derruau et Le
Blévec, *Le littoral languedocien au Moyen Âge*）。

② Florençon（2001）P.

③ Rossiaud, «Aigues-Mortes», 79.

两个缺点：一方面，必须将全部的水提升至最高处，这样做成本很
102 高；另一方面，位于海平面以下的结晶池也无法迅速彻底排空
（应该避免母液中残留的盐分沉淀，这会使成盐即氯化钠易潮解）。

2. 于是，人们采用了相反的布局：将外围蒸发池置于最低处
（盐沼），结晶池置于最高处。盐池层级分布。水自然流经每一层
的所有盐池，然后由机械装置提升到上一层。

3. 这种方法的优点是：1 立方米的地中海海水中平均含有
31.7 公斤的氯化钠，波美度为 3.6°。所以，需要提升 1000 升的海
水才能得到 31.7 公斤的盐，但是蒸发作用可以让水减少，从而增
加盐的浓度。

——当波美度为 8°时，水的体积降至 476 升，

——当波美度为 23°时，水的体积降至 122 升，相当于原来的
1/8。此时只需提升 122 升的海水，而不再是 1000 升。因此，应该
增加蒸发池的面积和数量，从而蒸发更多的海水。蒸发池和结晶池
的面积比例一般是大于或等于 7 比 1。

这种方法的缺点是：溶解性较差的盐分会在此过程中沉积，
形成的结晶块会阻塞机械装置，所以必须从河中汲取淡水冲洗
机器。

盐田中的水流运动和抽水系统

盐田在制盐过程中一般会经历两种水流运动，其一是咸水流
入，其二是淡水在内部流动并通过排水管流出。为了将雨水排到海
里，盐田的位置必须高于海平面，但这为引入海水制造了困难。在
大西洋海岸，潮汐能够解决这个问题，只需将盐田建在高潮与低潮
之间的高度即可：高潮时填满海水，低潮时排空淡水。

而地中海的盐田通常会经历三次水流运动，幅度从 0.6 米到 0.3

米不等。盐沼的咸水或海水首先被提升到外围蒸发池进行第一轮蒸发，接着被二次提升到内部蒸发池，最后，盐水经历第三次提升，被送至结晶池凝结。长期以来，提升盐水都是由马、驴或骡子牵引转动斗式水车或鼓形水车完成。[1] 立井水车是一种抽水机类型的提升装置：在能够耐盐水腐蚀和机器压力的石砌井上，安装带水斗的绞轮。绞轮在畜力牵引下转动，水斗沉下去装满水，升起时倒水进沟渠。十九世纪中期，埃罗省的巴尼亚（Bagnas）盐田（面积237公顷）使用8～10台水车，昼夜不停地抽取海水，平均年产量12000吨。每台水车使用三头家畜以保证日常运转，同时要为动物提供草料和淡水。草料可从路边隆起的"荒地"就地取材，淡水需从河里汲取，然后储存在水槽里供盐田里拉水车的三十多头骡子饮用。

绞轮是整个系统的核心工具，由一个齿轮装置带动（十九世纪时期）。木质齿轮固定在绞轮上，形成一个直径1.50米、有40个齿的环形梳子。纵轴上的滚筒由27根小柱组成。骡子通过一根5米长的辔绳牵引纵轴进行圆周运动。在这套装置中，主要受力部件都用硬木（如白栎木、青栎木或榆木）制成，其他部件则使用普通北方木材。这项劳作对于家畜而言十分吃力，因为在氯化物结晶过程中，当波美度高于7°时，碳酸钙（CO_3Ca）便开始迅速沉积形成结晶物，常常卡住机器。盐工们必须用沟渠引来淡水冲洗木桶、水斗和轮子，溶解并去除卡住整套水车装置的结晶物。在这种旧式井车装置中，唯一的金属部件是纵轴底部的轴承

103

104

---

[1]　关于盐田水循环的问题，加尔德对发生在国王、修道院院长和盐工之间的矛盾进行了长期梳理，这些矛盾主要涉及佩凯盐田高地的淡水和盐水循环问题：由于开采盐田而对水道进行了各类必不可少的修整工程（如修建峡谷、水渠、堤坝等）阻碍了水流进入港口，反之亦然。随后，当事双方发生了许多不可调和的冲突，甚至诉诸法律，如对堤坝的暴力破坏。（le registre des ad Gard, H 177.）

以及固定绞轮侧板的几根螺栓。1844 年，铸铁齿轮开始被引进，井车被装上一对反向转动的并列齿轮，效率因此翻了一番。

十九世纪中叶，技术的进步体现在各地都用蒸汽代替畜力驱动水车。第一批蒸汽机带动了直径 6 米的新型机械绞车。盐的采收过程也不再借助畜力，只需要人力便可完成。

盐田和成盐的计量方式，以及中世纪盐田的盐品划分

佩凯盐场内共有 16 块盐田，盐场外有一块盐田隶属于马耳他骑士团①。这些盐田分别包含 75、120 或 150 个结晶池。这些结晶池大小不一，但最常见的尺寸为 10 × 12 图瓦兹（Toise）②。在盐分完成结晶可以采收时，需要排空母液，将 3 ~ 6 厘米厚的盐层沥干。工人们犁出一些沟槽，让母液顺沟槽流出。这样，一个结晶池就被沟槽分割成八米见方的小块，每一小块由一名工人负责采收，用木制平铲将盐归拢到中心成小堆，沥水一天。

——当结晶层厚度为 2 厘米时，一小堆盐等于 50 米诺③盐。

——当结晶层厚度为 4 厘米时，一小堆盐等于 100 米诺盐。

工人们将这些小盐堆搬运到堤道上，形成大盐堆（javelle，原指庄稼收割后晒在地里的条堆）。

——1 常规大盐堆等于 25 ~ 30 大桶或者 5000 米诺的盐。

对此，蒙泰（Montet）做出了几点更为详尽的补充：

① 马耳他骑士团，最古老的天主教修道骑士会之一，前身是十字军东征之后成立的天主教军事组织医院骑士团。现为联合国观察员实体，具有"准国家"性质，没有领土。——译者注

② 图瓦兹，法国旧制长度单位，1 图瓦兹相当于 1.949 米，见后文注释。——译者注

③ 米诺（Minot），古时法国的一种容量单位，合 1/2 米纳（mine，约合 78 升）或 39 升。——译者注

—罗克莫尔盐田宽7台，长16台

—2小堆盐为一桶（等于171米诺），1米诺为马克重量制的100斤（livre，1斤 = 489.506克）。在佩凯地区，一桶盐重量为8370公斤。维瓦雷斯（Vivarès）认为台是一个面积单位，等于20米×24米，即480平方米。

维瓦雷斯建议在结晶池引入8～9厘米深的盐水，这样可以析出分量较重的大颗粒粗盐，一次就可全部采收。如果想要得到分量轻的细盐，就只注入薄薄一层水，结晶层达到1～2厘米时便采收一次。整个夏季，一共可以采收四次。

采收的盐分为：

——等盐，粗粒透明晶体，重量为每百升95～100公斤，从波美度25°到26°的盐水中一次性采收[1]，用于人类日常消费。

—二等盐，重量为每百升94～97公斤，盐水波美度为28°，用于化工业。

—三等盐，重量为每百升90～94公斤，从母液中采收（波美度高达32°），易潮解（易溶于水），用于腌制食品和渔业（此类盐湿度大，便于渗入肉类）。

—分两次或三次采收的轻质盐，重量为每百升78公斤，盐水波美度为29°到30°。

—轻质盐经过筛选，可以得到每百升仅重58～60公斤的细粒盐，运往按体积而非按重量销售盐的地区，如康塔尔省和洛特—加龙省等。运盐商按重量收购这些细粒盐，再按体积出售，从而赚取高额利润。

---

① *Enquête sur les Sels*, Ministère de l'Agriculture, Paris, 1868 – 1869, Aude 199.

表 4 – 1　1860 年朗格多克地区的盐水浓度以及盐的品质、重量和用途

盐水层	采收次数	波美度	品质	重（公斤/百升）	用途
8 ~ 9 厘米	1	25 ~ 26°	粗粒盐	95 ~ 100	家用
1 ~ 2 厘米	4	28°	轻质盐	94 ~ 97	化工
		29 ~ 32°	轻质盐	90 ~ 94	腌制/渔业
	2 或 3			78	按重量出售
			过筛盐	58 ~ 60	按体积出售

106

采集或抽取

打盐工按日计酬，每人每天刨打 8 ~ 10 吨盐并拢成小堆。接下来的工作就是把小堆盐从结晶池搬运到大盐堆，平均距离约为 100 米：工人用背、肩或头运盐，每天可以搬运 4 ~ 5 吨盐。1862 年，规模较小的维勒鲁瓦（Villeroy）盐田的年产量为 3858 吨，打盐工时长 379 天，搬盐工时长 925 天，即打盐与搬盐的工时比例为 1 比 2.5。采收工作不使用机器，全靠充足的劳动力人工完成，盐场人员分为三类：制盐工人和管理人员全年工作；负责维修保养的工人每年工作四个月，从冬末到春季；几百名负责打盐和搬运的工人每年夏季工作三周。当时有人证实道："在佩凯盐田，每当我们用铲子和耙子收盐的时候，就会有一大群工人从附近山区来到盐田采盐，他们八月中旬到，九月中旬便离开去做采摘葡萄的活"。

1860 年，佩凯盐场内共有 2000 名季节工。

表 4 – 2　运盐至大盐堆的工作类型与工作天数

工种	人数	工作天数
赶车工	7	6
装车工	12	4

续表

工种	人数	工作天数
卸车工	4	8
堆盐工	4	8

资料来源：Villain Gandossi。

盐的商业化

普萨尔莫迪修道院、渔业及鱼肉的保存

早在 909 年，法兰克国王糊涂查理①就已承认修道院池塘里建起的渔场属于普萨尔莫迪修道院及院长所有。这些渔场通常是用固定装置捕鱼，渔民为了方便捕捞就在岸边建造木屋存放渔网或其他渔具，或是将小船系在岸边的木桩上停泊。1275 年颁布了一项法令，划定了于泽斯领主和普萨尔莫迪修道院的渔场范围，允许渔民建造木屋，可在其中晒网、居住、生火烤鱼或取暖。1214 年的渔场租约允许渔民捡拾木头，但禁止砍伐乔木和柽柳。当时的渔业是一个极为重要的行业，对人力和资金的要求都很高。1236 年，池塘的租金上涨到 5000 莫吉奥苏②，可以在一年中分期用货币或渔获支付。1245 年，修道院共收到了 600 条鱼，每对鱼价值 3 莫吉奥德涅尔。为了汇聚资金和人力，修道院创立了一些合作社，但未能避免纷争。一名渔民在 1293 年回忆道，曾与"修道院合作捕鱼

---

① 查理三世的别称。——译者注

② 莫吉奥苏与下文的莫吉奥德涅尔均为莫吉奥伯爵（comte de Melguel 或 comte de Melgueil）发行的货币，曾在当地长期流通。1 德涅尔约等于 1/12 苏。——译者注

一年"，而修道院院长在 1301 年又委托两名佃户招募 22 名"有经验、有资格且有能力捕鱼"的合作者，院长从合作中得到四分之一的渔获或五分之一的销售收入。僧侣们并不会把得到的鱼全部吃掉，而是按需卖给他人。1443 年重新签订合同时，熟谙商业经济利益和变化的僧侣们要求渔农为阻塞河道付钱，并每年缴纳胡椒粉和南姜等香料作为特许使用费。在那个时代，艾格－莫尔特的商业一派繁荣，每年威尼斯都会派遣一艘或多艘商船来到朗格多克地区的这个港口，1402 年至 1453 年，共有 61 艘威尼斯商船在此停靠。① 这些商船带来了各种香料，其中就包括渔民们需要的这种印度南姜。

108

1408 年，僧侣们获得了用免税的盐保存鱼肉的权利，这项"免盐税"特权同时适用于艾格－莫尔特城和普萨尔莫迪修道院："他们有权亲自或雇人用免税的盐腌制从修道院渔场以及艾格－莫尔特教区内其他渔场中亲自捕获或雇人捕获的鱼，艾格－莫尔特城的居民同样享有该权利……"②

安茹的查理，制定盐税的先驱

在朗格多克和普罗旺斯等南方地区，封建领主充分利用属地上的盐资源来获取财富，他们征收土地税、领主佃租、销售税、通行税，同时还拥有优先售盐权，也就是领主享有在封臣或佃户之前售盐的特权。简而言之，这些是封建世袭制度下司空见惯的特权。1147 年至 1150 年，一位名叫雷蒙·德·莫勒内尔（Raymond de Mollnels）的官员写信给身兼普罗旺斯伯爵、巴塞罗那伯爵和阿拉

109

① Stöckly D. , *Le système de l'incanto des galées du marché à Venise* (*fin xiiie – milieu xve siècle*), Brill, Leyde-New York, Cologne, 1995, 97 – 98.

② Florençon, «Note».

图 4 - 2　艾格 - 莫尔特的城墙

贡国王的雷蒙·贝朗热四世（Raymond Bérenger IV），称其拥有的贝尔、萨隆及其他多地所建的"河上盐仓"已严重影响到塔拉斯孔地区的盐田。[①] 莫勒内尔请求贝朗热四世禁止塔拉斯孔人或蒙彼利埃人购买或囤积外地生产的盐，而只能购买普罗旺斯盐。而且，他当时估算了贝朗热四世的"敌对方"生产的全部"敌盐"，数量相当于"友盐"的三分之一。他还建议贝朗热四世谨慎对待（塔拉斯孔的？）新任行政官们，因为他绝不能失去盐仓：事实上，亲王在普罗旺斯永远花不完盐带给他的全部收益。河上盐仓很可能在当时既充当仓库，可供零售商前来采购，又充当征税处，商人和船主上溯罗讷河时在此缴纳商品流通税或出口税。1162 年，应普罗

① De Romefort (1954) J. , «Aux origines provençales de la gabelle. Le monopole du sel à Tarascon en 1150», *Mélanges Busquet*, 1956 (n° spécial de *Provence historique*), 59 - 63.

旺斯伯爵雷蒙·贝朗热五世的要求，神圣罗马皇帝红胡子腓特烈一世立法承认了这项特权。

当路易九世的弟弟安茹的查理迎娶了普罗旺斯女伯爵贝娅特丽克丝（Béatrix）之后，查理发现这场联姻带给自己的巴塞罗那遗产①包括当时已被称为"罗讷河的盐税仓"的塔拉斯孔盐仓。盐税（gabelle）是通行税之外的一项关税，对所有通过罗讷河向北方各地运送的普罗旺斯盐征收。安茹的查理并不满足于这项税收，他于1259年分别与贝尔、耶尔和土伦三地的盐田主签订购盐协议，从而确立了垄断地位。但由于朗格多克盐田所产的盐无须缴纳此税，商人们便放弃了产自普罗旺斯的盐。于是，安茹的查理从1263年开始对所有经罗讷河北上的盐征收每桶40苏的盐税，这样一来，盐价比支付给生产者的进价高了4倍。为了打击来自纳博讷的盐，他又在阿尔巴隆（Albaron）设立了一项特别盐税。面对弟弟这一系列强硬措施，路易九世下令展开调查，形成了《关于盐税的书面报告》。最终，法国国王决定效仿普罗旺斯地区伯爵垄断了普罗旺斯生产的盐的做法，收购了佩凯地区的盐田。

罗讷河盐运及 1301 年协议

因佩凯盐田"产量惊人"，国王美男子腓力四世很快便能够"通过佩凯盐的贸易完全摧毁卡马尔格普罗旺斯盐的贸易"②。而当时的普罗旺斯伯爵兼两西西里③国王并不想与自己的亲戚④法国国

---

① 因为普罗旺斯伯爵同时也是巴塞罗那伯爵。——译者注

② Venturini citant Moulinier.

③ 两西西里王国曾占据整个意大利南部，由历史上的那不勒斯王国和西西里王国组成。——译者注

④ 普罗旺斯伯爵与王室有错综复杂的姻亲关系。——译者注

王发生冲突，双方经过协商，很快便于 1301 年 12 月达成了一项共管协议：卡佩和安茹这两个政府组成一个联盟，从双方盐田产的盐中拿出相等数量的盐，"仅限于罗讷河两岸两里①以内的盐田所产的盐，经由罗讷河或陆路运往上游地区"②。每年，两位国王的盐用统一的标准称量，保证运出的数量相等，并且售价相同。合作双方互相派遣人员去对方盐田监督盐的价格和产量，并协助对方进行计量和出售。③ 如果其中一方无法为上游地区供应所需的盐，则应当尽力弥补缺口。如果该方收到催告两个月之后依旧无法提供足够的盐，则另一方可在当年内代供。如果双方在售价上无法达成一致，则抽签选出一个总管决定价格，次年则由另一方的总管掌握定价权。超出上游地区居民需求量的盐可以销往其他地区，届时，盐的价格和计量方式都由卖方自行决定。

　　"上游地区"指罗讷河两岸，博凯尔司法辖区以北及普罗旺斯郡和福卡尔基耶郡以北地区：位于罗讷河右岸的有维瓦莱、里昂、福雷等地区，位于左岸的有沃奈桑伯爵领地（comtat-Venaissin）、瓦朗斯、多菲内等地区。仅限三角洲地带距离罗讷河 2 里以内的国有盐田有权为这些地区供盐：即法国国王的佩凯盐田，以及西西里国王兼普罗旺斯伯爵的滨海圣玛丽盐田（包括马尼卡博桑卡）、韦尔内德盐田和阿尔勒地区的盐田（包括隆隆格，la Lone Longue）。两位

111

---

① Lieue，法国古代长度单位，约合 4 公里。——译者注

② «Ad partes superiores ascendendo per flumen Rodani vel per terram infra proximas duas leucas hinc inde circa flumen Rodani constitutas».

③ "每年盐收成之后，佩凯守卫或王室官员会亲自到每一块盐田与盐田主一同清点盐堆，并逐块盐田测量盐堆的长度、高度和宽度，在将测量结果登记入册之前，他们还会依据这三个测量尺寸对所有盐堆的体积进行估值。当全年所有收成盐经过这样的测量和估值之后，总量才会被登记入册。"（AD Gard, H 177, 1424: article 523）

君主为了自身利益，建立了这种双重垄断机制，将朗格多克西部的盐田、福斯盐田和贝尔盐沼①排除在竞争之外。双方组成的联盟不得妨碍缔约双方或其他人征收杂费、通行税和其他惯例费用。因此，当佩凯的盐经过罗讷河下游的塔拉斯孔至阿维尼翁河段时，法国国王仍然得向他的普罗旺斯亲戚缴纳通行税。

跨国商人的失败：弗朗切斯科·迪马尔科的亏本生意

弗朗切斯科·迪马尔科（Francesco di Marco），又名达蒂尼（Datini）②，是意大利普拉托的一位商人，在欧洲各个商业区都设有分公司，他与管理分公司的合伙人保持着密切联系，在他们的协助下管理着普拉托的生意。他本人长期居住在阿维尼翁（当时罗马教廷迁至法兰西王国的这座偏远城市，吸引了大量资金流入），并在此开办了数家公司与艾格–莫尔特进行贸易，其中最重要的业务是盐的贸易（1376～1379年）。当时，盐可以自由分销，对朗格多克盐征税的贝济耶条约（1398年）尚未签订。达蒂尼通过盐田所在地的经纪人，从盐田主手上购盐，然后与船主合作向私人出售。他的经纪人负责传达订货信息，监督各个环节，将销售款入账。达蒂尼的公司总计购盐 2280 大桶，相当于王室盐田一年的产量。在那个时代，只要缴过国王的两项税费之后，"盐田的所有者和劳动者就可以自己择时择地将盐卖掉，并且立即就能拿到钱；他们可以任意处置自己的盐"。

然而费用却远远超出了达蒂尼的合伙人的预期。当时，高昂的

---

① 在多菲内地区，加普和布里扬松主教辖区使用贝尔池塘、迪朗斯河谷和昂布兰的盐，不属于罗讷河盐运的范畴。

② 弗朗切斯科是托斯卡纳地区普拉托的著名商人马尔罗·达蒂尼的儿子，他的资料被完整保存在出生地的国立档案馆，费代里戈·梅利斯曾长期担任该馆馆长。

运输成本制约了盐业经济的发展。仅从佩凯到博凯尔的短途运输就可使盐的进价翻一番，到朗普尔迪耶（Lampourdier）运费为进价的 300%，到蓬圣埃斯普里（Pont-Saint-Esprit）这个比例则超过 400%，而从这开始才是真正航行困难的路段。运费，即运盐的价格，是在抵达目的地后才进行计算，而非一开始就确定总价，因为盐在运输过程中会有一些损耗。出发前船主会先收定金，到达目的地时结清全款。

当我们仔细查阅弗朗切斯科·迪马尔科的账簿，就会发现向这位托斯卡纳商人购盐的人都是用实物交换，例如纺织品、铁、栗子、核桃、草料、谷物、小扁豆、奶酪、豌豆、大麻、木材和家用织物等。当时的盐商交易是名副其实的以物易物，金钱在其中只用来衡量所交换商品的价值。可能正因如此，盐的价格在当时十分稳定，几乎没有波动，盐实际上成了其他各种商品的稳定参照物（基准值）。所以，卖盐的商人并不会收到现金，而是收到堆满店铺和仓库的各式商品，他可以自行定价出售。在整个交易过程结束时，弗朗切斯科·迪马尔科本可以赚得盆满钵满。但是，他似乎并没有耐心等待货物全部出清，而是计算出自己损失了 1528 里弗尔之后，就选择放弃剩下的 1486 桶盐，并要求经纪人"再也不要跟他提起'盐'这个词"。

1398 年公约

普罗旺斯地区经历了那不勒斯王位之争引发的数次内战，1398 年 12 月，法国国王最终颁布了一项新的公约，不再限制双方向北方供盐的数量。事实上，他隐晦地规定只有"法国"盐才可以供应法兰西王国部分（罗讷河右岸）；而供应神圣罗马帝国的部分，不论是"法国"盐，还是"普罗旺斯"盐，都将被收取每担 4 格罗（gros）① 的公共盐税，由两方君主共同承担。为了便于征收这种盐税，双方盐田于 1301 年建立的统一度量单位被确定下来，并推广到三个征税盐仓：塔拉斯孔、朗普尔迪耶（奥朗日港口，port d'Orange，属于神圣罗马帝国）和蓬圣埃斯普里（属于法兰西王国）。公约中有四条（第 5 ~ 8 条）内容规定了盐仓和盐田的管理体系，并明确了管理人员的职责和薪酬。公约还确定了普罗旺斯盐税的封闭性原则：禁止出售产自贝尔和耶尔地区的盐（第 10 条）。换句话说，佩凯盐进入了罗讷河左岸的神圣罗马帝国，仅 1435 年，佩凯的三块盐田（方古斯、戈茹斯、艾斯塔格）就为左岸供应了843 矛盐。

表 4 – 3　罗讷河流域地区年供盐量

年份	神圣罗马帝国供盐量	法兰西王国供盐量	总计
1448	1600	900	2500
1456 ~ 1472	1200	930	2130
1473	1000	450	1450
1484 ~ 1494	1000	450	1450
1499 ~ 1500	1000	450	1450
1501 ~ 1511	1300	650	1950
1511 ~ 1521	—		2100

注：法兰西王国 1455 ~ 1459 年的数据不完整。

法国国王和西西里国王深入改变了 1301 年以来实行的制度，新的合约于 1398 年通过，这是"一个垄断与自由并存的双重制度：114　盐仓存盐的销售被垄断，但从盐田到盐仓之间的运输是自由的"。

----

① 法国的图尔格罗币（gros tournois），重 4.22 克，它的价值在一段时期内等于苏币，1290 年腓力四世将图尔德涅尔贬值，比价重新规定为 1 图尔格罗 = $13\frac{1}{8}$ 图尔德涅尔。——译者注

但两位君主为了牟利，从 1448 年开始又对盐田到盐仓之间的运输也实行了垄断。

朗格多克地区的盐税

朗格多克地区盐资源充沛，领主或市镇政府在卡尔卡松、蒙彼利埃及吕内勒等地修建仓库，以低廉的价格为居民供应盐。而乡村的居民则把谷物、面粉和其他食品运送到城市，用以向盐田主们换盐。吕内勒城曾在盐田与罗讷河之间的地带建立了一处盐仓，往来的商贸活动为这座城市带来了财富。盐仓对盐征收杂费或通行税。法国国王也设置了通行税，自 1263 年起在罗讷河道上设八处通行税关卡，其中包括阿尔巴隆对面的拉莫特、博凯尔、罗克莫尔、蓬圣埃斯普里，以及与勒皮主教共同管辖的昂迪兹关卡。税费以实物充缴，这些通行税"让国王得到了很多盐"，而在国王收购佩凯盐田之后，拥有通行税关卡的好处更加明显，因为国王对自己的盐免征通行税。他不可能对属于自己的财产征税。十四世纪初，这项征税特权使王室在佩凯地区的收入增加了两倍，达到 2100 图尔里弗尔。腓力六世设立盐税以后，国王委派专员控制成盐（1341 年 7 月），生产者必须将盐交到"盐仓"（交给盐税官），盐税官成了生产者必须接受的唯一客户，他们拥有对盐的定价权；盐税的出现摧毁了在制盐者和运输者之间提供服务的中间商，他们不得不付高价从盐仓进货。1359 年，三等级①接受了盐税制度，并在税率方面得到了些许优惠：1 担重量为 100 斤的盐，不论价格如何，税额都是 4 个银格罗。朗格多克地区引入的这些新制度，必须与普罗旺斯伯爵同意并逐步实施的

---

① 集聚在王国周边各省的当地权贵，高级教士、资产者或是第三等级群体被我们称作"（三个）等级"（États），他们拥有司法权和财政权。在文中我们可以看出，朗格多克地区的这些等级赞成在各自辖区提高盐税（我们所指的地区不包括外省）。

115 举措协调一致。朗格多克地区的盐有两种分配模式：索米耶尔和锡让（Sigean）之间的盐田所产的盐供给博凯尔司法辖区三分之一的范围、图卢兹和卡尔卡松两个司法辖区以及鲁埃格地区；佩凯盐田所产的盐供给博凯尔司法辖区另外三分之二的范围、罗讷河右岸直至马孔辖区，并与卡马尔格的普罗旺斯盐田合力供应罗讷河左岸地区、拉布雷斯和热内瓦。由于佩凯地区的盐属于国王，所以在离开产地时不需要缴税，但是当航运至塔拉斯孔、蓬圣埃斯普里和朗普尔迪耶这些更远的地方，或是在航运的终点时，则需要缴纳盐税。合作供盐的双方于 1398 年签订的条约决定对普罗旺斯和朗格多克两地的盐都征收 4 格罗①的税，在北上航线的起点塔拉斯孔收税，每年两位君主平分收益。这项国王与伯爵共同设立的混合盐税类似运盐途中或存盐入库时收取的通行税，也被用来打击私人滥设的繁多通行税。

从查理五世开始，朗格多克地区的王室代理官为了补贴盐主，提高了盐税额度。查理六世期间，从 1388 年开始，一担 2 米诺的盐可得的补贴提高到 1 布朗②。在朗格多克，盐仓直接从周边盐田收盐，附近的消费者可以来此购盐，将盐运往内陆的商人在此缴纳入市税和通行税。君主政权寻求的目标是在产地对盐进行管控，以

116 避免在运输过程中出现走私。

罗讷河上的船队

罗讷河航运

十四世纪初，蓬圣埃斯普里、瓦朗斯和里昂的船主驾驶船队，

---

① 格罗（gros）通常指一种银币（大德涅尔），有别于价值低、面额小的比龙德涅尔（一种铜合金币）。

② 布朗（blanc）是一种银币，名称意为银白色，1 银币等于 4 个巴黎德涅尔。

从佩凯向北运输了 72 ~ 80 大矛盐，重量接近 600 ~ 670 吨。① 这些中世纪船队运力大，需要集中大量技术和人力资源，但是黑死病（1348 ~ 1349 年）、流行病、连年战争以及强盗横行造成人力短缺，船队不得不缩小规模：1351 年至 1354 年，平均每年仅有 23 矛盐通过莱恩（蒙特利马尔附近）税卡②；近 1380 年时，佩凯和朗普尔迪耶之间的运盐量为 30 ~ 35 矛；1447 年至 1450 年，拜镇（Baix）的运盐量仅为 20 ~ 30 矛。英法百年战争结束后，经济开始重振，1460 年之后又出现大型运盐船队：1485 年前，里昂港口的运盐量为 60 ~ 90 矛，这个数字在十六世纪的前 25 年超过了 100 矛，相当于 1500 ~ 1800 匹骡子或马的载重量。1570 年开始，船载量被再度削减，最大的船队也仅能运载 20 矛左右。

除了载货船之外，船队中还有一些运载人员和物资的专用船，但此类服务型船只无须交税，所以几乎没有留下信息。当时有专门的名词"viage"来称呼这些船只（*viagère*）、船队和组织船队的公司。船队一般由 3 ~ 4 艘载货船（长且平的桨帆船）组成，这些货船在拉纤的时候排成一条直线，为了防止船只在航行中漂移，每条船上的载货量并不相同：第一艘货船承载 40% 的货量，第二艘超过 30%，第三艘 25% 左右。

1527 年，与三艘载货船组成的主纵队配合的辅助团队包括：

——一艘被称作"急先锋"的小船负责携带缆绳和照明；

117

---

① Hocquet, «Structures métrologiques et développement des anciens systèmes de mesure : le commerce et les transports», in Hocquet (1992), Ⅶ, 34 – 36 (mesures de Peccais).

② 穆利尼耶（Moulinier）（第 239 和 245 页）将莱恩的通行税看作是一种陆地通行税，盐和小麦在这里是过冬食粮（这可能就是河流被抛弃的原因），此外，他还发表了 1395 年至 1399 年的盐业账簿。

——三艘小船搭运牲畜，负责在穿越支流、跨越险滩[1]或从河的一岸到另一岸横渡时来回穿梭拉纤；

——七艘平底船用于船队横渡时以及船队到达目的地后返程顺流而下时运送马匹。船队会将所有拉纤的牲畜装载上船；

——两艘桨船负责协助跨越险滩、引导靠岸和中途检查；

——两艘大船和一艘小艇装载粮食和草料（燕麦）。

可以说，船队就是一连串船只组成的纵队，船只首尾相接，整个船队长度可达几千图瓦兹[2]。

货船主要依靠纤夫牵引成吨的重量（罗讷河下游有几个河段可以借助海风行驶帆船）。这些拉纤人斜挎一条宽麻布背带，借此来拖拽纤绳。只有在风平浪静时才好干活。纤夫的劳动极其艰辛，他们每天都筋疲力尽，冬季会在干冷的北风来袭时停下来休整一会儿，也经常在夏季灼人的烈日下躬身弯腰在水中拉纤，被汗水打湿脸庞和双眼。这就是"纤夫的血泪"[3]。往上游运输一矛盐，往往需要5~6名纤夫。十五世纪六十年代，在拜镇的税卡前，一支运送35~45矛盐的船队需要200~250名纤夫牵引。黑死病爆发前，以拉纤为生的纤夫有600~900名。但是随着时间的推移，召集大群的纤夫变得越来越难，自八十年代起，人们开始用马匹代替人力

---

① "险滩"（brassières）是指河心遍布小岛的航道，河水遇岛分流，蜿蜒曲折，拉纤无法在河岸上进行，只能从一个岛换到另一个岛进行。Rossiaud（1978），«Les haleurs du Rhône au xvᵉ siècle», in *Les transports au Moyen Âge. Actes du VIIᵉ congrès des médiévistes de l'enseignement supérieur*, Rennes, juin 1976, Annales de Bretagne et des pays de l'Ouest, 85 – 82et 284. 船队在阿尔勒和里昂之间横穿河道二十余次（从河的一岸横跨到另一岸）。

② 1 图瓦兹 = 6 法尺 = 1. 949 米。

③ Rossiaud（1978），295. 也可阅读同一章节第 287 页的脚注 13。

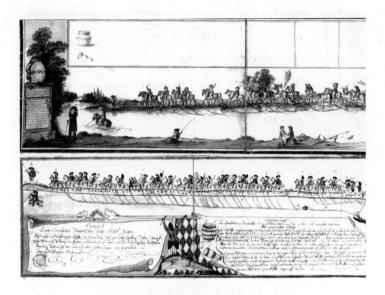

图4－3 多瑙河上的两支运盐船队（1）

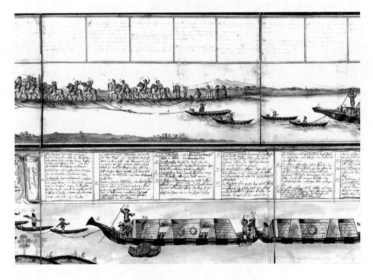

图4－4 多瑙河上的两支运盐船队（2）

118

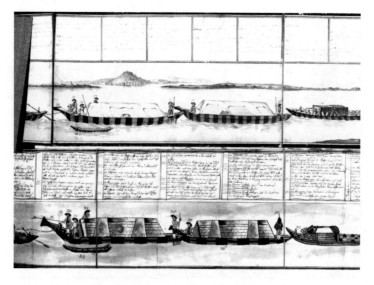

图 4 - 5　多瑙河上的两支运盐船队（3）

　　　　　与罗讷河一样，当时所有河流都可通航，包括巴伐利亚的多瑙河，图中这些由小船组成的船队在纤夫的牵引下前进。

来拖拽船队。罗西奥认为 12 名纤夫相当于 1 辆马车，这种牵引套车由四匹马和一名车夫组成，有时会配有一名马夫。一辆马车可以拉动 2 矛盐：一支运载 80 矛盐的船队通常会使用 160 头牲畜[①]。牵引方式的改变并没有提升航行北上的平均速度，只是增加了运载重量。直至十九世纪初，从阿尔勒顺利北上至里昂大致需要 27 天或 28 天，日平均航行速度为 10 公里。罗讷河的通行状况受季节影响的差异很大：1527 年，从佩凯北上里昂的 5 支船队平均速度从每日 3.5 公里到 10 公里不等。

---

① Rossiaud（2002），*Dictionnaire du Rhône au Moyen Âge. Identités et langages*, *savoirs et techniques des hommes du fleuve*, *1300 - 1550*, Grenoble, Centre alpin et rhodanien d'ethnologie. 关于罗讷河的船队的说明中借鉴了有关供盐量的信息。

1527 年，根据一本船员和车夫雇佣记录册记载，一支船队需要船员、车夫、助手和由盐农支付薪酬的押货员等共 180 人，以及同等数量的马匹，堪称一支小部队，而行政指挥部由 12 人组成，他们负责管理团队，记录开销、旷工、疾病和偷盐行为，并筹备行程。除此之外，船队还拥有一些专业技术人员，比如维修船只的木匠、修补帐篷的缝补匠、检查缆绳的工人、处理伤口的理发师[①]、 120 兼任兽医的马蹄铁匠、以及一名屠夫和一名鼓手。地面工作人员超过 55 人，由一名地勤总管指挥。

这种人力和物力资源密集型的活动需要调动大量资金：在 1527 年的运盐季，租赁马匹和人力的费用为 3415 图尔里弗尔，此外还需要相等资金用于船队开销和人畜生计。购买货物（盐）需支付的货款，加上每桶 35 图尔里弗尔的盐税，360 桶盐总共需支付盐税 12600 图尔里弗尔，每年还需支付通行税 1575 图尔里弗尔，总计成本 26000 图尔里弗尔。

盐运让沿岸居民怨声四起，他们为庄稼遭破坏、树木被砍伐而痛惜，甚至将罗讷河下游洪水频发也归咎于盐运，因为："盐运过程中大量使用马匹和纤绳对河岸造成了严重的破坏，包括经过加高加固的堤岸和道路。"

于是，有关方面试图用过路费和补贴来缓解矛盾。

为了避开河道上的隘口和一些无法跨越的障碍，盐运常常会换船中转。盐运事业养活了丰富的非全职劳动力，为整个流域的农村人口带来了不少收入。然而，凡事都有正反两面：农村劳动力是否有空打零工取决于农耕安排，正如一位见证者于 1650 年 7 月 10 日在日内瓦观察到的情形：

---

① 在中世纪的欧洲，理发师常常兼做一些小手术。——译者注

如果不是恰逢庄稼开始收割，我们本可以很快收到（盐）；（7 月 14 日，记录者标注）收盐情况有了进展，我们每天都会收到一些盐，如果庄稼收割顺利的话，我觉得 15 天之内就能收到全部的盐。这个车队为我们运来了 750 车盐。（9 月 18 日）剩余的部分随时都会送到，但是由于当前处于播种期，车队不多。播种期结束后我们就能立刻收到其余的盐。[1]

1832 年之后，就在水运将被铁路运输替代的前夕，纤夫们和马车队伍"在风平浪静的时候"仍然需要 18~20 天才能从阿尔勒北上到达里昂，其他天气条件下则需要 25~40 天，而从蓬圣埃斯普里下行至佩凯，升起船帆航行仅需 2~4 天。

罗讷河沿岸的税卡和盐仓

陆路和水路的维修都需要税卡收入。[2] 税卡的账簿里包含着大量珍贵信息。从中世纪一直到十九世纪中叶铁路出现之前，所有的河流都可通航，即便是那些水流湍急的河道。在蒙梅利扬税卡，许多满载佩凯盐的船只缴纳完通行税之后，沿着伊泽尔河[3]逆流而上，1310 年至 1318 年，以及 1360 年之后的领主账簿都如实记录了蒙梅利扬税卡的税款：每单位（unité）盐需要缴纳 6

---

① 尼古拉斯·布拉马奇（Nicolas Burlamachi）书信集（Brig, *Stockalper Archiv*, Sch. 31：2939，2942，2966）。转引自布罗代尔的《15 至 18 世纪的物质文明、经济和资本主义》第二卷《形形色色的交换》（*les Jeux de l'échange*），309。

② Gascon R., *Grand commerce et vie urbaine au xvie siècle：Lyon et ses marchands (environs de 1520 – environs de 1580)*, Paris：S. E. V. P. E. N., 1971, 152. 文章中发表了一份关于罗讷河和索恩河入港征税处的分布地图（表 20）。

③ 罗讷河的支流。——译者注

维也纳德涅尔的通行税。[1] 这些税卡为主人带来可观的收入，例如，拜镇的税卡属四位领主共同所有，他们各自可以从向北航行的每艘货船中获得 1 夸脱（quarte）的盐。1446 年，这个税卡落到了法国王太子，即未来的路易十一世手里，他在 17 个月中（1448～1449 年）征收了 153 塞提埃（setier）盐和 600 弗罗林[2]。

神圣罗马帝国向北方供应的盐绝大部分销往国外，如萨伏依公国[3]、日内瓦共和国[4]以及瑞士各州，这些国家吸纳了其四分之三的盐。阿尔卑斯山区曾是重要的食盐消费市场，人们需要盐来保存畜产品、奶酪、肉干、皮革以及喂养牲畜，畜群对盐的需求不亚于人类。在伊泽尔河上，有 30～36 艘船只（gabrillon）常年往萨伏依运盐。供给萨伏依人的盐会被运送到塞塞勒（Seyssel）（地属法兰西王国）或蒙梅利扬（地属神圣罗马帝国）交付。法国供盐的目的在于维持瑞士各州与法国的同盟关系，以及结清拖欠瑞士雇佣军的报酬。例如，1574 年，一位苏黎世市民代表瑞士军团与法国签订了每年 1500 矛盐的合约。瑞士人可以享受比正常出库价低 30%

---

①　Duparc P. , «Un péage savoyard sur la route du Mont-Cenis aux xiii et xiv siècles, Montmélian», in Routes, transports et péages au Moyen Âge et à la Renaissance, 85 Congrès National des Sociétés Savantes, Chambéry (1960), Bulletin Philologique et Historique 1960 (1961), I, 154.

②　Denel F. , «La navigation sur le Rhône au xv siècle d'après les registres du péage de Baix», Annales du Midi, 82 (1970), 289.

③　萨伏依公国（Duché de Savoie）是 1416 年至 1713 年曾经存在于西欧的独立公国，由萨伏依家族统治，领土包括今日意大利西北部和法国的东南部的部分地区。如今的法国萨瓦省在历史上属于萨伏依的一部分。——译者注

④　最早，瑞士的日内瓦城（不是日内瓦州）是个城市共和国，城墙就是边境。它存在于在法国和瑞士联邦之间，名叫"日内瓦共和国"。1815 年，维也纳会议上，日内瓦共和国以"日内瓦共和国与州"的名义加入瑞士联邦。——译者注

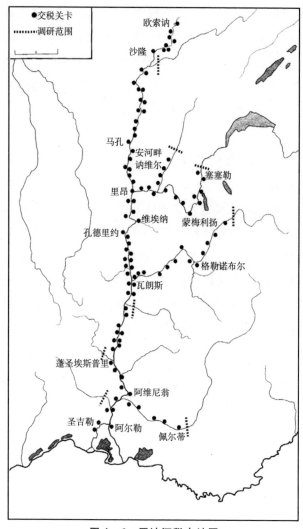

图4-6 罗讷河税卡地图

的盐价优惠。尽管天气恶劣、塌方、雪崩、洪水、桥垮、路断、结冰或大雪等状况层出不穷，如此大批量的供盐却从未出现库存短缺的情况。为了应对各种突发状况，道路沿线或山口下方都建有许多大型盐仓以备不时之需。为了在交通中断的情况下持续保障瑞士各州、日内瓦和瓦莱州的食盐供应，有关方面在塞塞勒上游 2 公里处，罗讷河和尤斯河（Usses）交汇处的雷贡弗勒港（Regonfle）建立了一处大型盐仓，当罗讷河航行受阻时，可以从此处出发，经陆路通过尤斯河谷到达安纳西，但是这段路程在 12 公里内 16 次经过急流险滩。法国人获得塞塞勒（通过 1601 年的里昂条约）的同时，瓦莱州的锡永主教收购了雷贡弗勒盐仓。车队将盐运往瑞士各州，再满载着桶装格鲁耶尔奶酪回到雷贡弗勒，1678 年 8 月至 1679 年 5 月雷贡弗勒向里昂总共运送了 2000 桶奶酪。十八世纪，由于盐的输入量与日俱增，日内瓦公路沿线的弗朗日和埃尔维赛特也陆续建起中继盐仓，后来叙尔茹镇也建起了帕尔克盐仓。为了打击私盐，法国官员亲自监督卸货过程并开立回执，交人带给佩凯盐田的官员。盐仓还为牛、马和骡子配备牛棚和马厩。[1]

包税人的生意

自从安茹的罗伯特成为国王（1309～1343 年在位），罗马教廷迁至阿维尼翁，就吸引了众多意大利商人前来管理教皇的国库以及罗讷河税的年金受益人，意大利包税人牢牢掌握了对通行税、盐税和盐场生产和运输过程中产生的间接税（所有这些税项统称为"罗讷河岸税"）的管理、监督和验收。罗伯特国王在一次调查中得知商人们"都去法国国王的佩凯盐田采购，因为那里的盐更便宜"。于是，身兼西西里国王的罗伯特想出了一个对策：在塔拉斯孔对佩凯盐征税，税率与对阿尔勒和滨海圣玛丽的盐征收的税

---

① Dufournet P., «L'entrepôt des sels du Regonfle-sous-Bassy（Haute-Savoie）», *Actes du 93ᵉ congrès national des soc. sav.*, *Archéologie*, 1968, 240.

率相同。

　　1358 年 12 月，法国国王允许一位名叫弗朗索瓦·荣特（François Jonte）的博凯尔市民获得盐田的包税权并供应 1100 矛盐在国内销售。成为商人的国王又将盐运管理权交给了包税人，他们为了汇集资金创建了许多公司，而这些被叫作"包税人"的人员拥有公司股份。在他们当中，有来自吕内勒和瓦朗斯的商人，也有来自罗讷河流域其他城市的商人。他们抽取一部分收成，并且可以指定盐田主，即值得信赖的、负责几块盐田的人。

　　1448 年，法国国王和西西里国王共同垄断了罗讷河航运，并与一个包税人团体签订了为期十年的租约。国王们获得了双重利益：既摆脱了水运中可能出现的各种麻烦，又能够每季度收到承包者支付的固定租金。后者赚取的利润等于售盐收益减去上缴国库的租金。1448 年，包税人团体的负责人罗伯特·达米亚尼（Robert Damiani）承诺每年从佩凯向上游地区运输 1600 矛盐，并支付96000 弗罗林（等于 76800 图尔里弗尔）的固定租金。1457 年，19位商人组成的一家公司签下新的租约，这些商人来自罗讷河流域的里昂、阿维尼翁和博凯尔等地，与国王直接交易的包税人领导这些商人分享购买的盐。[①] 他们会派遣自己信任的人护送船队、监督载货、缴纳通行税并进行汇报。发财之后，商人们摇身一变，进入银行界，成为新的包税人，紧接着就梦想跻身贵族之列，这就是十六世纪以后的社会现状。通过利用王室专营权，两个世纪前身份低微的家庭从此实现了社会阶层的跃升。

　　有一位名叫阿尔维斯·德尔·贝内（Alvise Del Bene）的佛罗

---

①　Billioud J. , «Le sel du Rhône. La ferme du tirage de l'Empire au xviᵉ siècle», *Bulletin philologique et historique du Comité des Travaux historiques*, 1958, 212.

伦萨金融家，他在 1537 年获得了两份供盐租约（拍卖中无人与他竞价），这在十年间为他带来了 100000 金埃居（260000 图尔里弗尔）的收益。他获得的条件十分优厚：除了每矛盐 6 里弗尔的常规收益，售盐之后还会有每矛 3 苏/里弗尔（15%）的额外收益，总计 19350 里弗尔。然而，德尔·贝内凭借自己的垄断地位，又暗中谋取了更多收益：他本应向盐工支付每矛盐 6 里弗尔的合法报酬，但他只支付了 2.75 里弗尔。这样，他的收益在十年间达到了 100000 埃居。① 在他的营业收入中，4% 用于向盐田主购盐，47.45% 用于运输，即从佩凯到瓦朗斯的车辆和人工费用，24.75% 用于支付盐税，21.23% 是自己的净利润。

1585 年，到达瓦朗斯的每矛盐售价 300 里弗尔（是佩凯盐田采购价格的 15 倍），在萨伏依边境的勒蓬德博瓦桑（Pont-de-Beauvoisin）和布雷斯地区的蓬德沃（Pont-de-Vaux），价格更是分别高达 392 里弗尔和 384 里弗尔。

盐在雅克·克尔生意中的重要地位

在雅克·克尔的诉讼案中，这位财政官员被指控在盐运中欺骗国王。的确，不论是大西洋的盐还是朗格多克盐，雅克·克尔都不会放过任何一个靠盐投机发财的机会。这位富商一直想做官，因为这能让自己的生意更上一层楼。在 1447 年 12 月 23 日，他终于被政府任命为盐税检查总长，与另外三位法国南部省份的财政官员一同共事，他们分别是兼财政总长的卡尔卡松主教、兼督查总长的阿格德主教②和税务总长艾蒂安·珀蒂·德·蒙彼利埃（Etienne

125

---

① Billioud, 214.

② 君主政权更愿意将财政管辖权交给教士，因为君主认为教士比世俗人士更为诚恳。方济会成员经常受到周边城市的委托，负责征收和管理盐税。

Petit de Montpellier）。其实早在 1446 年这四个人就已经在罗讷河通行税的调查中合作过。盐税检查总长的职权范围覆盖整个朗格多克地区、吉耶讷地区、里昂司法管辖区和马孔司法管辖区。在一批忠心耿耿的下属协助下，雅克·克尔着手对盐业贸易进行改革，将其从商人手中夺回并交给拥有专营特权的承租人。相较于数量庞杂且有偷税风险的商人队伍，政府更愿意与联合组成两家公司的一小批包税人做交易，尽管这些包税人以不正当的手段增加收益。最初，他们从每年运输的 900 矛盐中抽取 1/4 德涅尔作为收益，接着又加抽 1/20 德涅尔，最后再次增加 1/8 德涅尔。此外，他们还控制了市场，他们就是价格的制定者，可以低价收购、囤积，然后再高价抛售。包税人都是孔德里约和里昂的富商。雅克·克尔化名为安德烈·德库雷（André de Courray，借用他的马夫安德烈·勒马雷沙尔的名字）进入了包税人的公司，成为他们的合伙人。就这样，这位财政官员戴着伪装面具，一边领着俸禄，一边靠罗讷河上的盐运赚取商业利润，并且滥用盐税检查总长的职权。[①] 看看他是如何以权谋私的：他的公司获得税率优惠，每矛盐的纳税金额从 62 弗罗林降至 12 弗罗林，从而给王室财库造成了 10800 弗罗林的经济损失；因为盐是国王的财产，所以他不需要缴纳通行税和追加税（crue）[②]；此外，他的公司还以亏损为由获得了盐税返还，金额超过 8100 图尔里弗尔。雅克·克尔越来越胆大妄为，他甚至卖给国王查理七世一批珠宝，开价 20600 埃居，要求的支付方式是将朗格多克盐仓交给他。为了更好地监管自

---

① Mollat（1988）M., *Jacques Cœur ou l'esprit d'entreprise au xve siècle*, Paris, 199 – 201.

② crue 翻译参考熊芳芳《近代早期法国的赋税收支》，《经济社会史评论》2013 年第 00 期，第 79 页。——编者注

己的盐业生意，他自任为索米埃城堡的卫队长，让手下卫兵从城堡中监督盐田，同时他还负责守卫位于罗讷河航运南北两端终点的圣安德烈城堡和皮埃尔·斯泽城堡。朗格多克盐（佩凯盐田）已然成为雅克·克尔最重要的生意。[①]

盐田的防御工事：　艾格－莫尔特，
呈几何图形布局的堡垒城市

艾格－莫尔特的防御城墙呈不规则四边形，这大概得归咎于路易九世 1248 年挖凿的罗萨纳尔（Rosanal）运河。这条运河将艾格－莫尔特城与罗讷河的一条旧支流（后来被称作布尔吉杜运河）相连，由于运河改道的成本太高，因此顺其走向而修建的城墙呈不规则形状。整座城市的结构由一条东西走向的中轴线划分，轴线向西穿过维勒讷沃塔楼和皇后门（la Porte de la Reine），将港口与佩凯塔楼保护之下的普萨尔莫迪盐田连接起来。所有具备公共职能的建筑都集中在港口区域，分布在轴线两侧。两条南北走向的纵轴与横轴相交，其中一条南抵加里翁门（la Portene des Galions），另一条南至马里内门（la Porte de la Marine），这两条纵线将城市分为三个部分：西部是宗教、政治和军事中心，中部是贵族和富人的居住区，东部长期几乎无人居住。中世纪时期，这里曾有过一座方济各会修女院，位于现在的灰衣修士小教堂附近。这座建筑后面曾是一片公墓，直到十七世纪七十年代仍在使用。在如今的甘贝塔大道（le boulevard Gambetta）上，圣安托万门附近，有一座修建于 1347 年腓力六世

127

---

①　Mollat, 201.

时期的医院。这片区域的其他地方则相对空旷。城墙体现出规划者的意图：让人们长期定居在这座建于咸水潟湖区、被盐田与布尔吉杜运河环绕的城市。"艾格－莫尔特的发展与佩凯盐田的扩张是相辅相成的"。在佩凯，1263 年只有 1 块盐田（蒂涅盐田，la Tigne），1280 年至 1290 年有 4 块盐田，1320 年至 1350 年已发展到 12 块。[①] 在圣路易时期，带塔楼的城墙和整座城市都尚未完工，其建造需要运送建筑材料（如石头或沙土，但附近只有木材充足），从本地区其他城镇和乡村调集大量人口和劳动力前来定居需要一段时间，在佩凯城堡周边修建盐田也要时间，因为工人在盐沼中乘小船整饬出的盐田，很容易被海上风暴、罗讷河水暴涨或塞文山洪等毁损。修筑堤坝、挖掘水道、平整盐池都是长期工作，常常需要 25 名盐工合力工作 10 年到 25 年才能完成，他们在采收成盐之前只能充当挖土工。直角的堤坝便于隔开直线型运河和四边形盐池，毫不夸张地说，正是从盐田的几何布局得到灵感，城市设计师们才在城市规划中也采用了几何线条，就像许多其他建有城防工事的盐业市镇一样，例如布鲁阿日（Brouage）、基奥贾和切尔维亚、或是克罗地亚拉古萨[②]的斯通（Ston）盐田。

　　二十世纪，天然盐沼的边界不断后缩。世纪之初，天然盐沼退至南城墙根，盐田被挡在这道防御工事之外。如今，这片干涸的区域成为一片用途不明的草地，破坏了中世纪古镇、城墙与盐田之间的整体和谐。十九世纪中叶的危机过后，这里建起了一个大型现代工业化盐田，抹去了中世纪的 17 块古盐田（分属于法国王室和马耳他骑士团）的痕迹。中世纪的堡垒庇护着工业化的盐田，这并

128

---

① Rossiaud（2009），78.

② 现称为杜布罗夫尼克。——译者注

非艾格－莫尔特地区的特例，相反，这种情况极其普遍，不仅出现在地中海地区的伊维萨岛、特拉帕尼、卡利亚里（中世纪时被称作堡垒之城堡，很好地突出了对撒丁岛盐田的双重防御）、纳夫普利翁和克里特岛，也出现在亚得里亚海岸的斯通、的里雅斯特，或是大西洋沿岸的萨尔堡（Alcacer do Sal，位于塞图巴尔后方，该城堡后来归葡萄牙）、布鲁阿日和盖朗德，这些筑有防御工事的城堡和城市保护了对人畜生命、商人收入和君王财政都至关重要的盐资源。战争期间，敌人非常清楚，只要攻占对方的盐田就可以削弱其势力。因为这样一来，对方政府会失去很大一部分财税收益，而面包和腌制品价格飞涨也势必会让买不起这些生活必需品的民众感到不满。

129

第五章

瑞士各州， 盐来盐往

　　阿尔卑斯山是欧洲境内面积最广、海拔最高的山脉，从地中海到维也纳盆地绵延 1200 公里，形成了一个宽约 200 公里的巨型圆弧。这里古老的山区经济、森林经济，特别是畜牧经济，都对盐有极高的需求。虽然这里盐产量丰富，但分布不均且供不应求。于是，在这种情况下，当地很早便开始对采盐设施进行现代化改造，并且不得不从周边盐矿以及遥远的地中海盐田大量购盐。诚然，阿尔卑斯山区巨大的长条状冰川湖、宽阔的山谷以及海拔常在 2000 米以下的山口有利于交通。但在运输机械化到来之前，运盐对劳动力数量需求极大，从而大大加重了成本负担，外国王室或封建领主对过境的盐征收的多种税费更是雪上加霜，运输成本居高不下。城市和地方政府通常采用垄断的形式供应盐，各方会巧妙利用相互之间的竞争关系来从中牟利。作为同盟和附属的瑞士各州在面对法国王朝的时候，利用自己的贷方优势，以债权换取价格低廉的盐。于是就出现了奇怪的现象，掌握着盐的卖家控制不了盐业贸易，购盐的客户反倒拥有主动权。这种情况预示了先进的当代经济体，即初级产品的生产者被消费国的工业家和金融家所控制。不过，也不必夸张地认为当时的盐业贸易已经具有现代性：十七世纪后半叶，皮埃蒙特南部深受"盐

战争"的困扰，这是一场真正意义上的社会政治斗争，盐是关 131
键，一方想捍卫古老的盐税减免特权，另一方则企图建立绝对普
遍盐税。①

盐的消费

　　根据牧师约翰·海因里希·瓦塞（Johann Heinrich Waser）
（1742～1780 年）在《关于盐的思考》这一调查研究报告中的说法，
盐的人均年消耗量在奥伯哈斯利（l'Oberhasli）地区和格拉鲁斯州
最高，达到 24 斤，而在巴登郡和弗拉赫镇仅为 17.5 斤。产生差异
的原因在于山区各州实施畜牧集约化管理。瓦塞计算一头母牛每年
耗盐量为 9.1 斤，一头公牛或一匹马为 6 斤，一头小型家畜则为
0.9 斤。人类对盐的年需求量为 15.5 斤。② 因为自 1634 年以后的
人畜普查数据被保存下来了，所以很容易能计算出十八世纪下半叶
的年需求总量。

表 5 - 1　18 世纪后期苏黎世州的盐需求量

人畜数量	单位年耗盐量	总耗盐量
156000 位居民	15.5 斤	2418000 斤
16718 头公牛和 4261 匹马	6 斤	127972 斤③

---

① Lombardi G. éd., *La guerra del sale* (1680 – 1699). *Rivolte e frontiere del Piemonte barocco*, Milan 1986, 431, 427 et 430.

② Fritschke B., *Der Zürcher Salzhandel im 17. Jahrhundert. Der Aufbau eines Staatsmonopols*, Zurich, 108.

③ 经与作者沟通，此表数据引自上文，且总耗盐量数据为记录，所以单位耗盐量乘以数量得出的数值与总量有不同。——编者注

续表

人畜数量	单位年耗盐量	总耗盐量
30135 头母牛	9.1 斤	274228 斤
8377 头小牛	1.5 斤	12565 斤
2590 只绵羊和山羊	0.9 斤	2357 斤
总计		2835122 斤

一个尚未实现畜牧集约化的州平均每年消耗盐量为 1500 吨，人均 18.174 斤。在苏黎世，盐用木桶封装存放在 1542 年竣工的盐仓中，盐仓伙计向居民售盐时使用一种八分之一升（demi-*Viertel*）重 16 苏黎世斤[①]的量器，约合 8.5 公斤，这是当地人一整年的用盐量。

威尼斯地区的维罗纳省有一部分地处山区，1420 年至 1430 年威尼斯盐务官给当地民众分配食盐时依据以下规则：农村地区 6 岁以上的公民每人每年可得 1/4 米纳的基本配给盐，此外可以自由自愿购买更多盐。总之，每人每年可以获得 7.93 公斤的盐，约合每天 21.72 克。人们用这些盐满足所有生活需求，如腌制食物、制作面包、烹调食物以及佐餐等。另外，在以养羊为主的石灰岩山区，每 40 只羊可得到 1 米纳盐，每屠宰两头猪可得到 1 米纳盐用于腌制猪肉。按照这一分配标准，负责分配盐的官员在 1428 年从威尼斯政府收到共计 21240 米纳的盐。这些数据不可全信，因为所有人都在造假：包税人为了售出更多的高价自买盐，在分配基本配给盐时故意扣留而不全部发出。尽管如此，1428 年，盐务官还是为辖区接收了 541 吨盐。[②]

---

① Fritschke，1 苏黎世斤 = 528860 克。

② Hocquet（2012），vol. 2，774 – 775，1105（维罗纳米纳的重量）。

在工业品及食品都尚未实行标准化生产的时代，盐的消费具有地域特点。每个地区的居民都有不同的购盐偏好，有的喜欢在陆地上用大锅熬制的细白盐，有的偏爱颗粒更大、颜色略暗的海盐，还有的则对伊维萨岛漂亮的红色海盐情有独钟。通常很难用一种盐替代另一种，从这一点来说，当时的市场缺乏灵活性。[①] 然而在 1623 年，米兰总督卡斯蒂耶（Castille）尝试说服瓦莱人选择米兰盐而放弃法国盐，对方竟然被说服了。7 月 31 日，瓦莱州布里格县（Brigue）的官员要求从帕维亚[②]运送 300 车（voitures）（或 8700 米兰塞提埃）盐到布里格，其中 3/4 为西西里的特拉帕尼白盐，其余为红盐，以满足该县全年需求。官员们要求盐的品质为优质结晶盐，到达布里格时重 115 米兰斤，每斤 28 两。[③]

但要改变饮食习惯，事情并非总是如此顺利。1634 年，林道市（Lindau）曾威胁苏黎世，收到谷物前将不再为其供盐。其实苏黎世完全有可能不理会这一威胁，因为法国一直希望打开瑞士的盐市场，早在 1620 年就曾提议在 12 年内向苏黎世供应 720000 米诺盐。但是，面对来自法国的推销和林道的威胁，苏黎世人还是没有

---

① Livet G. , «La Suisse, carrefour diplomatique des sels européens. Pressions politiques et tensions sociales dans la Confédération helvétique sous l'Ancien Régime», in Cabourdin, 405 – 433. "（三十年）战争时期，瑞典人在瑞士的所有邻国（分别于 1638 年和 1639 年）烧杀抢掠，直至萨兰，因此勃艮第的盐无法被运送到瑞士各州，大量海盐被运往伯尔尼州、弗里堡州、索洛图恩州和纳沙泰尔州，但这些州的居民不习惯食用海盐，只得在迈尔格（Mergues）和穆东（Moudon）两地建立盐场，加工海盐使之颜色变白，以供居民使用。只有沃州（Vaud）的居民能够适应海盐，并一直使用至今。卢塞恩收到抵偿债务的海盐，放在商铺出售，但无人问津。我们认为，除了邻近米兰的瓦莱州北部地区之外，米兰供应的红色海盐并未在其他小州销售。"

② 意大利市镇，距离米兰约 35 公里。——译者注

③ 米兰国立档案馆（ASM），*Finanza*, *Sali*, B. 1088, *Transiti Vallese*, cc. 4 – 6。

选择法国的佩凯盐，因为他们认为佩凯盐质差、色暗、不纯。[1] 显而易见，当时人们对于质量的评判具有很强的主观性。相反，在瓦莱和萨伏依，人们明显偏好法国海盐。

盐的供应

盐的供应来源主要有三种。首先是本地盐场，其次是邻近地区的盐场。最后，尽管新盐矿的开发与旧盐场的现代化升级都在逐步进行，但还是有人通过海运从远方进口盐，再通过威尼斯、热那亚和尼斯等离阿尔卑斯山最近的滨海港口运往各地。

本地生产

德国境内福拉尔贝格以东的阿尔卑斯山脉蕴藏着丰富的盐矿。在整个中世纪早期，北部靠近萨尔兹堡的赖兴哈尔盐场一直为巴伐利亚南部供盐。[2] 在东部偏远地区的施蒂利亚，1147 年奥托卡尔五世侯爵赏赐给雷茵（Rein）修道院两口熬盐平锅，说明奥赛镇（Aussee）已经出现制盐业。1211 年，奥赛盐场进行了扩张。在萨尔茨堡以及后来名为萨尔茨卡默古特的地区，贝希特斯加登盐矿开采于 1194 年，这一点已有毋庸置疑的记载。1198 年，萨尔茨堡大主教获得了图瓦尔盐矿的所有权。同年，他将米尔巴赫（Muhlpach，后称作 Hallein）地区的一口盐锅的全部收益转让给侬伯格（Nonnberg）修道院。1305 年，哈尔施塔特盐矿恢复开

134

[1] Fritschke, 39.

[2] Wanderwitz H., *Studien zum mittelalterlichen Salzwesen in Bayern*, Munich, 1984; «Zur Technik der Reichenhaller Solegewinnung im 12. Jahrhundert», *Mitteilungen der Gesellschaft für Salzburger Landeskunde*, 1983, 143 – 147.

采，将公元前 1000 年即活跃于此的旧行当重新拾起。[①] 所有这些盐矿都位于多瑙河的支流两岸，产品既可以在本地销售，也方便销往缺乏盐矿的北方，例如下奥地利、波希米亚和摩拉维亚以及巴伐利亚中部地区。萨尔茨堡和施蒂利亚的盐可顺水而下进入多瑙河。

因斯布鲁克周边的一座制盐场使整个局势发生了改变。自1232 年起，蒂罗尔伯爵"每年从他的陶尔（Thaur）城堡附近的因河谷制盐场运七车盐"到博尔扎诺附近的朗格穆斯医院。1280 年，他的继任者迈因哈德二世将给这家医院的供盐量翻了一番。[②] 随后，制盐场搬到了"一处叫作哈尔的盐矿里"[③]。几年之后，这座新盐场每周的产量在 530 桶（Fuder）[④] 左右，从1287 年 7 月至 1289 年 2 月初共计产盐 43901 桶，[⑤] 产量非常惊人。仅一个世纪，德国境内的阿尔卑斯山地区便拥有了强大的制盐工业，实现了自给自足。

相对于富含盐矿的东部山区，阿尔卑斯中部和西部地区则显得十分贫瘠。当地人为了利用有限的本地盐矿资源做了很多努力，特别是在萨伏依地区的塔朗泰斯山谷（Tarentaise）和沃州的罗讷河流域地区。在塔朗泰斯山谷，现存最早的文献仅可追溯

---

① 多位学者对奥地利多地（蒂罗尔、萨尔茨堡、上奥地利、施蒂利亚）阿尔卑斯盐矿的技术和经济发展进行了研究，其中较有代表性的为克莱因（H. Klein），科勒（1976 年和 1979 年），内费（Neffe），帕姆（1974 年），施拉姆尔（Schraml），斯尔比克（Srbik），斯塔德勒（Stadler）和特雷梅尔（Tremel）。

② Palme（1983），31 et 39.

③ 下文多次出现 Hall，系同一地。——译者注

④ Fuder，一种德国传统木桶。下文同。——译者注

⑤ Palme（1983），60 et 85.

135 到 1448 年。[①] 1554 年，在刚被纳入伯尔尼管辖之下的沃州地区，埃格勒多地开始工业化开采盐泉，而此前这些盐泉仅能供山区牲畜及小型家庭作坊制盐用。[②] 尽管如此，这些小型盐场也只能勉强供应周边的市场，当地的食盐消费还是需要依靠阿尔卑斯山区的其他盐场。

周边盐矿

　　幸好阿尔卑斯山周边的陆地或滨海盐矿资源十分丰富。在西部，距离最近的是法国汝拉省的萨兰，相邻的勃艮第伯爵领地也全是各类小型盐矿。[③] 但是，运往瑞士的盐总是被拖欠。十八世纪末，弗朗什－孔泰地区每年应该供应 107000 担盐，但是在当地的三处盐矿中，萨兰的产量为 100000 担，蒙特莫罗 50000 担，绍镇（Chaux）34000 担，而当地内部的盐消费量就达到了 100000 担。于是，1787 年，运往瑞士各州的盐量降到了 70000 担以下。在东北部，洛林大区同样拥有丰富的盐资源，在塞耶河流域的迪约兹和穆瓦延

136 维克，以及南锡附近的罗西埃都有盐矿。幸运的是，当地年产盐逾 500000 担，[④] 不仅够用且有富余。自 1774 年起每年有 133000 担盐

---

① Baud P. , «Une industrie d' État sous l'Ancien Régime. L'exploitation des salines de Tarentaise», *Revue d'Histoire économique et sociale*, 22 (1934 – 1935), 155.

② Payot Ed. , *Mines et salines vaudoises de Bex*, *au point de vue historique*, *technique et administratif*, Montreux, 1921；Bouquet J. -J. , «Le problème du sel au pays de Vaud jusqu'au début du xviie siècle», *Revue Suisse d'Histoire*, 7 (1957), 327.

③ 参考布勒洛（Brelot）和洛卡泰利（Locatelli）著作中的地图（第 6 页）可以让我们对弗朗什－孔泰地区富饶的盐矿有一个更清晰的认识。Brelot（1981）C. I. et Locatelli R. , *Les salines de Salins. Un millénaire d'exploitation du sel en Franche-Comté*, *Besançon*.

④ 《方法论百科全书》（*L'Encyclopédie Méthodique*），第三卷第 528 页介绍了 1774 至 1779 年条约签订（这是一份为期五年的承包租约，佃农为"承包商"）期间五年内的总产量。

运往瑞士。[①] 可是法国却常常难以满足市场需求。截至 1784 年 12 月 31 日，弗朗什 - 孔泰地区累计拖欠 453000 担盐，洛林大区拖欠 229000 担。

此前，一些商人已经认真考虑过用施瓦本地区哈尔出产的盐来供给遥远的瓦莱州。[②] 但最终，赖兴哈尔的盐却成为勃艮第和洛林盐产短缺的最大受益者。马蒂亚斯·弗卢尔勒（Mathias Flurl）是一位仕途顺利的官员，官至巴伐利亚州盐矿管理总局局长，他曾于 1799 年写过一本题为《巴伐利亚的赖兴哈尔盐贸易》的史学论著，共分两部分：与瑞士的贸易和与施瓦本和博登湖北部各州的贸

---

① 格恩（Gern）参照《方法论百科全书》将这些数量转换为担（第 192 页），根据这本书，出口的盐全部被封装在 176 斤的袋子里，4 袋盐共计 704 斤，为一桶（第 3 卷，第 528 页）。布瓦耶（Boyé）指出，洛林地区在 1724 年用 650 斤的盐桶向伯尔尼和巴塞尔州运盐（第 37 页），如果用木锤将盐压实，则可以用 700 斤的盐桶运送（第 40 页）。1750 年以前，650 斤盐桶是法定标准（第 32 页，第 2 期）。1750 年，人们开始使用 704 斤盐桶，但是销往国外时，为了在竞争中以分量取胜，人们通常会使用 800 斤盐桶，有时甚至可以装载 892 斤。出口国外有助于洛林盐业的扩展。在迪约兹，31 只盐锅同时承担出口生产，穆瓦延维克的成品盐仅供海外销售。除了瑞士东北部各州之外，洛林盐的出口贸易还涉及卢森堡、特里尔选区（l'électorat de Trèves）、普法尔茨地区（le Palatinat rhénan）和拉巴德地区（la Bade）（第 37 ~ 38 页）。在十八世纪末期的法国，穆瓦延维克、蒙特莫罗和绍县三处盐场专门负责瑞士的出口贸易。

② Dubois A., *Die Salzversorgung des Wallis 1500 - 1610. Wirtschaft und Politik*, Winterthur, 1965, 430 - 434. "一位洛伊克的居民，安德烈亚斯·德雷尔（Andreas Dreyer），从施瓦本返回之后于 1596 年 4 月向县长告知，他已建议林道盐商安东·费尔斯（Anton Fels）向当地提供哈尔盐。费尔斯希望向洛桑地区的瓦莱人售盐，如果他们愿意，盐运路线可以经过阿尔特多夫（Altdorf）和富尔卡山口，或是经过图恩、伯尔尼山口和锡永，运盐量为每年 400 桶。但是普罗旺斯盐商让·罗比翁（Jean Robion）却提出，他可以以更优越的条件提供哈尔盐。六年期间，他一直为瓦莱州提供哈尔盐。"迪布瓦拒绝研究施瓦本盐里的哈尔盐，他只愿考虑蒂罗尔州的哈尔盐。

易。① 作者在书中援引的最早的法律文件出自十六世纪。1578 年，沙夫豪森的盐商首先开始关注赖兴哈尔盐，但到了 1625 年，伯尔尼的议员们签下为期六年的协议，约定赖兴哈尔每年交付 8000 桶盐。② 最终，伯尔尼、巴塞尔、索洛图恩、苏黎世、卢塞恩、圣加仑以及格劳宾登各州每年可以经过林道和布赫霍恩（Buchhorn，1810 年更名为腓特烈港）获取 20000 桶巴伐利亚产盐。十八世纪期间，从赖兴哈尔销往传统客户地区的盐量始终保持稳定，比如苏黎世。但是在赖兴哈尔盐新占领的市场，如西部各州直到弗里堡，盐的运输量却在急速增长。③ 这一迹象体现了法国总包税所（la Ferme générale）④ 的漫不经心和法国旧制度末期制盐业的困境，同时，也有力地证明了赖兴哈尔和特劳恩施泰因盐业联合体持续实施现代化发展策略的成功，企业家约翰－塞巴斯蒂安·克莱（Johann-Sebastian Claiß）在其中起了主要推动作用，他生于德国，但早年间曾在苏黎世求学。⑤

　　阿尔卑斯山的东部地区可以自给自足，中部和西部地区则需要向周边区域求助。然而，如此充分的供应仍然难以满足需求，阿尔卑斯山法国段（多菲内）、萨伏依地区，以及从伦巴第到斯洛文尼亚的山脊线以南大部分地区，都依靠海盐供给。幸运的是，不远处的众多盐田能够在很大程度上满足阿尔卑斯山居民的日常需求：在

① Schremmer（1971）E., *Handelsstrategie und Betriebswirtschaftliche Kalkulation im ausgehenden 18. Jahrhundert. Der süddeutsche Salzmarkt. Zeitgenüssische quantitative Untersuchungen u. a. von Mathias Flurl und Joseph-Ludwig Wolf*, Wiesbaden, 133 – 199.

② 每桶（*Faß*）盐重达 500 斤（499 克一斤）或 249.5 公斤（Dubois A., 489）。

③ Schremmer（1971），tableaux 157 – 199.

④ 成立于 1726 年的金融公司，法国国王在大革命前夕将其几乎所有的关税和间接税（包括盐税、烟草税和许多地方税）租给了总包税所。——译者注

⑤ Schremmer（1980），*Technischer Fortschritt an der Schwelle zur Industrialisierung*, Munich, 56 – 60.

东边，有威尼斯控制下的亚得里亚海北部潟湖海岸，伊斯特拉县（l'Istrie）北部，皮兰和科佩尔，以及更早一些的，威尼斯潟湖南部地区靠近基奥贾的盐田；在西边，有耶尔的普罗旺斯海岸①，特别是罗讷河下游的盐沼区域，从贝尔盐沼一直到朗格多克的佩凯盐田②。这些沿海地区之所以能够大规模开采盐田，是因为在广阔的三角洲附近，河流冲积物的沉积与阿尔卑斯山受侵蚀剥落的物质共同作用，形成了众多潟湖。

然而，盐田的开采还受限于各种不确定因素，比如天气、人口或政策，因此各处盐田的繁荣兴盛并不是同步的。比如，十三世纪的前三十多年里，基奥贾潟湖盐田已步入危机，而伊斯特拉刚开始发展盐业。③尽管十二世纪时，基奥贾盐几乎垄断了阿尔卑斯山中部地区直至布伦内罗和提契诺州的市场，但从十三世纪三十年代以后基奥贾盐业持续衰退，迫使威尼斯人在整个中世纪末期及之后都大量进口地中海盐。④热那亚也经历了类似的情况，并实施从远处进口食盐的政策。⑤

138

① Malartic Y. , «Le commerce du sel d'Hyères en Ligurie du xiiiᵉ au xvᵉ siècle», 1ᵉʳ Congrès Provence – Ligurie (1964), 1966, 169 – 178; «Le commerce du sel d'Hyères (xiiiᵉ – xvᵉ siècles)», in M. Mollat, Le rôle du sel dans l'histoire, Paris, 183 – 197.

② Hocquet (1984), «Techniques et société. Exploitation et appropriation des salins de la Méditerranée occidentale (1250 – 1350 env.)», La Società mediterranea all'epoca del Vespro (XIᵉ congrès d'histoire de la Couronne d'Aragon), Palerme, vol. III, 219 – 248.

③ Hocquet (1990), Chioggia, capitale del sale, Chioggia, 85 – 98.

④ Hocquet (2012), tome I, livre 2. 其中讲述了有关海运交通和威尼斯的盐进口问题。

⑤ Gioffre D. , «Il commercio genovese del sale e il monopolio fiscale nel secolo XIV», Bollettino Ligustico per la Storia e la Cultura Regionale, X (1958), 3 – 32.

地中海地区的进口盐

地中海地区的所有盐田不仅长期受到热那亚和威尼斯两大商业共和国的大载重量帆船光顾，还共同为皮埃蒙特和伦巴第等山区各州钟爱"粗盐"的居民供给食盐。这些粗盐有的来自克里米亚半岛、塞浦路斯、埃及亚历山大，有的来自的黎波里塔尼亚海岸的拉斯阿马可巴兹（Ra's al-Makhbaz）、撒丁岛的卡利亚里，还有的来自阿利坎特附近的拉玛塔，但伦巴第人民最钟爱的还是巴利阿里群岛南部伊维萨岛出产的"红盐"①。十六世纪下半叶，热那亚和威尼斯的商业活动逐步复苏，而上述遥远的海岸有许多已落入土耳其人的统治之下，大载重量的帆船便不再前来载货。此后，一些吨位较小的船队去意大利盐田运盐，一些盐田因此迅速发展壮大，例如普利亚大区的巴列塔和西西里岛最西端的特拉帕尼。

但是，威尼斯人有时不免高估自己的盐业垄断优势，以致发货时以次充好：1609 年，他们的仓库中有 1600 矛产于史宾纳隆加岛的盐存放已超过 12 年。该盐田是威尼斯人失去塞浦路斯之后，在克里特地区新开发的。② 不过，这些产自新盐田的盐品质量"与众不同"，换句话说，这些盐是最次的。当时，有人建议将这些盐出口到"瓦尔泰利纳和其他国外地区，最好是靠近瓦尔萨比亚和瓦

---

① Hocquet（2006₄），*Venise et la mer*，*xiie – xviiie siècles*，Paris，Librairie Arthème Fayard，327 – 375，（伊维萨岛和贸易竞争）。Sastre Moll J.，*L'esportació de sal y pega desde les Pitiüses（1311 – 1343）. Un libre de les rendes del procureador reial d'Eivisa（1326 – 1327）*，Eivissa 2010；Tur Torres A.，*La sal de l'illa. Les salines d'Eivissa al segle xvii. Estudis dels "llibres de la sal"（1639 – 1640）*，Museu Marítim de Barcelona 2014.

② 奥凯（2012 年），《威尼斯和垄断》（*Venise et le monopole*）第 1 卷第 2 册，《希腊的盐》（*les Sels grecs*），第 243～258 页。

尔特龙皮亚这些使用哈尔盐的地区"，总之，就是加尔德桑－贝加莫地区以及阿达梅洛山谷地带。政府以每矛盐 7 达克（ducat）[1] 的价格达成了为期四年的供盐交易[2]。很难想象，人们会愿意用色泽暗沉甚至发黑的中型粗盐来替代又细又白的哈尔精盐，一般来说，前者只能用于高山畜牧养殖。

139

作为一个港口国家，萨伏依公国曾试图与热那亚共和国和法国这两个强邻对抗，以获得完全独立。此前，萨伏依公国只是一块控制着阿尔卑斯山西部宽阔山谷和山口的伯爵领地，1388 年尼斯被划入阿梅代七世[3]的势力范围，为其打开了一扇通往海洋的窗户。萨伏依公国充分利用这个出海口，将尼斯打造成了进入阿尔卑斯山区市场的桥头堡。有人曾写过一篇陈情书，题为"为了盐运事业，为了航行收获，为了日内瓦市场更好，为了君主的利润再创新高！"[4]这篇文章的论证十分清晰：皮埃蒙特每年消费 7000 载到8000 载[5]红盐或白盐，其中 5000 载通过热那亚或其他国家运入。拉玛塔的红盐和白盐售价为每车 21 弗罗林。不过，人们可以在尼

---

① 达克（ducat）是欧洲从中世纪后期至二十世纪期间，作为流通货币使用的金币或银币。——译者注
② 威尼斯国立档案馆（ASV），*Provveditori al Sal*，*Mercati*，*Terre aliene*，reg. 88a，c. 16。
③ 即当时的萨伏依伯爵。——译者注
④ Bergier（1963）J. -F.，«Port de Nice, sel de Savoie et foires de Genève. Un ambitieux projet de la seconde moitié du xvᵉ siècle»，*Le Moyen Âge*，LXIX，859 – 865. 此处原文为古法语，*Pour le fait de la sal et pour faire que les galleaces auront bon gain. Et que les foires de Genève seront bonnes. Et que les rentes de Monsr acroytront d'une grant somme*。
⑤ 很难对"charrée"表达的容积进行界定，也许是拉丁语 carica 或 cargo 的法语翻译，相当于 300 斤的"charge"，更有可能的是，这是一个用于描述一辆"两轮马车"（carro，Wagen）容量的合成词。因此，它的容量可能超过一个运往布里格的意大利盐车的载货量，即 6 袋 115 米兰斤重的盐，相当于半吨盐，这是一个适合山路运输的载重量。

斯以每车 4.5 弗罗林的价格购入。车船费、通行税和其他费用为
10 弗罗林。普罗旺斯盐在尼斯售价每车 2 弗罗林。车船费和运输
成本为 9 弗罗林。6000 车西班牙粗盐获利高达 34000 弗罗林。即
使是耶尔盐，也可获利 10000 弗罗林。不过，这篇文章中写到热那
亚从销往萨伏伊的盐中获得的利润最丰厚，远远超过萨伏伊公爵本
人获得的收益，热那亚人从皮埃蒙特带回"各式各样的商品，如
大麻、纸张、帆布、钢、铁、钉子、食物、管子等，装满大船和小
船。尽管尼斯在维勒弗朗什（Villefranche）拥有良港，但是并无商
品往来，也无商人问津。就算公爵将运到尼斯的盐以 20 弗罗林的
价格出售，也大可不必担心来自热那亚的竞争。他凭借盐税就可以
获得 25000 弗罗林的收入。应当在尼斯建造船只。"

　　陈情书的作者胸有成竹地写道：

　　　　每当（货物和船队）来到尼斯，现在售价 4.5 弗罗林每
　　车的盐届时将只需 2 弗罗林。因为满载货物去往大西洋的货船
　　返程时不仅会带上沙石，还会在船底载盐。于是，尼斯就会得
　　到所需的粗盐，每年价值 20000 弗罗林，而无须缴纳港口税和
　　任何其他费用。①

盐的运输和流通

四通八达的盐道

吕西安·费弗尔（Lucien Febvre）注意到：

---

① 出版这份陈情书的贝尔吉耶（Bergier）认为其写作年代应为约兰德（Yolande）
　女公爵摄政时期（1472～1478 年）。

　　哪怕是地面上规划最好的道路也会不断改变。成就道路的并不是线路，而是交通。如果交通存在而且有交通需求，人们就会无视障碍，设法通行，所向无阻。人们自会在必须通行时，实现通行。

　　古罗马时代的道路从意大利出发，在大圣伯纳德山口（Grand-Saint-Bernard）横跨阿尔卑斯山，通过茹尼山口延伸到贝桑松、朗格勒和兰斯，到中世纪时期，这条古路不再通往贝桑松，萨兰成为新目的地，该地的盐矿改写了汝拉省的交通图。时代不断变迁，但是盐道始终存在。十七世纪，在弗朗什-孔泰地区被兼并以及签署乌得勒支合约之前，该地曾三次被占领，这段时期，国际贸易的秩序被彻底打乱，但是"唯独盐逃此厄运，不仅没有像其他流通商品一样陷入混乱，反而一直是汝拉山两侧之间的贸易资源，这些贸易往来虽有限但富有成果"[1]。当时的欧洲缺少马车能够通行的道路，所以形成盐道的另一个因素是，人们更加青睐行程虽长但更为好走的路线，而不是路况恶劣的捷径。[2]

141

　　十六世纪末，蒂罗尔州的哈尔盐不仅垄断了苏黎世的盐市场，还在沙夫豪森、圣加伦以及整个瑞士东部售卖。蒂罗尔盐通过苏黎世进入瑞士中部，又分别经由圣格达山口（le Gothard）和富卡尔通道（la Furka）进入提契诺州和上瓦莱州。佩凯盐也曾运往瑞士西部、瓦莱州以及伯尔尼州，但在勃艮第盐的竞争下销路受到影响，后者虽然价格更高，但因质量更优更受欢迎，行销巴塞尔州、伯尔尼州、弗里堡州、纳沙泰尔州、索洛图恩州和沃州。此外，洛

① 肖梅尔（Chomel）和埃贝索尔特（Ebersolt）著作的前言（第 11 页）。

② Chomel V. et Ebersolt J., *Cinq siècles de circulation internationale vue de Jougne. Un péage jurassien du xiiie au xviiie siècle*, Paris, 1951, 143.

林盐矿也断断续续向巴塞尔州供盐，不过数量相对较少。① 中世纪时期曾占据苏黎世和瑞士东部市场的赖兴哈尔盐的贸易量在十七世纪大大缩水。②

蒂罗尔州哈尔盐矿的运输道路通往林道市，在这里，哈尔盐会遇到经由慕尼黑、兰茨贝格和梅明根沿着旧盐道运输到此的赖兴哈尔盐③。再从林道出发，这两种盐会陆续到达康斯坦茨、沙夫豪森和苏黎世。在林道这座大型商贸枢纽城市，人们常会将两种盐混合来提高赖兴哈尔盐的价格，能以哈尔盐的价格卖出。在林道，货运通常以船只为主，从湖面一路航行至康斯坦茨和沙夫豪森。阿尔卑斯山区的湖泊非常适合航行，水流平缓，鲜有阻碍，相比之下，河流航道则常出现无法逾越的障碍，即便是顺流而下也会偶发意外。与罗讷河伏流④和阿迪杰河（l'Adige）横谷⑤一样，莱茵河瀑布也是阻断航行的最大障碍之一，好在运盐线路可以通过陆路绕开这些瀑布，之后重新回到河上，运往埃格利绍（Eglisau），经此最终运达苏黎世。

勃艮第盐道跨过汝拉山巅，一路到达格朗松和伊韦尔东两大中

---

① Blanchard M. , «Sel et diplomatie en Savoie et dans les cantons suisses aux xviie et xviiie siècles», *Annales*, *Économies*, *Sociétés*, *Civilisations*, 1960, 1076 – 1092.

② Fritschke, 18. 万德维茨（Wanderwitz）1984 年的文章中没有提及赖兴哈尔盐在瑞士的出口；在中世纪，向西方的出口往往止步于奥格斯堡 - 兰茨贝格 - 雄高（Schongau）- 罗腾布赫（Rottenbuch）沿线的莱希河边。实际上，对于这类信息我们应当谨慎看待，因为垄断和过路费丝毫不会产生任何影响，相反，一座城市或一位领主可以直接与供销商签订购盐协议。

③ Fritschke, 27 et 36.

④ 伏流（la perte）指没入地表以下的河段，多发育于石灰岩地区，特点是河水没入地下，潜流一段后再流出地面。罗讷河有一处深达 60 多米的裂缝，河水没入其中形成伏流，1948 年建起的大坝淹没了这一景观。——译者注

⑤ 横谷（la cluse）是指河谷介于两座山脉之间，且山脉的走向与河流的主流方向近于垂直。——译者注

继盐仓。从这里之后，有两条路线可供选择，要么通过水路，从纳沙泰尔湖到达旺根（这里建成了一些大型盐仓）和伯尔尼[1]；要么通过四轮或六轮货车到达沃州。[2] 从洛林出发的运盐车一路上需经过埃皮纳勒、勒米尔蒙、孚日山脉的比桑山口和坦恩。车夫们呼吁修整道路，清除阻断摩泽尔河水路的多处石块。偶尔，洛林盐也会被运往卢塞恩、沃州，甚至是日内瓦。[3]

事实上，每个山谷或山口都有可能连通道路，因此不能简化任何路线。阿兰·迪布瓦（Alain Dubois）认为，哈尔盐可以通过任何可能的路线到达瓦莱州，经过博登湖、苏黎世和多个湖泊，一路到达格里姆塞山口或富尔卡通道。也有一小部分哈尔盐经过阿尔贝格州或恩加丁山谷－基亚文纳－科莫湖这条线路。蒂罗尔盐可经过阿勒河谷至伯尔尼和图恩一线，最后被运往瓦莱州。[4] 有些山口承担的运输任务更为繁重，例如辛普朗山口（海拔 2009 米）。威尼斯盐经波河，在前往瓦莱州途中路过伦巴第境内最大的中继盐仓帕维亚，再过提契诺州、马焦雷湖和梅尔戈佐，由船夫交接给骡车车夫，然后到达多莫多索拉，最终，威尼斯盐跨过辛普朗山口抵达拉布里格。这条路线还从沃戈尼亚分出一条行车小路，可以经安特罗那（海拔 2844 米）山谷和山口到达萨斯。另一条小路需跨过安札

---

① Guggisberg P. , *Der bernische Salzhandel* (Archiv des Hist. Ver. des Kt. Bern), 1933. 其中公开了一些关于盐仓的图片。1739 年，在伯尔尼州就有 13 座大型盐仓和 200 个零售商店（表 41）。

② Pour l'histoire du sel à Bâle, Kölner, et à Soleure, Grütter. Voir aussi Brandenberger; Friederich; Raemy; Voruz.

③ Hiegel P. , «Vente du sel lorrain en Suisse du milieu du xvie s. à la guerre de Trente Ans», *in* Cabourdin, 332.

④ 即使在遥远山谷之间也建立了联系。(Schmid F. , «Verkehr und Verträge zwischen Wallis und Eschental vom 13. bis 15. Jh. », *Blätter aus der Waliser Geschichte*, I, 1889－1895, 143－174.)

斯卡山谷后再翻越蒙特莫罗山口。① 从帕维亚出发的盐也可经韦尔切利、伊夫雷亚到达皮埃蒙特和奥斯塔山谷，再经过大圣伯纳德山口抵达马尔蒂尼。把地中海盐运往瓦莱州，不同路线（海运、湖运、河运或陆运）距离和成本都不同：经由威尼斯的陆运距离最短，成本也最低。事实上，巴列塔－威尼斯－布里格线总长 1300 公里，确实短于特拉帕尼－热那亚－瓦莱这条路线。其中，最长的路线是特拉帕尼－威尼斯－马尔蒂尼，全长 2300 公里。②

　　巴列塔盐或特拉帕尼盐从热那亚出发，经过蒙特费拉特和伊夫雷亚，到达奥斯塔山谷和沙蒂永，在这里分出两条岔路，一条经瓦尔图尔嫩凯和西奥杜尔山口到达采尔玛特和菲斯普，另一条经大圣伯纳德山口到达恩特蒙特山谷和马尔蒂尼。这是两条最为繁忙的路线。十六世纪末，来自施瓦本一个名门望族的富尔登巴赫（Furtenbach）兄弟来到热那亚定居，投身于意大利盐运事业。由于盐运路线在当时既不能经过米兰，也不能经过辛普朗山口，富尔登巴赫兄弟只得取道西奥杜尔山口，建造出一条可供雪橇行驶的道路。这几乎是人们首次在海拔 3000 米以上的冰山山口完成如此巨量的运盐任务。③

　　盐到达瓦莱州的首府锡永之后，会在盐商之间进行分配，其中包括一些来自周边小山谷的盐商。例如 1580 年 9 月和 10 月，有 95 车盐分给了至少 18 人，用于锡永及其司法辖区当地消费或再发往其他偏远地区。分配十分不均，有人分到了 19 车盐，而有的人仅分到了 2 包。在瓦莱州各区④中，锡永、谢尔、洛伊克、拉伦、菲

---

① Dubois A. , 39.

② Dubois A. , 45 – 46 et 632.

③ 这份合约（Dubois A. , 509）签订时期正值十六世纪末的小冰川时代。参见霍尔茨豪瑟（Holzhauser）和普菲斯特尔（Pfister）的著作。

④ 瓦莱自由州被分为 7 个行政区（Zenden）。

斯普和勒奇谷等区的 57 名盐商共分得 94.5 车盐，而阿德里安·施托卡尔佩尔（Adrian Stockalper）和彼得·罗滕（Peter Roten）两人就自主向遭受盐荒的多个山谷地区售出了 84 车盐，总计售盐量达 275① 车。盐商一般都出身于瓦莱州最古老的家族。②

　　盐道沿线分布着大型仓库，用于中转储存和零售，比如苏黎世盐道上，在莱茵河畔施泰因、埃格利绍、沙夫豪森、温特图尔以及后来在梅林根等地均有盐仓。大部分村镇也都设有自己的零售店。其中，依靠埃格利绍仓库供盐的，有 10 个村镇。大多数仓库接待商贩前来采购，他们一般会购入数 10 桶盐。③ 1318 年起，为了在与威尼斯盐的竞争中巩固哈尔盐的地位，蒂罗尔伯爵决定对基本的商业基础设施进行改造。他下令在阿迪杰河畔的梅拉诺和博尔扎诺附近设立盐仓，便于就地储存。这两处盐仓建于山麓南坡，由因河谷的另一处盐仓供应。这项措施旨在保障贸易流通，即使由于天气寒冷、降雪或雪崩等原因造成生产或运输中断，仍可进行食盐贸易。在工业生产和交通运输中断时，盐仓的存在有效保障了山谷地区的持续供盐。伯爵在多处建造盐仓，在经过雷西亚山口和韦诺斯塔山谷的北线上，1328 年建了拉切斯盐仓，1333 年建了梅拉诺盐仓，1308 年建了博尔扎诺、埃尼亚和特伦托盐仓；在南线上，1304 年建了维皮泰诺盐仓，1342 年穆莱斯盐仓，1380 年布鲁尼科盐仓，1360 年多比亚科盐仓。④ 同时，他还禁止私售哈尔盐，禁止

144

---

①　经与作者沟通此处原文数字 275 为引用脚注②的内容，总数为原始记载，非计算有误。95 + 94.5 + 84 = 273.5。——编者注

②　Dubois A. , 308, n. 37.

③　Fritschke, 91 – 94.

④　Gönnenwein; Hassinger; Hoffmann; Knittler（1974）; Stolz（1910, 1927, 1929, 1932, 1955）. 迪富尔内对 péage，étape 和 entrepôt 之间的关系进行了清晰的阐释，第 216 ~ 217 页。

从非官方盐仓、格洛扎伦和雷西亚山口、乔芬山口，以及布伦内罗和基乌萨等地私自运盐出售。

盐运贸易一路困难重重。不仅有地形障碍，还会突发洪水或雪崩等险情。比如，1597 年至 1598 年的冬季遭遇了强降雪，随后的夏季又经历了多年不遇的大水，5 月至 9 月整条瓦莱盐道多处被淹没。[1] 对此，萨伏依地区无法提供任何应急措施，因为它也深受战争、流行病和物价上涨的困扰。面对突发的人畜流行病，意大利人被迫关闭山口，试图阻止疾病蔓延。

战争先是对交通产生了重大影响，继而影响到盐业生产，围攻和占领等军事行动对生产的妨碍几乎可以忽略不计。军队的集结却造成了严重后果，道路被封锁，牲畜和车夫被征调去运输军火，导致成盐无法出口，而熬煮卤水所需的木材又无法运入。军队的存在使得生产过剩，商品滞销，价格暴跌，资金难以回笼，人们受到技术性失业与贫困的威胁。[2] 税收制度也会决定盐路的走向。比如，从塞塞勒出发的朗格多克盐在运输途中会在日内瓦盐仓过境中转，但当这里的税率提高之后，萨伏依公爵便调整了盐运路线，以修整几处桥梁为代价，将终点改到了萨伏依境内莱芒湖畔的贝尔里夫。通过这次改道，公爵也希望能够将运载瑞士格鲁耶尔奶酪的货车吸引到自己的仓库来。[3]

意大利的档案馆里存有很多关于向瑞士地区供盐的资料。其中最大的利益相关者当属米兰人，因为瑞士提挈诺州位于阿尔卑斯山脊线以南，与伦巴第"处于山峰的同一侧"，两地有着直接联系，从米兰出发，可以经马焦雷湖、卢加诺湖和科莫湖顺畅抵

① Dubois A. ，462.

② Dubois Henri.

③ Baud，173 – 174.

达提挈诺，也可以通过基亚文纳、布雷加利亚山谷和贝尔尼纳峰（海拔 4055 米）下的马洛亚山口（海拔 1817 米）轻易到达恩加丁山谷。1299 年底，威尼斯的盐务官与一位定居帕维亚的威尼斯商人协商之后，签订了一份 6000 矛盐的销售合约，其中伊维萨岛和拉斯阿马可巴兹的盐各占一半，期限两年，运往诺瓦拉、韦尔切利、马焦雷湖、韦尔贾泰、多莫多索拉等地，"直至布里格"以及"热那亚人运盐所到的帕拉维上游所有地区"①。此后不到两个月，威尼斯人通过与米兰签订的一份协议完成了自己的部署，每年向米兰、科莫、莱科或马焦雷湖畔的安杰拉供应 4500 矛产自拉斯阿马可巴兹、伊维萨岛、撒丁岛、塞浦路斯的盐或其他产地相同品质的盐。从科莫出发的盐被允许向上游德国人的地区出口，也就是向提挈诺州乃至更北的地区出口。协议还约定，如果费拉拉和曼托瓦两地的长官不同意降低波河通行税，可以改道维罗纳、加尔达湖、布雷西亚和贝加莫运盐。②

1515 年马里尼亚诺战役之前，米兰公国当时是瑞士的保护地，提挈诺、卢加诺、门德里西奥、瓦莱诺、洛迦诺和布里萨戈等地联名向米兰公爵马克西米连·马里·斯福尔扎请求："可以通过陆运或湖运，自由获取供居民消费的德国盐、红盐或其他种类的盐，而无须缴纳包括盐税、通行税以及其他杂费或特许使用费在内的任何税费"。

公爵应允了所有的请求，从此以后，人们可以在国外或本州自由购盐。③

---

①　Hocquet（2012），Ⅱ，832.

②　Hocquet（2012），822 ［source：asv，*Pacta*，4，c. 109（9 月 18 日）et 110（11 月 2 日）].

③　asm，*Archivio Panigale*，reg. 12 K，n. 107，cc. 248－250，1515 年 1 月 21 日。

1634 年，哈尔盐继续通过传统路线进入提挈诺州，即恩加丁山谷－基亚文纳－科莫湖－梅纳焦［一位米兰包税商的代理人会在此按照科莫的度量衡收取每鲁波（rubbo）① 3 个德涅尔的盐税］－卢加诺－马焦雷湖（蒂罗尔盐在此被称作坎诺比奥精盐，名字取自运输途中的上一站 Canobio），最终到达马吉亚山谷和拉维扎拉山谷。② 不过，这条线路带来了一些意想不到的结果：回程货运是贸易中一个永恒的问题，将小麦运到瑞士各地的车夫为了不空车返回，就装载上哈尔盐，从而将哈尔盐带入了米兰。③

事实上，返程货运的出现促进了哈尔盐贸易的发展，来回双程分摊降低了运输成本，从而促进了商贸的发展。避免空返是贸易永远的追求，对盐业这一行尤其如此。④ 阿尔卑斯山的南部谷地向北方出口三种对居民饮食十分重要的产品：红酒、动物油脂和鱼类，其中红酒尤为重要。例如，在吕格税卡，与其他地方一样 400 斤为 1 载（carica，Wagensam），300 斤为 1 罗（Rossam），相当于一匹马或"役畜"（Somme）的载货量，1 罗货物需要交纳 1 克罗斯（Kreutzer）⑤ 的关税，除非运输者在来时向因斯布鲁克地区带来一种作"庭院葡萄酒"（Hof wein）的葡萄酒。⑥

河运的困难

在阿尔卑斯山前沿高地的四周分布着广阔的冰川湖，有些湖

---

① rubbo 为意大利的一种古代重量单位。——译者注
② asm，*Finanza*，*Sali*，B. 1084，quad. 5（1634）.
③ asm，*Finanza*，*Sali*，B. 1084，quad. 10（1658）.
④ Schremmer（1979）.
⑤ 通行于德国、奥地利和瑞士地区的一种古代货币单位。——译者注
⑥ Koller（1982 年）；Pickl；Knittler（1988）；Berndorfer.

平静的水面会一直延伸进入深山，于是，这些冰川湖成了进入阿尔卑斯山深处的优良水道，但是湖泊上游的急流却让小船和木筏寸步难行。湖泊下游也有重重障碍，盐运队伍为了躲避隘路和险滩，必须在河流和陆地之间交替行进。比如罗讷河，航运的终点长期设在塞塞勒，但行程被斜坡、高地、隘路、低岛、汇流和春潮分割成数段。[①] 在阿尔勒和里昂之间，人们必须反复跨越河流二十余次才找到最佳的通行地，因为当时尚未修缮河岸，所以需要在灌木丛、枯树和激流之间开辟出一条新的道路。十五世纪，这项工作由劳工队伍完成，拖运一矛佩凯盐需要耗费巨大的努力。与此同时，"罗讷河的盐运"也没有逃过经济形势的束缚，特别是农业形势。十四世纪末的人口危机迫使人们放弃 75 矛载重量的大型货船，换上了载重量为 35~40 矛的中型货船，并配备 15~18 矛的平底小船，十五世纪末的农业复兴使得大批劳工消失，车马牵引代替了人力劳动。农村重建吸引了那些 20 年前只能在河上拉纤的劳工。在这种情况下，很难预见季节性运输中的突发状况，也很难调和商业的必要性和供给日常消费之间的矛盾，以及整个运盐黄金季节和农忙季节的时间冲突，而人们的优先事项总是各种农耕活动，从收割草料到收获庄稼、从播种到采摘葡萄等。解决这些困难最稳妥的方法就是建立仓储制度，在入山口和中转站修建仓库，如塞塞勒、伊韦尔东、林道、梅纳焦或加尔达湖各个口岸。

148

　　自然环境并不是影响航运的唯一因素。各地的掌权者为了谋取利益，往往会设立名目繁多的通行税，从路过的货船中抽取一部分盐，有时甚至会扣押拒不执行的船队，过高的成本迫使盐商有时不

---

① Moulinier；Rossiaud（2002；2007）.

得不放弃河运，改选陆运，即使有时路途十分遥远，比如从马赛到里昂的"长道"，路况不佳，经此通行的骡子比货车多。① 当瑞士人要求米兰公国免税放行盐运队伍时，他们并非想要逃避运输的经济成本，而是想避免通行税和其他杂税勒索。

在阿迪杰河谷，与汝拉省境内可以通行"杉木船"的罗讷河上游一样，从河流通航起便存在着一种便捷又廉价的盐运方式。从博尔扎诺下游的布龙佐洛出发，紧邻着罗韦雷托有一座叫萨科的小镇，专营两类产品的运输业务，即哈尔盐和木材。人们想出了一个两全其美的办法，用树干扎成木筏，载着货物顺流而下，其中盐是最重要的货物。抵达目的地之后，这些木筏被拆解开来，卖给维罗纳及其下游平原上的造船厂用于制造平底驳船。真正的特伦蒂诺木材商就是"掌筏人"，他们掌控着木筏运载各种货物，尤其是建筑149 材料，最多可载重约 15 吨。②

徭役和道路维护

水路意味着逆流而上或顺流而下，到航运的终点之后就需要决定选择大路还是小路。盐运包括道路的维护、车辆、牲畜、护送货物等一整套服务。为了便利运输，人们对从哈尔出发的道路做了现代化改造，沿途设立了中转站，并且建造桥梁以代替轮渡。此外，政府将收缴上来的通行税用于路桥的维修，并修建供骡车使用的新路，以避开埃伊萨克河（Isarco/Eisack）在博尔扎诺和基乌萨之间

---

① Moulinier, 187.

② 河流航运的奠基之作见纽科洛夫斯基（Neweklowsky）（1954～1964 年）的论文；Plaseller；阿尔卑斯山脉意大利坡段见 Hocquet（2003）；Castellazi；Beggio；Fanfani；Canali；Faccioli. 用浮木制筏运输是十九世纪以前阿尔卑斯河流地区最常见的一种方式：Grossman；Simeoni；最近的研究见凯蒂亚·奥奇（Katia Occhi）。

遍布岩石的狭窄河段。在完成了 1305 年至 1320 年的这些工程之后，哈尔与博尔扎诺直接连通起来，甚至不需要经过征收仓储费的因斯布鲁克。在乔芬山口的工程完成后，与梅拉诺之间的联系也得到了改善。从此，盐可以更为便利地翻越到山脊线的另一侧。人们可以借助货车或牲畜，将盐从两个大型仓库运送到散布在公国境内的各个山谷小仓。实际上，拥有货车或牲口的人有义务，或者说有优先权把盐送到自己生活的山谷所辖的仓库里。

这种运输服务被称为路运（rota），词源为 ladein，后来演变为 Rod，车夫被称为路人（Rodführer 或 Rodleute），意为路上的人，仓库则被称为路站（Rodstätten）。一个地区的运输者往往会组成同业公会，法律规定他们必须要保证盐运的正常进行，报酬一般由商人支付。这一规定的受益者是那些土地所有者、套车老板以及山区运输业公会成员，他们包揽运输业务，可以从中获取可观的附加收入，因为只要农活不需要使用畜力时，他们就会转用畜力从事运输。[1] 在 1426 年的特伦托，根据运输行会（societas carratorum）的规定，车夫们由道路运输业统一管理：任何能够亲自驾驭至少两头牛拉的车，且注册过的自由民都有权从事运输业行业理事安排每个人的工作班次。行会在主教公国境内享有运输专营权。根据规定，货车的最大载重量不得超过 1500 斤。行会的运输者可以免除一切个人税或土地税，但在战争期间，他们必须将自己的套车交给采邑主教统一支配。[2]

各地的车夫都有与上述道路运输公会相似的组织，沿途每个公

---

[1]　Palme（1983），103－104 et 261－262. 克伦本茨（Kellenbenz）（1977 年）的研究对象是阿尔卑斯山区的道路；道路法的研究见斯尔比克（H. v. Srbik）（1947 年）和斯托尔兹（Stolz）（1910 年），第 235 页。牲畜驮运技术见 Caroni（1977）；H. Klein（1965）；关于放弃盐袋使用盐桶的介绍见马蒂斯（Mathis）。

[2]　Gern P., Aspects des relations franco-suisses au temps de Louis XVI. Diplomatie, économie, finances, Neufchâtel, 1970, 205.

会都必须对辖区内商品的运输和安全负责。然而，随着旧制度末期的社会危机日趋严重（特别是在法国），强迫人们参加此类强制性劳动和徭役变得越来越难。1786 年，韦尔热讷（Vergennes）伯爵①提醒财务大臣卡洛纳（Calonne）警惕瑞士发生的盐荒及可能随之发生的其他危险。只有洛林地区可以提供余盐，但是当地的盐矿每年需要 250000 个工作日的徭役，尽管政府在 1746 年设立了征调制度，劳动者还是更愿意将大车用于农作，而不是在穆瓦延维克和巴塞尔之间运盐。此外，在这片边境大区，军队给养、军事车队、道路维修和车辆征调也都是当务之急。当冬季的恶劣天气导致道路不通时，或旱灾导致草料不足时，还必须宰杀牲畜。②

在阿尔卑斯山的另一端，盐运贸易通常使用骡队，赶骡子的人被威尼斯人称作 Cranci、Mussolati、Chichi 和 Morlacchi，最早的运盐骡队由克拉尼斯卡③地区饲养牲畜的人组成。这些赶骡人在威尼斯的经济中占据着十分重要的地位，因为在去程时他们携带着谷物、牲畜、铁器和木材，返程时又将科佩尔的盐带回奥地利大公的领地。当时的市场规模极大：交易量高达每年 10000 矛，甚至激起的里雅斯特和威尼斯之间的竞争。④

采购、成本和价格

负责接收国产盐用于出口的官员马兰代（Marandet）于 1792

---

① 全名夏尔·格拉维耶·韦尔热讷（Charles Gravier de Vergennes，1719－1787），法国外交官、政治家，从 1774 年至 1787 年担任路易十六的外交大臣。——译者注
② Fritschke，200.
③ 曾经是神圣罗马帝国的一个省，今为斯洛文尼亚西部地区。——译者注
④ Hocquet（2012），Ⅱ，227－232 et 872－874.

年 12 月 10 日列出了一份图表，说明瑞士每年消费的 500000 担盐主要来自以下地区：

表 5 - 2　瑞士各州所消费盐的来源

地区	进口盐量	占总消费盐量比例
弗朗什 - 孔泰	65240 担	13%
洛林	91400 担	18.3%
巴伐利亚	259100 担	52%
蒂罗尔	8220 担	1.7%
佩凯	34800 担	7%
威尼斯	20320 担	4%
贝城（Bex）	10000 担	2%

洛林盐进入瑞士市场的历史要追溯到查理三世公爵统治时期，即十六世纪下半叶。巴塞尔主教府率先为采邑主教所在地——波朗特吕市场购进了洛林盐，但是公爵希望在伯尔尼州扩大洛林盐的市场：1578 年 6 月，他与伯尔尼人签署协议，约定 6 年内每年向伯尔尼运送 4000 矛洛林盐（每桶重达 624 伯尔尼斤）。签约第一年，伯尔尼人拿走了 3000 矛盐，并把剩余的盐转卖到了弗里堡、索洛图恩和巴塞尔三州。①

十六世纪，威尼斯再次对瑞士市场产生了兴趣。当米兰通过辛普朗山口将产自伊维萨、特拉帕尼或巴列塔②的 90000 塞提埃的地中海盐运出时，不一定经威尼斯转口，它们很可能经由安科纳和费拉拉这条路线，也就是由教皇国转运。③ 但这条路线成本高昂，并且必须在安科纳港口增加一次转运，教皇曾经利用这一点迫使威尼　　152

---

① Hiegel, 327.

② ASM, *Finanza*, *Sali*, 1638 年 4 月 16 日，瓦莱上尉朱昂·安东尼奥·阿莫雷托（Juan Antonio Amoreto）的信。

③ Hocquet（2012），ii, 639 - 650.

斯在对待教皇在意大利的世俗政策时表现得更加顺从。十七世纪，粗盐经威尼斯转口。对于一贯选择蒂罗尔州哈尔盐的格劳宾登和瓦尔泰利纳，威斯尼尝试了一次商业上的突破。

威尼斯人打入瑞士内部，特别是苏黎世市场，并非只是昙花一现。相反，直到 1710 年，他们一直都在瑞士市场中占据着一席之地。格鲁特男爵曾试图推销因斯布鲁克的哈尔盐，但是瑞士人深信"从威尼斯城邦的瓦尔泰利纳购盐要比从哈尔盐矿购盐更为廉价便捷"。实际上，瓦尔泰利纳人从瑞士返回时总是满载着他们用盐交换而来的奶酪和黄油。总之，从出发地到雷蒂亚之间的往返货运可以让盐商获得双倍的收益。但根据威斯尼常驻代表的要求，[①] 瑞士各州在购买哈尔盐之前时必须在博尔扎诺市集预付货款。

十七世纪期间，哈尔盐在一系列垄断协议的保护下占据了绝对优势。梅尔西奥·史坦纳（Melchior Steiner）是一位来自苏黎世的温特图尔商人，他的家族两代以来凭借盐业贸易致富，并与一些大盐商保持着良好的合作关系，如林道的拉德家族（les Rader）和梅明根的瓦赫特家族（les Wachter）。1655 年 9 月 1 日，梅尔西奥·史坦纳与奥地利大公斐迪南·查尔斯签订了一份为期三年的售盐协议，商人们同意以每矛 6 弗罗林的成本价每年购入 17000 矛盐，每季度在博尔扎诺市集结束时付款。奥地利方面甚至承诺将到罗伊特的运输成本降至每矛 3.125 弗罗林，这样，每桶盐在罗伊特的交付价就成了 9.125 弗罗林。哈尔盐矿并不会为费恩山口以外的地区提供送货服务。盐商们当时已经垄断了盐业贸易。协议中约定的购盐量比苏黎世及其辖区的需求量多出了 6000 桶。1672 年 8 月，盐商们齐聚罗尔沙赫，共同组建了一家公司，以控制盐在瑞士各州的零

---

① Fritschke，46.

售贸易。公司资本达到414000弗罗林，梅尔西奥·史坦纳和他的女婿，伯尔尼的安德烈·莫雷尔（André Morel），共同拥有1/4股份，拉德拥有1/6，瓦赫特拥有5/36，卢塞恩的弗莱施利（Fleischli）拥有1/6，巴塞尔和索洛图恩的盐矿主拥有5/18。[①]

153

十八世纪末期，巴伐利亚盐的最大消费地分别是苏黎世、伯尔尼、沙夫豪森、巴塞尔、圣加伦、图尔高修道院和温特图尔。威斯尼盐主要销往格劳宾登和瓦莱，佩凯盐销往伯尔尼、瓦莱和日内瓦。苏黎世盐务局在1617年就购买了大量巴伐利亚盐：总计500矛。随后每年的账目中都会记录数百矛来自巴伐利亚的盐。但巴伐利亚盐的销量在十七世纪却始终没能赶上蒂罗尔盐的销量。

沉重的运输成本抬高了盐价。1640年，销往苏黎世的盐的成本构成如下（1弗罗林=60克罗斯）：

表5-3 运输对盐成本的影响

1桶蒂罗尔盐	弗罗林和克罗斯
在哈尔盐矿的购入价	15
装桶费用	1.18
哈尔－罗伊特运输费用	6.22
罗伊特－林道运输费用	7.50
林道－沙夫豪森运输费用	2.34
杂费	1.10
沙夫豪森－苏黎世运输费用	5
总费用	23.14*

资料来源：Fritschke, Tabelle 5, 129。

*此处原文计算有误，六项装运费合计23.34。——译者注

运输费用比购盐价高出55%（盐矿本身就享有垄断价），在运抵苏黎世的盐总成本中占到60%。1678年，苏黎世向哈尔盐矿

---

① Fritschke, 67.

支付了 140000 弗罗林购盐款，又为运输花费了 117500 弗罗林，再加上超过 5000 弗罗林的杂费，包括购买盐袋、支付利息和发放雇工薪水等，在售盐之后共计获利 20546 弗罗林，利润率约为 7.25%。销售额达到了 282330 弗罗林，其中 9000 弗罗林来自货币兑换。[①]

154　　运输的艰辛并非推高盐价的唯一因素。佩凯盐的生产价格非常低廉，仅为每矛几个里弗尔。1530 年前后，在洛桑或日内瓦，138 公斤盐的售价可以谈到 36 萨伏伊弗罗林。[②] 在最便捷的一条路线的终点——瓦朗斯，采购成本（含所有费用）在总营业额中占比降至 6.5%，王室盐税占 25%，车马费用占 48%，承销商阿尔维斯·德尔贝内（Alvise del Ben）的利润占 21.5%，约 166651 里弗尔。其实，运往瓦朗斯的路线并没有实质性困难。而在布夫雷，盐的总成本中最大的一项费用来自运输，约占最终售价的 50% 到 60%，还有 15% 到 20% 用于支付从海港到莱芒湖之间的五十多个税卡。另一项重要支出是王室盐税，是总成本中最大的变量，占比在 6% 到 39% 之间波动，平均为 15%。[③] 成本中最后一项是商人们的公司借贷资金的利息，年利率在 8% 到 16% 浮动。[④] 所以，除了运输成本之外，推高盐价的因素还有另外三个，法国的王室盐税、封建主抽取的通行税以及商人和投资者的盈利。

　　盐的批发价有时波动很大。1600 年至 1620 年，运抵苏黎世的哈尔盐，包含所有费用在内，每吨售价在 50～60 里弗尔；1621

---

① Fritschke, 102.

② Moulinier, 311, n. 66.

③ Billioud, 215.

④ Dubois A. , 626 sqq, Anhang I, 700 - 701 et Beilage, tab. 1. 这份对比法国盐和意大利盐各自成本的附属图表十分宝贵。

年，起初这个价格变为 70 里弗尔，而 5 月份飞涨到 110 里弗尔，10 月份竟飙升至 170 里弗尔。价格从 1 月起涨幅达到了 150%。[①]三十年战争期间，盐价经常急剧上涨。

155

以瓦莱州为例，出售给消费者的盐有三种价格，体现了各个地区之间的不平等：同样重量的一车盐，各行政区居民，即瓦莱本地居民，仅需支付 18 克朗（Kronen）；而圣莫里斯和蒙泰辖区的居民需支付 22 克朗，勒奇谷居民则需支付 25 克朗。[②]

垄断和政治筹码

一直以来，在市政当局、主教或亲王手中，管理盐业贸易与分配的常见方法就是垄断。它能够处理不同产地之间盐品的竞争，但前提是这些盐进入到国家垄断体制当中，否则，政府就会出台禁令。蒂罗尔伯爵在其公国的南部地区，实行了与威尼斯市政议会相同的垄断政策，从而确保了哈尔盐对威斯尼盐的胜利，尽管威斯尼精制盐的品质更高。与威斯尼城邦一样，蒂罗尔伯爵也并非盐的所有者，但是他颁布法令规定一切海盐以及运输海盐入境的车马都会被扣押，从而建立了哈尔盐的贸易垄断地位。[③]

---

① Fritschke, 25. 其中还计算了盐价对苏黎世生活水平的影响：1/8 升的盐（8 公斤）在 1620 年左右价值 1 里弗尔。用这样一笔钱，人们可以购买 8~10 公斤牛肉或 30~35 升红酒。在工资方面，1/8 升的盐相当于一位瓦匠或木匠 2 天班的劳动，一位短工 3 天的劳动。想要养活一个八口之家，就需要与 1 木特（Mütt）（82 升）粮食等价的盐。负责养家糊口的工人需要花费几个星期的劳动来购盐，而随着货币不断贬值，他可能需要付出更多的劳动。1961 年，相同数量的盐仅需花费 50~60 分钟的劳动。在十七世纪初期，盐价要高出 20 倍。

② Dubois A., 510.

③ Hocquet (2012), II, 第 854~868 页和地图。

神圣罗马帝国的盐业承包制

巨大的利润证明，1301 年法国国王与普罗旺斯公爵兼西西里国王共享市场是合理的。普罗旺斯盐田为迪朗斯河谷地区供盐，法国国王购于 1290 年的佩凯盐田为罗讷河右岸的王国区域供盐，而罗讷河左岸的多菲内和萨伏依境内的阿尔卑斯山区则在两国官员的监督下由双方盐田等额供盐。罗讷河及其河谷，也就是盐运必经之地，属于中立地带，仅用于运输三角洲上的佩凯、韦尔内德和滨海圣玛丽出产的盐。当两位君主 1301 年建立合作时，他们的意图在于以等价等量的方式专门为神圣罗马帝国供应盐。他们还确立了双方代表在博凯尔或塔拉斯孔每年召开一次会议的制度，旨在制定第二年的售盐规则。1358 年，尽管面临财税困难，双方的合作模式依然得到了延续，由于普罗旺斯公爵宣称提高盐税，商人们纷纷选择了价格更为低廉的佩凯盐田。最终，双方于 1398 年签订了贝济耶条约，将盐税统一规定为每担 4 格罗，并在塔拉斯孔、朗普尔迪耶和蓬圣埃斯普里三地设立盐仓，以规范市场。就这样，法国国王成为本国最大的盐商，在包税制度出台之后，签订包税合约的自然是意大利商人，其中大多是托斯卡纳商人。基本上，神圣罗马帝国的盐运包税范围到日内瓦为止。[1] 这种垄断行为忽视了罗讷河沿岸地区的利益，因此这些地区试图摆脱垄断的控制。十四世纪三十年代，萨伏依伯爵作为罗讷河右岸直至里昂地区的领主，控制着里昂至塞塞勒之间的河运，他曾试图通过购买 10000 车萨兰盐，来规避法国国王对经过多菲内省运

---

① Moulinier, XLVI, 14 – 15, 68 – 69.

输的盐所征收的盐税。[1]

盐业政策的复杂性在萨伏依地区展现得淋漓尽致。[2] 在某些时期，比如十六世纪末期，尽管来自意大利的红盐比灰白盐的价格高出 2.5 达克，但仍然在山脊线以西的沙布莱（Chablais）地区拥有市场，因为萨伏依公爵无法以优惠条件获取法国盐，所以只能求助于意大利盐。十八世纪，伯尔尼与都灵之间也就塔朗泰斯盐的运输问题频繁进行过磋商。萨伏依体现了一个悖论：尽管整个地区需要的盐由法国供给，但其管理者不仅偷漏法国国王的盐税，并且尽力反抗法国对瑞士各州施行的政策。

157

盐业协议

这些盐业协议一般分为三类：多个城市联合在国外购盐的合作协议（Compagnie-Tractate）；一般根据盐的来源地命名的购盐协议，如勃艮第协议、巴伐利亚协议、蒂罗尔协议或萨伏依协议；第三类是运输协议，巴塞尔州、索洛图恩州、卢塞恩州、苏黎世州和伯尔尼州曾多次签订运输巴伐利亚盐和蒂罗尔盐的协议。[3]

我们先来看一份供应协议。1615 年 11 月，奥地利特使与苏黎世州和沙夫豪森州在康斯坦茨签订了一份协议：奥地利在三年间以每两桶盐 42 弗罗林的价格向布雷根茨供货，保证交货量满足两州的需求量，盐款可于交货时结清。[4] 而另一份签订于罗森海姆的联盟协议则大相径庭，1649 年 8 月 5 日，巴伐利亚州和上

---

① Moulinier, XLVI, 103 – 106.

② Blanchard (1937) M., «Le sel de France en Savoie (xviie – xviiie siècles)», *Annales d'Histoire. Économique et Sociale*, IX, 417 – 428.

③ Hausek-Kündig M., *Das Salzwesen der Innerschweiz bis* 1798, Zug, 1927.

④ Fritschke, 20.

奥地利州为了减少双方盐品在瑞士市场的竞争，共同制定了一个最低价格：一小桶巴伐利亚盐在兰茨贝格的售价不能低于 9 弗罗林 30 克罗斯，一小桶哈尔盐在罗伊特的售价不能低于 10 弗罗林。协议还分配了到达林道之前的运输路线上的盐仓，兰茨贝格之后的盐仓用于巴伐利亚盐，罗伊特之后的盐仓用于蒂罗尔盐。[①]

最后来看一份联合购盐协议，卢塞恩、伯尔尼、翁特瓦尔登、格拉鲁斯和阿彭策尔等五个州为了避开史坦纳的垄断，于 1667 年签署协议，以 6 弗罗林的出厂价共同购买了 4000～5000 桶盐。[②]

进口意大利盐的贸易

1574 年至 1580 年瓦莱州的商人重新开始进口意大利盐，1580 年 7 月 1 日，穿越阿尔卑斯山的盐运业务被米兰盐商克里斯托弗罗·巴索（Cristoforo Basso）通过合约承包下来。巴索取得了连续三年向瓦莱州独家供盐的权利。运抵终点时一袋盐的重量应为 115 米兰斤，但为了弥补运输过程中的分量损失，巴索往往会交付每袋重 117 斤的盐。瓦莱州的购盐量为 3000 索姆（saum）（约 6000 袋）。[③]

1588 年 6 月，信奉天主教的瑞士各州与西班牙结为联盟，并签署了一份特别协议，西班牙将以最优惠的价格为提挈诺州供盐。西班牙国王令其统治下的米兰公国[④]按此协议承担 12 年的供盐任

① Fritschke，43；最著名的盐协议之一签订于 1448 年，见梅耶（Meyer）研究。Meyer E.，«Der bernische Salztraktat mit der grossen Saline von Salins vom Jahre 1448»，*Archiv des Historische Vereins des Kantons Bern*，XXXXI（1933），73－83.
② 1672 年 8 月条约由施泰纳签订于罗尔沙赫。
③ 阿兰·迪布瓦对这一租约进行了分析，见其书第 246～252 页。
④ 1535 年，米兰公国沦为西班牙领地，受西班牙管治直至十八世纪末。——译者注

务，尽管协议免除的通行税每年会让他的国库损失 14000 里弗尔，约占米兰公国盐业收入的三分之一。旷日持久的谈判开始于 1582 年 10 月 5 日，瑞士人告知对方自己"无法再像过去那样使用因斯布鲁克盐，否则花费太高了"。从 1590 年 1 月 1 日起，米兰人每年向瑞士提供 30000 米兰塞提埃的盐，但瑞士人需要支付 8000 里弗尔的年费，并且需要在克雷莫纳（Crémone）缴纳例税，这进一步加重了盐运的负担。① 这次过境盐运对米兰而言是一笔很大的订单，它每年可以为瓦尔多索拉（Valdossola）提供 14000 塞提埃的盐，为瓦莱州和远山区提供 50000 塞提埃的盐，为"山的同一侧"的瑞士领主的附属地（提挈诺州）提供 30000 塞提埃的盐。换句话说，米兰已经提供了 94000 塞提埃的盐，但是瑞士人还希望增加三分之一。对米兰而言，为瓦尔多索拉供盐是分内之事，但是瓦莱州和远山区却并非固定的老客户，② 只是因为当时在多菲内省掌权的胡格诺派对朗格多克盐过度征税，所以瓦莱州和远山区不得不向意大利盐求助。但是瑞士的附属地在意大利盐之外还会购入高品质的哈尔盐，这就需要将盐运的价格维持在合理范围内，否则瑞士人就会退出市场，就像翁特瓦尔登州在 1610 年 6 月 16 日的做法一样。③ 不过，当时的欧洲局势已经发生了改变。1598 年 4 月 13 日，南特敕令颁布，5 月 2 日，法国国王亨利四世与未来的西班牙国王

159

① 每年的进口量很快就保持恒定。1638 年 4 月 16 日，瓦莱人的"总长官"（bayle général）朱昂·安东尼奥·阿莫雷托上尉认为，自己可以在 1634 年红衣主教阿尔伯诺斯担任米兰总督时用威尼斯人代替瓦莱的传统供货商法国人。此后，威尼斯共和国每年提供 90000 塞提埃的盐，米兰财政部从中抽取 3 帕（parpaiolas）的通行税（asm, *Finanza, Sali*, B. 1088, c. 16）。
② 事实上，米兰从十六世纪末开始出口食盐，并贯穿整个十七世纪：1634 年 10 月 6 日承诺每年向瓦莱州出口 30000 塞提埃盐（asm, *Finanza, Sali*, B. 1084）。
③ asm, *Finanza, Sali*, B. 1084, c. 2.

菲利普三世签署了韦尔万和约。和约的签订并不意味着困境的结束，盐价依然居高不下，人们必须要重新组建船队和牛群，制作纤绳。但是从 1599 年 4 月 4 日起，费尔斯商人承诺将连续十年为瓦莱州提供法国盐。[①]

瑞士人擅长利用自己的地位，总是保留两个供应商，在瓦莱州有法国和意大利供盐，在被称为"森林州"[②]的古老的中部各州，则有蒂罗尔州和意大利供盐。在发生危机时，不仅可以随时替换供应商，还能利用两者之间的竞争压低价格。1620 年 7 月，瑞士官员要求供应商以"公平的价格"为卢加诺州提供必要的盐。因为与格劳宾登州的食盐贸易在西班牙的压力下被迫中断，卢加诺州无法继续通过基亚文纳山口得到盐。不过，对于所需的 16000 塞提埃盐，瑞士人只愿为运抵马焦雷湖畔的卢伊诺的每塞提埃盐支付当地货币 3 里弗尔 3 苏，他们的理由是在基亚文纳山口开放的时候，哈尔盐的价格为 5 苏，索乐达尔[③]盐的价格为 4 苏 6 德涅尔，按卢加诺货币换算为每里弗尔 30 两。[④] 承包商将意大利盐的价格定为 5 苏 6 德涅尔。[⑤] 作为生意场上的高手，瑞士人极其擅长货币兑换和不同计量单位之间复杂的换算问题。

1623 年，米兰总督试图说服瓦莱人放弃购买法国盐，转而选择米兰盐。他的游说奏效了，7 月 31 日，布里格行政区的代表要求从帕维亚地区向布里格运送 300 车盐，并向米兰议会以每塞提埃 30 苏 4 德涅尔的价格支付了盐款。这 300 车盐是布里格行政区一

---

① Dubois A. , 464 – 465.

② 森林州指瑞士最早的三个州。——译者注

③ 位于乌克兰的盐矿。——译者注

④ «mentre era aperto il passo di Chiavena, (gli Svizzeri) havevano havuti sali di Ala per s. 5 et sali di Selodar a s. 4 d. 6 per libra d'oncie 30 di moneta di Lugano».

⑤ asm, *Finanza*, *Sali*, B. 1084, quadernetto 5 (18 juillet 1620).

年的消费量。① 诚然，布里格希望发展辛普朗山口路线，因为在这 160
条路线上布里格就是瓦莱州的门户，但是全体瓦莱人却更希望可以
扩大供应商的范围，以避免对某一方的过分依赖。1656 年，为西
班牙王室搜集情报的议事司铎卡斯特莱蒂（Castelleti）报告称，
"法国人迫使（瓦莱）共和国从法国运盐，而放弃从米兰公国运
盐，并且未经他们允许不得与米兰谈判结盟。为了避免瓦莱人与西
班牙达成任何协议，法国人手中唯一的筹码便是盐运贸易，于是，
他们提出以极低的价格为瓦莱人供盐，但是瓦莱人出于对主权自由
的担忧，拒绝了这份丰厚的诱惑。"②

在 1667 年的遗产战争③中，孔代家族占领了弗朗什 - 孔泰地
区，这让瑞士人和包括苏黎世在内的瑞士各州政府深感不安，格劳
宾登州派伊西多罗·桑托里奥（Isidoro Santorio）前往威尼斯，谈
判购买 100000 米兰塞提埃或 1500 威斯尼矛盐，其中伊维萨盐和特
拉帕尼盐各占一半，供各州使用，"这些州迄今为止从未使用过来
自这些产区的盐，④ 而仅使用过哈尔、因斯布鲁克、法国、巴伐利

---

① asm, *Finanza*, *Sali*, B. 1088, c. 25 et *Transiti Vallese*, c. 4 – 6. 1667 年的一份威
尼斯贸易合同明确指出，1 米兰塞提埃盐相当于 24 斤，每斤 28 两（asv，
Provveditori al sal, *Miscellanea*, B. 37）。

② asm, *Finanza*, *Sali*, B. 1088, c. 25.

③ 遗产战争又名遗产继承战争（Guerre de Dévolution），是 1667 年至 1668 年法兰
西王国与西班牙帝国之间的一场战争。战争由西班牙国王费利佩四世的遗产分
配问题引起。这是向来推行扩张主义国策的法王路易十四所发动的第一次侵略
战争。战争最终以双方大致平手结束。——译者注

④ 1663 年 7 月 22 日，瑞士联邦各州已申请每年 30000 塞提埃盐的特许过境权，
其中 24000 塞提埃是经威尼斯过境的特拉帕尼盐，另外 6000 塞提埃是哈尔盐。
所有这些盐的目的地都是卢加诺州和山区（asm，*Finanza*，*Sali*，B. 1084，quad.
12a）。这种过境自由可以追溯至查理五世和 1552 年，并于 1587 年、1604 年和
1634 年进行了更新（asm，*Finanza*，*Sali*，B. 1084，quad. 15）。

亚州和勃艮第地区的盐"。采购的盐每年交货一次，存放于贝加莫城①。这项盐业交易一直持续到十八世纪初。

法国与瑞士的复杂关系

从 1521 年 5 月 5 日起，弗朗索瓦一世与瑞士十二州之间订立同盟条约，其中包括供应盐的条款。这一条款还原封不动地出现在 1663 年和 1777 年的条约当中。法国国王依约向瑞士运送"同盟盐"。十七世纪末，瑞士各州需求量的四分之三由勃艮第盐供应，即西班牙盐②。法国在获得弗朗什－孔泰地区的盐场之前，曾试图通过向瑞士输送朗格多克盐的方式来抵消西班牙在瑞士的影响。十七世纪时这种海盐已经被用于结算旧债、招募新兵以及维系联盟。1674 年法国征服弗朗什－孔泰，为了消除瑞士人心中的担忧，法国国王路易十四向伯尔尼、索洛图恩和弗里堡承诺为其供盐，并且在价格和数量上都要优于西班牙国王。但是伯尔尼市巧妙地让法国选择用盐抵偿其债务。③ 以下两份协议体现了伯尔尼人的谈判艺术。1658 年，法国承诺在 17 年内交付 20000 米诺的佩凯盐以抵偿债务；1692 年，弗朗什－孔泰盐场的承包商承诺每年提供成盐 5500 堆（bosse）和 7500 载。④ 弗里堡单独与法国谈妥了一份为期 9 年的协议，每年以 23 里弗尔 6 苏 8 德涅尔的单价购买 1500 堆盐，相比西班牙统治时期价格降低了 6 里弗尔 13 苏 4 德涅尔，同时法

（左侧页码：161）

---

① ASV, *Provveditori al Sal*, *Miscellanea*, B. 37.

② 当时的勃艮第属于西班牙国王的领地。——译者注

③ Guggisberg, 37.

④ Gern, 181：«Quod si, occasione alicujus belli, distributio et venditio salis denegeretur nobis Dominis confoederatis, eo casu christianissimus Rex permittet, quod in patriis suis possimus recuperare et emere sal nobis necessarium et conveniens pro nostra munitione et provisione».

国还赠送制造块状盐的卤水原料 4300 载，弗里堡只需支付生产和运输卤水的费用。① 就这样，弗里堡通过谈判直接得到了萨兰盐产。

事实上，法国向瑞士运盐的历史与君主政体的财政困难和法国的外债密不可分。比如，在 1692 年，法国大使阿姆洛（Amelot）与伯尔尼贵族签订了一项从萨兰地区进盐的协议，用以清偿查理九世和亨利三世②在宗教战争期间向伯尔尼借下的一百万里弗尔，以及亨利四世在萨伏依战争期间承诺的赔偿。伯尔尼人同意将本金降为 555000 里弗尔，但即使不考虑货币贬值的因素，1692 至 1776 年未偿还的利息也已经接近 3000000 里弗尔。法国对巴塞尔的债务则更为庞大，达到 4500000 里弗尔。③

宗教战争不仅让法国财政负债累累，更沉重打击了朗格多克向瓦莱州的盐出口。④ 1562 年，从阿维尼翁到里昂，包括多菲内，罗讷河谷处处战火连天。6 月起，日内瓦盐务官向瓦莱人致信称无法继续为其供盐，因为运盐的船只遭到了劫掠。更糟的是，战争让国家和地方的财政付出了惨痛代价。苛捐杂税不断增加，当时总共新设了九项税。⑤ 盐价开始飞涨。1576 至 1577 年的冬季，天主教神圣同盟成立之后，各类敌对行动在朗格多克地区卷土重来。最早遭遇不幸的是尼古拉·勒费（Nicolas Lefer）和另外四名商人，蓬圣埃斯普里的统治者德吕伊内公爵（de Luynes）偷走了他们三分之二的盐，共 35 矛；然后贝勒加德（Bellegarde）

162

---

① Gern, 176 – 177.
② 不止一个亨利三世，此处的亨利三世是查理九世的弟弟，继任法国国王。——编者注
③ Gern, 185 – 187 et 198.
④ Dubois A., 124.
⑤ 阿兰·迪布瓦对其进行了列举，见其书第 137 页第 167 条脚注。

又偷了 90 矛盐，在阿维尼翁出售。于是，瓦莱人与一家由巴塞尔和沙夫豪森商人组成的公司达成协议，由后者向他们提供 300 车盐。

　　然而，路易十四更希望伯尔尼作为购买方用提供雇佣兵的方式支付盐款，而不是用勾销债务来支付。1692 年，伯尔尼州始终未能凑齐足够的军队，于是，法国国王下令停止供盐。随后，伯尔尼州仅能收到 700 堆盐，也被称作"通行税盐"，因为弗朗什 - 孔泰的盐经过伯尔尼州运往瑞士天主教各州时，需要支付这笔盐作为免除通行税的补偿。① 然而伯尔尼州继续从萨兰地区购盐，其中一部分是走私盐，因为当时有协约禁止各州"在领土之外零售（盐）"。由于距离萨兰过远以及从伊韦尔东运盐成本过高，瑞士天主教各州，乌里州、施维茨州、翁特瓦尔登州、楚格州，以 30 里弗尔的价格将法国盐转卖给伯尔尼州和纳沙泰尔州，然后用赚得的收益购买巴伐利亚盐和蒂罗尔盐②。

　　评判法国政策的代价并非易事，如果简单地把路易十四视为不守诚信的债务人，显然有失公允。实际上，通过供盐政策，波旁王朝为瑞士提供了一笔丰厚的额外报酬：由于同盟盐的售价低于成本，所以国王需要根据各州要求以 6.5 里弗尔到 7 里弗尔 3 苏的价格补贴承包商。这笔额外报酬在 1708 年总计 68000 里弗尔，在 1784 年更是达到了 76000 里弗尔。③

　　应瑞士市场的需求，承包商还直接运送商品盐，价格比王室出于外交目的供应的同盟盐略高，以"现金付款"的伯尔尼州受到了他们的青睐。长期以来，这些商品盐在瑞士市场上并不受重视，

① Gern, 188 – 189.
② Gern, 206.
③ Livet, 429.

因为瑞士人根本不喜欢佩凯盐，而萨兰盐矿的产量又不足。十八世纪，蒙特莫罗盐田开始为瑞士市场供盐，① 同时法国获得了洛林地区。从 1744 年 10 月起，洛林地区每年向苏黎世、索洛图恩、卢塞恩和伯尔尼各州供盐 12900 堆。1780 年，瑞士联邦中有十个州和地区与法国总包税所签订了一份协议，八个州由洛林供盐，四个州由弗朗什－孔泰供盐，其中伯尔尼和苏黎世由两地同时供盐，而日内瓦和瓦莱（未统计在内）由佩凯供盐。可以说瑞士人从"四面八方"采购盐。幸亏他们有此策略，因为虽然洛林的盐产量有盈余，但他们也不确信能收到洛林盐，承包商们更愿意将盐卖给德国的亲王们：三年间（1775～1777 年），有 800000 余担盐出口到德国。②

"盐外交"体现了法国旧制度下对外政策的一个基本面。它是法国对瑞士各州的一贯政策，是施加外交压力的工具，也为瑞士提供精心计算过的额外报酬。作为君主制邻国的债务人，信奉新教的伯尔尼共和国是法国外交政策绝对优先考虑的对象。但是，盐的问题在各州内部政策和社会生活中也处于十分关键的位置。它是显贵们控制政治和财政的工具，保证统治阶级能够继续掌权。乔治·利韦（Georges Livet）指出，盐和补助金的分配在社会上引起的反响褒贬不一，有人拥护，有人不满。大革命并未否定这一分析：弗朗索瓦·德巴泰勒米（François de Barthélémy），1792 至 1797 年任法国驻瑞士特使，曾在 1792 年 7 月 28 日的信中写道：

164

---

① 佚名，《蒙特莫罗盐田》，一处修建于 1744 至 1752 年的新盐田，取代了上一个小工厂的地位，位于一个叫作萨卢瓦尔盐沼的地方。

② Guggisberg, 51.

剥夺用盐是最简单的惩罚，而拒绝同盟盐势必会让各州统治者陷入极其尴尬的境地，因为这样一来，他们就不得不抬高盐价，从而激起农村居民的抱怨和不满。

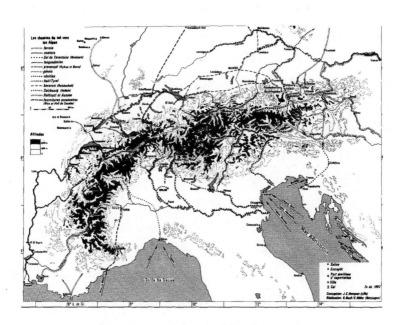

图 5 - 1　阿尔卑斯山区的供盐路线示意图

盐始终是对外和对内政策的一个武器，尽管本地不产盐，但阿尔卑斯山区的大部分居民仍然在艰难的条件下通过多种渠道保障了盐的供应，从而确保了自己的独立地位。

第六章
盐业参与世界贸易

在整个欧洲，盐田的所有权和开采权分散在无数微小企业手中，封建性质的生产组织以及各种各样的永久年金一直是吸引投资的首要因素，这严重影响了生产成本，并且引发了盐业危机。实际上，从中世纪进入近代开始，危机就笼罩着欧洲中部和北部所有古老的盐场，如吕讷堡、哈雷、萨兰、德罗伊特威奇以及其他盐场。这些盐场经历了深刻的转变，作为盐业容克①的古老封建家族以及被路德宗教改革剥夺了财产的本笃会修道院丧失了盐场收益。十八世纪，在重商主义和开明专制主义的影响下，国家为了增加税收而毫不犹豫地垄断了原本被分割成无数微型开采单位的古老盐场，对其进行现代化改造并建了大工厂。这一进程有技术和科学进步的加持，工人选用了含盐量更高的卤水原料，蒸发车间的气流也会加速浓缩。像英格兰一样，人们在德国威斯特法伦地区搜寻新的地下深层盐藏时，发现了煤炭。从此以后，原材料、岩盐或卤水以及燃料都可以在同一地方获得，甚至此前没有能力产盐的某些地区因对丰富的煤炭储量充满信心也开始直接用海水制盐，如苏格兰和诺森伯兰。这些用煤当燃料的盐场制造了第一次工业革命烟囱高耸、黑烟

167　弥漫的典型新景观。在十九世纪的欧洲，熬制盐的产量上升到第一位，超过了晒制海盐。盐的生产自此摆脱了上千年来对海洋的依赖，铁路发展在其中起到了根本性作用。铁路还使内陆盐场不再与外界隔离，从而不断扩大了盐场的销售市场，例如法国的洛林盐场。广阔的市场是产量增长的重要因素。

　　在运输力严重不足的时代，高昂的运输成本是重货——尤其是盐——价格的主要部分。这项费用使欧洲各国建起了贸易保护主义壁垒，将欧洲划分为多个不与外地竞争的经济单元。在这种情况下，无论经济成本如何，盐都被垄断性地开采。所有盐泉都会被开发出来为狭窄的本地市场产盐，哪怕有些盐泉水含盐量很低。在那个时代，各地自给自足、闭关自守，贸易经济低迷。十二世纪至十三世纪的商业革命和海上探险见证了新工具的出现，陆上交通有了畜力车，海上航运也不断进步，盐业市场的状况因此开始改变。

大西洋沿岸盐沼的发展

　　得益于靠近河流的地理位置，一些较大的盐场开始参与地区间的贸易。1000 年前后，法国西部一个地区开始发展大规模盐业活动，这主要得益于两大因素：夏季日照充足，附近的几条大河方便将盐运往内陆。这个地区介于卢瓦尔河和吉伦特河之间，并延伸到卢瓦尔河以北地区：中部是布尔讷夫湾（la baie de Bourgneuf），包括布安岛（île de Bouin）和努瓦尔穆捷岛，南至布鲁阿日、瑟德尔河下游河谷以及雷岛和奥莱龙岛，北部是盖朗德、勒克鲁瓦西克和梅斯盖尔之间的广阔潟湖区。这片土地非常适合发展盐业，汹涌

168　的潮水沿着河道漫延很远，形成整个欧洲纬度最高的日晒盐沼。此

地以北，从布列塔尼北部海岸起，就必须用燃料加热海水才能产盐。

与这些盐沼相连的地区虽人口稠密却缺少盐泉，但好在河运便利。因此在约 1000 年，盐沼区已经有上万个制盐的小型结晶池。十一至十二世纪，它们缓慢但稳定地发展着。到了十三世纪，人口增长、城市扩张、北海渔业捕捞的发展带来了新的食材，[①] 人们用腌制的方式保存食物。随着航海业的发展，载重量更大、更加安全的新型船只应运而生，这一切为这片海湾地区的盐业贸易创造了新的发展空间。十三世纪末，来自汉堡的船只开始造访法国西部的盐沼。十四世纪，汉萨同盟[②]和英国的船只都会定期南下法国沿海地区，满载食盐和葡萄酒返回。

为了满足不断增长的需求，每个产盐区都在不断扩大生产，不断建造新的盐场。从历史文献中可以观察到一种建设盐场的狂热现象，例如十三世纪中叶的盖朗德地区。同时，从文献中我们还可以感觉到当时的盐供应并不稳定，常受恶劣天气、政治或军事乱局影响。该地区为英法冲突的关键地区之一，英国人牢牢占领了阿基坦地区的海岸。当这里盐产量不足时，船队就得空载返回，或者选择继续向南航行才能得到珍贵的盐。沿着海岸线分布着许多不同的产盐区，吸引外国船只前来采购。其中最早兴起的很可能是布尔讷夫湾，但到了十五世纪就已经被布鲁阿日 – 奥莱隆（Brouage-Oléron）地区所取代。到了十七世纪，盖朗德成功获

---

① Hocquet (2005), «Les mers nourricières : le sel et le poisson», 106 – 176, *in* A. Cabantous, A. Lespagnol & F. Peron, *Les Français, la terre et la mer*, Paris, Librairie A. Fayard.

② 德意志北部城市之间形成的商业、政治联盟。十三世纪逐渐形成，十四世纪达到兴盛，加盟城市最多达到 160 个。——译者注

得大量出口机会，此后盐业贸易中心继续南移，来到葡萄牙的塞图巴尔和西班牙的加的斯。因为这两地夏季罕有恶劣天气，盐的收成比较稳定。

我们完全无法确定这片海湾地区的盐销量，仅知道这个数字相当庞大，效率低下的粗放型经济的地区不得不过度开发盐沼，直到潮汐可达的最远处。另外，将成盐从远处的盐沼运输到海港需要花很多时间和金钱。这片海湾为法国四分之三的地区供盐，并且几乎垄断了欧洲北部从英国到波罗的海东岸的盐供应，这证明此地产量巨大。1849 年至 1850 年，议员法夫罗（Favreau）主持的调查委员会首次发布了统计数据，显示法国西部盐业的平均年产量为 25 万吨。[1] 但当时危机已经持续了半个多世纪，大量盐田被废弃早已是不争的事实。马雷纳－奥尔隆省的副省长勒泰尔姆（Le Terme）在其 1826 年的报告中指出，在他的行政管辖区内，有 8872 公顷在产盐沼和 8151 公顷废弃沼泽。[2] 他可以毫不夸张地说，十六至十七世纪西部盐业的产量和销售量超过 30 万吨。据可靠统计，十四世纪末的 15 个月内，布列塔尼的船只在卢瓦尔河北部的盖朗德装载了 6500 大堆（gros muids guérandais）[3] 盐，运往英格兰南部海岸以及巴斯克地区毕尔巴鄂附近的一些港口。盖朗德盐也被运至诺曼底地区塞纳河沿岸的港口，或从南特以及尚特奈（Chantenay）的盐仓运达卢瓦尔河沿岸地区。十六世纪初，很多地区盐的年产量通常

① 法夫罗，《议会调查摘要》发表了《根据 1849 年 1 月 13 日国王的命令，对盐的生产与销售进行的立法调查》。调查委员会收集的口头和书面调查资料，国民议会，1851 年，巴黎。

② Le Terme E. C., *Règlement général et notice sur les marais de l'arrondissement de Marennes*, Rochefort 1826, in - 8°.

③ 盖朗德的计量单位"堆"一直在 5500 ~ 6000 斤变化。引自 Hocquet（2006₂），406。

在 7000 矛至 11000 矛，即每年约 20000 吨。经过现代的生产扩张，盖朗德地区的平均年产量达到 35000 吨至 40000 吨。①

战争、税收压力和新路线的建立

法国国王的花销极大，财政问题严重，因此法国国内市场上出售的盐都被课以重税，即盐税（la gabelle）。这项不受欢迎的税限制了盐的消费量，使之处于较低水平。但是国王们也知道，他们不能对出口的盐征收同样的税。卖给外国商人或渔船所有人的盐是免税的，否则外国商船将会转而驶向南方的外国盐场，法国将因为无法出售本国盐而收入锐减。法国本地盐为大量劳动力提供了不同行业的工作机会和生计，如国内市场上生产盐的佃户、受雇的搬运工、测量人员、船主及船员、包税公司的雇员、海关人员和偷税走私者，对外市场上的船主及船员、搬运工、入境口岸的测量人员、渔民和腌制品加工者等。

法国的大西洋盐之所以吸引顾客，是因为航程最短，而且众多可怜的盐工们急于卖掉刚采收的盐，所以外国商人总能以理想的价格买到免税盐。一艘从泽兰出发的船如果在布尔讷夫湾没有载到盐，则需前往西班牙加的斯，整个航行的距离和时间都会因此增加两倍。内陆盐场制盐工序繁多，包括维护盐井、汲取和运输卤水、砍伐及购买并运输木材、用小锅熬制等，导致成本过高、生产率低，只要这种生产方式继续下去，那么法国海湾盐就几乎没有竞争对手，并且享有无可争议的垄断地位。法国国王毫无顾忌地利用这

170

---

①　Buron（1999）G., *Bretagne des marais salants*, *2000 ans d'histoire*, Skol-Vreizh, Morlaix.

一优势，使盐成为经济战的武器，常常借以反对荷兰或英国。在封锁时期，北方各国船只抛弃法国供应商，前往伊比利亚半岛或冒险穿越大西洋到达佛得角群岛，甚至更进一步到达加勒比海。[①] 海盐生产的扩张及其贸易的增长是始于十二世纪的欧洲运输革命的结果。盐的运输是大西洋和地中海的海运业中最重要的业务之一。正是以盐业为中心、农业占主导地位的经济体系，才能与不断完善、运力大增的海上运输联结起来。

171

海湾盐贸易

1934 年，历史学家爱德华·休斯只知道英语里叫比斯开湾的加斯科涅海湾（le golfe de Gascogne）[②]，并且将所有大西洋盐场统统包括在加斯科涅海湾各省中（"比斯开湾各省的全部盐业生产"）中。[③] 而安东尼·伦道夫·布里德伯里（Anthony Randolph Bridbury）总是更准确地称为布尔讷夫湾，[④] 他还给出了精确的地图，[⑤] 正好与法国历史学家的说法一致，但地理学家一般称为布列塔尼盐沼。克劳德·布耶（Claude Bouhier）将努瓦尔穆捷岛也归入其中。[⑥] 让·弗朗

---

① Emmer P. C. , «Les Hollandais et le commerce du sel dans l'Atlantique（1580 – 1650）», *The Journal of Salt History*, 5（1997）, 5 – 13. Piasecki P. , *Das deutsche Salinenwesen*, *1550 – 1650*, *Invention*, *Innovation*, *Diffusion*, （*Geschichtswissenchaftliche Beiträge*, Bd 104）, Idstein 1987.

② 指法国和西班牙之间的海湾，在英语和法语中的名称不同。——译者注

③ Hughes（1925）E. , "The English Monopoly of Salt in the years 1563 – 1571 ", *English Historical Review*, XL, 334 –350.

④ Bridbury A. R. , *England and the Salt Trade in the later Middle Ages*, Oxford, 1955.

⑤ Bridbury, 58.

⑥ Bouhier C. , «Les comptes du sel de Noirmoutier dans la première moitié du xvie siècle», *Bulletin Philologique et Historique*, I（1966）1968, 225 – 245.

索瓦·贝尔吉耶（Jean-François Bergier）指出，英国人在十四世纪创造出了海湾盐（Saltbay, *Baiensalz*）一词。"海湾指布尔讷夫湾，但海湾盐很快就变为泛指所有大西洋盐田（布鲁阿日、加斯科涅海湾、里斯本、塞图巴尔和加的斯）出产的盐"①。哈拉尔德·维特豪夫特（Harald Witthöft）将布鲁阿日和布尔讷夫区分开来。② 如今，海湾盐（Baysalt）一词在美国颇为常见，根据英国学者布朗里格（W. Brownrigg）在1748年的定义，该词泛指一切日晒蒸发而成的海盐（或湖盐）。

> 海盐的制作方法非常简便，在阳光和风的作用下，含盐的池沼和湖泊中的水完全蒸发后，盐就会结晶并沉积在池底或湖底。③

这位作者将两种方式生产的盐区别开来，一种是用锅熬制的盐，另一种是日晒海盐。因为不熟悉盐的采收过程，一部出版于1899年的词典中将日晒海盐等同于丹麦语的海湾盐（baisalt）一词，从而缩小了其定义范围，"粗粒盐适用于称呼通过海水自然蒸发而获得的盐"④。英语词典也确认"海湾盐是通过太阳的热量缓慢蒸发海水而制成的大颗粒晶体盐"⑤。有一部词源学词典确切指出，该词来源于"法国南特附近的一个地方，在十五世纪作为海运盐港而闻名"，并将其与北欧其他语言中的同源同义词汇进行了

172

---

① Bergier, 54.

② Witthöft（1979），vol. 1, 241.

③ Brownrigg Cité par Litchfield. Litchfield C. D., «La production de sel en Amérique aux xviiie et xixe siècles et la concurrence étrangère», 339 – 345, *in* Hocquet et Sarrazin, *Le Sel de la Baie*.

④ *The Century Dictionary*, Londres et New York 1899.

⑤ *The compact edition of the Oxford English Dictionary*, éd. 1971, 1987^2.

比较，如荷兰中部方言 Bayesout 和德语 Baisalz，[1] 而另一本词典补充说，根据十六至十七世纪有关制盐的文献，这种大颗粒结晶盐最初起源于布尔讷夫湾，是"在海湾中通过蒸发水分而得到的"[2]。

在里加、但泽、阿姆斯特丹或阿伯丁，人们很少精确地分辨海盐的来源，而是看运盐船来自何地，船长总是会申报他最近停留过的港口，或者船的始发地，或者他自己的居住地。那么问题是：一艘来自勒克鲁瓦西克的船是否载有所谓的盖朗德盐？布尔讷夫湾的港口几乎没有远航的船只，因此只能借助于外地（布列塔尼地区，巴斯克地区）的船舶载盐远行，从而实现盐的出口。所以，船舶可以在勒克鲁瓦西克装载盖朗德盐，运至阿讷默伊登（Arnemuiden）或但泽后卸掉这些海湾盐。

中世纪时普鲁士的海湾盐贸易

最晚到 1270 年，汉堡的海运法规就已经提到有来自法国大西洋沿岸的盐："来自拉罗谢尔（La Rochelle）的一缸（vat）葡萄酒等于 5 堆（hut）盐"，但在接下来的一个世纪里，波罗的海沿岸国家对法国盐的进口并不稳定。后来，普鲁士和条顿骑士团的港口开始定期派遣船队前往布尔讷夫湾，并装载食盐返回。[3] 根据普鲁士

---

[1]　*A comprehensive etymological Dictionary of the English Language*, 1965, 1969².

[2]　*The Oxford Dictionary of English Etymology*, Oxford 1966, ed. 1985.

[3]　Abraham-Thisse S., «Le commerce des Hanséates de la Baltique à Bourgneuf», in *L'Europe et l'Océan au Moyen Âge*, *Contribution à l'Histoire de la Navigation*, XVIIᵉ Congrès de la Société des Historiens Médiévistes de l'Enseignement Supérieur Public, Nantes, 1988. 其中收集了可用的信息和丰富的书目。我们借用了其主要成果。在其书目中，应该添加一些较新的著作。Collins, 240－242; Elkar et al., éds., *Vom rechten Maß der Dinge*; Geiss Curt, Jeannin (1996), Jenks (1996), Paravicini; Schwebel, Vellev et Wolf Thomas.

编年史家卡斯帕·魏因赖希（Caspar Weinreich）的说法，夏季有
超过 1000 艘各种尺寸的船只离开但泽向西航行。① 我们不必相信　173
他的数据，而且他所说的船队不一定会驶向大西洋，甚至不一定会
离开波罗的海，这些船只的大小也无从判断：1428 年发生大规模
海难之后，盘点清单上列出开往法国海湾的船队只损失了 90 艘吕
贝克的船（navires lübeckois）②；而根据 1449 年海难清单，当时拥
有 108 艘船的船队损失了 18 艘普鲁士的船（bateaux）和 14 艘吕贝
克的船。1458 年，英国人沃里克（Warwick）俘获了 18 艘吕贝克
的船（vaisseaux）和一些荷兰人。③ 1294 年，法国国王美男子腓力
授予汉萨同盟城市的商人"无限的商业自由"④，波罗的海东岸的
里加、埃尔宾⑤等港口从此开始参与法国盐贸易；1375 年，查理五
世⑥承诺为普鲁士船只提供保护，这也说明波罗的海东岸港口参与
了法国盐贸易。从中也许可以推断出：从十四世纪末开始，汉堡和
吕贝克的商船队已经既不能满足北方国家迅速增长的食盐需求，也
不能满足斯科纳⑦渔业发展和鱼类腌制加工对盐的大量需求。⑧ 然
而，长途运盐绝非易事：从 1403 年起，"小冰河时期"的严寒气
候使圣安德烈和圣皮埃尔之间的水运在二月停航，法英两国间无休

---

① «Item diesem Sommer siegelten von Dantzk 1100 schiffe, klein und grosz westwarts»
（Weinreich, 743）.

② Abraham-Thisse, 173, n. 125.

③ Abraham-Thisse, 135.

④ "但前提是不得将任何英国商品进口到法国"（Abraham-Thisse, 132）。

⑤ 波兰北部城市埃尔布隆格的旧称。——译者注

⑥ 此处的查理五世为法兰西国王，Charles V le Sage。——编者注

⑦ 斯科纳（瑞典语和丹麦语为 Skåne）是历史上位于瑞典南部的一个省。——译
者注

⑧ Hocquet, «Ibiza et la compétition commerciale», 327 – 376, in Hocquet, Venise et la
mer, XIIe – XVIIIe siècles, Paris, Librairie Arthème Fayard.

止的冲突，当地敌对势力对丹麦海峡控制权的争夺，穿越海洋必须经过的狭窄海域（加来海峡），这一切因素都助长了海盗的劫掠活动，使普鲁士的船只遭殃，因为交战各方都可指责这类船只是中立或是同谋，以此为借口进行劫掠。丹麦人可以随意封闭海峡切断波罗的海沿岸的补给，特别是松德海峡。1427 年 7 月 22 日，丹麦与吕贝克以及各商业城市再次发生冲突，丹麦趁机劫持了对方从法国海湾返回的船队。1441 年，法国人截获了三艘满载布尔讷夫海湾盐的普鲁士船，情况逐渐恶化，直到法国与汉萨同盟之间爆发战争，这场战争从 1470 年持续到 1473 年。各方都加入混战，甚至包括巴斯克人，他们早在 1419 年就曾在拉罗谢尔海域劫持了一个海湾盐船队。吕贝克商人在波罗的海岸的联络人伊尔德布兰德·维钦丘森（Hildebrand Veckinchusen）记录的上述每起事件都使但泽和波罗的海其他港口的盐价暴涨，而且英国的节节胜利也使盐价不断攀升，他认为大规模投机盐的时机已经到来。但他遭遇不测。[1] 这次劫掠荷兰人也参与其中，1438 年 5 月 29 日，他们抢了 22 艘载有 2700 船（Last）海湾盐的返航船只。劫掠事件在十五世纪四十年代依然持续发生。

普鲁士人对敌方进行了报复，封存其资产，囚禁敌方人员，颁布法令禁止与接纳敌方船只停泊的港口进行贸易，停止发放安全通行证，并于 1427 年和 1436 年两次暂停向西航行，以免他们的船只落入丹麦人或荷兰人手中。从 1432 年到 1451 年，英国人从普鲁士船只那抢劫了 62000 普鲁士马克，1438 年荷兰人没收了普鲁士船队 10955 佛兰德里弗尔（livre de gros de Flandre），普鲁士人可谓损失惨重。尽管如此，普鲁士人却往往很快就取消报复措施，因为这

---

① Abraham-Thisse, 160. 此处描述了其遭遇。

些措施妨碍了盐业贸易，破坏了普鲁士与其最好的贸易伙伴之间的关系。

在商业组织方面，普鲁士人在布尔讷夫拥有一家工厂，委托给汉萨同盟布鲁日商行在当地的分号管理，商人们可在布鲁日以各种形式购买盐，可以直接从船主手上购盐，只需支付购盐价和运费，这时船主就成了运输商，商人们也可以向船主预付一笔钱，委托船主进口盐。[1] 水手们不得不参与盐的搬运，实际上也就参与了海上的盐业贸易。[2]

吕贝克很早就在波罗的海的盐贸易中占有重要地位：1368 年至 1369 年，从这里出口的盐总价值超过 61000 吕贝克马克，相当于 7600 吨盐或吕讷堡产量的一半，盐成为吕贝克第三大出口商品，交易额仅次于呢绒和鱼类。[3]

可为普鲁士城镇和商人们提供运输服务的船只来自吕贝克或维斯马，甚至佛兰德、布拉班特和泽兰，但毫无疑问数量最多的是荷兰船，尤其是 1420 年以后。1432 年，超过 50 艘荷兰船将法国盐带到但泽和利沃尼亚的各个港口[4]；1474 年至 1476 年，但泽的停泊税（Pfahlgeld）税册登记了来自弗里斯兰[5]、阿姆斯特丹、霍伦、蒙尼肯丹[6]、斯希丹、鹿特丹和多德雷赫特，或泽兰的沃尔彻

175

---

① Abraham-Thisse, 145.

② Kowaleski M., «Working at sea : maritim recruitment and remuneration in medieval England», in Cavaciocchi, *Ricchezza del mare*, II, 934.

③ Witthöft (1990) H., «Der Export Lüneburger Salzes in den Ostseeraum während der Hansezeit», 41 – 65, in Angermann N. éd., *Die Hanse und der Deutsche Osten*, Lunebourg.

④ Abraham-Thisse, 136.

⑤ 弗里斯兰地区，又称弗里斯兰群岛，是位于欧洲西北部的沿海群岛，从荷兰北部一直延伸到丹麦南部，介于北海和瓦登海之间。——译者注

⑥ 此处原文拼写有误，应为 Monnickendam，荷兰北部的一个城市。——编者注

伦等各地的船只。但泽还从斯德哥尔摩、马尔默、哥得兰岛和斯科纳等地的进口商手中购买法国盐。简而言之，北欧每个有能力武装船只、进行远距离航行的沿海社区都派出船只去南部海岸装运盐。荷兰船队从波罗的海返航时，会带回波兰的小麦。这些小麦对于盐运的时间安排十分重要，因为船队收到出口的小麦后，才会驶离港口。因此，运输任务必须在冬季停航、东部粮食收割和西部采盐这三个限制因素之间紧密安排。这一点我们在下文还会谈及。

虽然中世纪并不注重统计，但还是留下了一些数据，可以揭示出盐业市场的新动向。例如，荷兰人在 1438 年劫掠运盐船队时，查封货物的盘点清单总共登记了 385 分（Cents）盐，其中 78 分装载于里斯本，307 分装载于布尔讷夫湾。这批盐的买主是普鲁士（107 分）和利沃尼亚（278 分）。实际上，这一信息大大扩展了盐业贸易的范围，葡萄牙盐很可能早在十五世纪初期就打入了市场，而且大西洋盐的市场向东延伸到了利沃尼亚（又称利夫兰），对应今天里加和雷瓦尔附近的波罗的海沿岸地区。最后，根据停泊税记录册，1474 年至 1475 年有大约 2 或 3 分苏格兰盐运抵但泽。[1] 这

---

[1] Lauffer V. , «Danzigs Schiffs- und Waarenverkehr am Ende des 15. Jahrhunderts», 1 - 44, *Zeitschrift des Westpreussischen Geschichtsvereins*, XXXIII（1894），Danzig. 劳弗（Lauffer）在第 25 页提出了一个假设："汉萨同盟规定的船（Last, Schiffslast）被接受为 $2\frac{1}{2}$ 登记吨（Register Tons）。我们必须区别分（cent）在法国和佛兰德表示的重量不同。法国的 1 分盐较少，等于 $7\frac{1}{2}$ 个汉萨船或 $18\frac{3}{4}$ 个登记吨。而佛兰德的 1 分盐等于 8 汉萨同盟船或 20 登记吨"。如果质量低劣的粗盐比精制盐的分量轻，那会非常令人惊讶，因为这样一来精制盐的附加值在称重时就被抵销了：关于这些复杂的问题，维特豪夫特（Witthöft，1977）给出了一个简便的图表（第 53 页）。舒尔特（Schulte）：1 分布鲁阿日盐在但泽和阿姆斯特丹都等于 12 船，1 分泽兰盐和阿姆斯特丹盐在但泽等于 7 船减去一吨。克伦本茨（Kellenbenz）指出 1 分泽兰盐在但泽等于 7 船，而 1 分布鲁阿日盐在但泽等于 13/4 泽兰盐或 12 船。1 分布尔讷夫海湾盐相当于 （转下页注）

些非法国盐的到来似乎并未引起波澜，但预告了未来市场的风云变幻。

海上盐业贸易可能是经济全球化最显著的体现之一，或者说最早的体现之一。如果斯堪的纳维亚船可以将进口的布尔纳夫海湾盐运至但泽和普鲁士，普鲁士船也可以为英格兰的港口供应盐。1384年，普鲁士人申请为英格兰进口免除关税的海湾盐，但是爱德华四世国王在1461年限制汉萨同盟商人在布列塔尼和英格兰之间进行贸易，并终止了普鲁士人向英格兰申请进口海湾盐的权利。①

食盐市场的波动很大，贸易流向可以迅速转变：1474年，来自法国海岸的73艘船中，有71艘来自布尔讷夫湾，2艘来自布鲁阿日；1475年，组成运盐船队的23艘船中，有2艘从布尔讷夫湾返回，21艘从布鲁阿日返回。法国盐占进口盐的44%，但其中主要是布鲁阿日盐。1476年，货源比较平衡：有15艘船从布尔讷夫湾返回，16艘从布鲁阿日返回，但泽盐仓的库存十分充裕，以至于1490至1492年尽管但泽港没有进口盐，却还能够在三年内对外出口$2^{1}/_{2}$分和2440船不同种类的盐；从1492年到1496年，只有很少的布尔讷夫海湾盐和布鲁阿日盐被运到普鲁士和利沃尼亚，1493年和1495年没有一艘船来，1494年有16艘船，1496年有29艘船。②大西洋盐的极度缺乏使吕贝克的贸易恢复了活力，对外输出其储备

176

177

（接上页注①）16/28布鲁阿日盐，但在汉萨同盟中被减至$7 \sim 7^{1}/_{2}$船。布鲁阿日大分等于28堆或100塞提埃盐，重量为26755吨（公制），而阿姆斯特丹的分重量为13834吨。

① 关于英格兰－汉萨冲突以及乌得勒支和约（1474年）所结束的漫长谈判见詹克斯（1992年），第二卷，第710～736页。

② Abraham-Thisse, 153. 根据劳弗的说法，该统计数据并未提及2000吨至4000吨（公制）盐的来源，因此并不可靠。

的海湾盐或特拉沃盐，特拉沃盐是从特拉沃河出口的，但产自奥尔
德斯洛（Oldesloe）附近和吕讷堡的盐场，或者来自距离更远的哈
尔，哈尔白盐从萨勒河顺流而下到易北河，最后到达吕贝克。这些
熬制而成的细白盐比法国盐品质更好，但价格也更高。

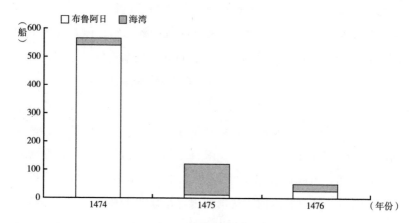

图 6 - 1 1474 ~ 1476 年但泽进口法国盐的情况

表 6 - 1 但泽的食盐进口（以船为单位）

年份	盐总量	来自吕贝克的盐量	大西洋盐所占百分比（%）
1468	4400	535	87. 8
1469	2400	599$\frac{1}{2}$	75. 1
1470	4650	510	89
1471	1800	613	65. 9
1472	4200	449	79. 3
1474	4837	629$\frac{1}{2}$	87
1475	2037	938	53. 8
1476	2312	309$\frac{1}{2}$	86. 6
1492		1169	
1493		333$\frac{1}{2}$	

年份	盐总量	来自吕贝克的盐量	大西洋盐所占百分比(%)
1494		$162^1/_2$	
1495		$406^1/_2$	

资料来源：该表来自维特豪夫特（1990，56）使用 Bruns 和 Stark（1969）的资料得出的数据。

178

普鲁士船只进口的食盐并非仅供普鲁士城市消费，其中很大一部分被再出口到其他目的地，实际上但泽布局了三大市场：南方是波兰－立陶宛，东方是利沃尼亚－俄罗斯，北方是斯堪的纳维亚半岛。波兰北部几乎无法从克拉科夫地区的皇家盐场得到食盐供应，因为维利奇卡和博赫尼亚盐场出口的盐被邻近的波希米亚匈牙利市场吸收了，波兰南部市场也从中分了一杯羹，因为国王自 1496 年禁止南部进口外国盐。[1] 但泽、埃尔宾和柯尼斯堡[2]的商人通过考纳斯中转，将盐出口到立陶宛，但 1487 年，大公为了帮助立陶宛商人发展经营，将所有德国商人可以卖给城市居民的盐量限制在半船以内。利沃尼亚人直接从雷瓦尔进口海湾盐，因为雷瓦尔船队一直大量运输海湾盐：在 1434 年、1464 年和 1483 年，雷瓦尔人定期派遣 40 多艘船前往布尔讷夫湾，平均每艘船装载 200～500 吨盐，同时也派遣 5 艘或 6 艘船前往布鲁阿日。[3] 十五世纪末，芬兰也是向普鲁士购盐的大客户。

---

① Wyrozumski J. , «Le sel dans la vie économique de la Pologne médiévale», *Studi in memoria di Federigo Melis*, vol. II, 1978, 504.

② 加里宁格勒的旧称。——译者注

③ Wolf T. , *Tragfähigkeiten, Ladungen und Maße im Schiffsverkehr der Hanse vornehmlich im Spiegel Revaler Quellen* (Quellen und Darstellungen zur Hansischen Geschichte hrsg. v. Hansischen Geschichtsverein, n. F. , Bd XXXI), Bölhau Verlag Köln Wien, 1986, 157 – 161.

　　价格和成本很难确定，我们只能粗略了解从进口港登记册中收集到的数据，也就是说其中包括了发货港的购买价、装载费用、多种税金和运费。根据西蒙娜·亚伯拉罕－蒂斯（Simone Abraham-Thisse）的说法，从 1405 年到 1437 年，在但泽交付的每分盐的平均价格维持在 9 ~ 12 格罗里弗尔（livres de gros，简称 lg），但 1438 年之后价格明显上涨，先是超过 13 格罗里弗尔，最后竟高达 24 格罗里弗尔。支付方式为现金，用佛兰德格罗或普鲁士王国的货币埃居付款，不赊账。每船盐的价格为 6 ~ 12 普鲁士马克①。这些数据可以用来比较交付价与销售价，因为售价总是用分和船这两种计量单位表示。在转售时，情况发生了变化，投机活动和价格上涨使每船（转售时不再使用分，因分是海上贸易的单位）的价格从十五世纪初的 10 普鲁士马克升至 1427 年的 75 ~ 140 马克，1458 年回落至 40 马克，而 1461 年又回升至 90 马克。实际上，这些价格每年都会波动，在船队到来之前会上涨，之后又下跌。1458 年，每船的价格在几天内从 40 马克下降到 13 马克，跌幅达 67%。因此，盐业贸易具有高度投机性，投机商努力在船队到达之前出售他们在前一个船队抵达后积累的库存，这就需要有良好的信息系统。收益是不确定的，上文提到过的维钦丘森尽管精于投机，但也遭受了挫折，令他不敢再次尝试。我们不能仅凭买卖之间的价格差来计算商人获得的利润，而必须由商业会计仔细查看购买过程中的费用和销售盐的收入。将但泽的购买价与十年后的销售价进行比较没有任何用处，也有违历史进程。

179

---

① 　佛兰德和汉萨同盟城市之间的货币兑换波动很大：佛兰德格罗里弗尔在塔林可兑换 5 ~ 11 普鲁士马克（Abraham-Thisse, 177, n. 218 – 227）。

被荷兰人抢走的汉萨盐业贸易

进口海湾盐的贸易最初被委托给汉萨同盟的船只，尤其是普鲁士船只，但是从十五世纪开始，荷兰人和泽兰人所占的份额越来越大。汉萨同盟的船只在十三世纪末南下至法国海岸寻找食盐和葡萄酒，十四世纪更远行至伊比利亚的多个港口，在伊比利亚半岛与波罗的海之间三条大河冲积而成的大三角洲，随之变得越来越重要。来自波罗的海的船在去程时为人口稠密的荷兰运送谷物以及造船厂所需的材料。但是从荷兰的港口返回时，船只无法装载到足够的货物，只有荷兰的纺织品和冶金产品，或者一些进口葡萄酒和香料，这些昂贵的商品在人口稀少且购买力低下的波罗的海地区销量十分有限。当船只继续航行至法国港口时，船主们发现了同样的产品，虽然对波罗的海市场没有意义，但是可以运往荷兰。最终，人们找到了解决回程货运问题的办法：将盐运往波罗的海，最初是布尔讷夫海湾盐，然后是布鲁阿日盐，最后是葡萄牙和西班牙的盐。汉萨同盟的船在荷兰卸货后，空载到达法国港口。这些船装满盐后，有时会进入埃斯考河（l'Escaut）河口停留，按照汉萨同盟关于冬季航行的规定，11 月 11 日至 1 月 22 日为冬季休航期。但是，从汉萨同盟港口出发的船只通常是在小麦完成收割并运送到港口之后才能开始航行。由于冬季运输中断，它们无法返回波罗的海，只好前往法国海岸，装载葡萄酒、盐、铁和香料运往荷兰和英国。它们在春季返回法国港口装上食盐，然后直奔波罗的海。因此，汉萨同盟的船只在埃斯考河河口作中途停留有多重原因。它们进入河口是为了卸下来自波罗的海或欧洲西南部的产品，但主要还是为了规避冬季休航的规定。从十六世纪初开始，汉萨同盟的船改在泽兰岛的港口装载食盐，因为当时这些港口已经拥有了强大的精制盐工业。① 从十五世纪中叶开始，来自布列塔尼和荷兰的船在盐业贸易里占据的份额越来越大，荷兰船尤甚。它们停靠在泽兰省的沃尔彻伦港。从这时开始，将海湾盐从法国的普瓦图运至波罗的海东岸的漫长航程就分为两段：第一段为西段，从起点到埃斯科河三角洲以及泽兰的港口，由布列塔尼船和荷兰船控制；第二段是东段，绝大部分由荷兰船控制，有一小部分由汉萨同盟船控制。位于航程中间的泽兰提供精加工服务，将海湾盐精制成白盐，从而提高其价格。

泽兰的布列塔尼人

　　布列塔尼人在盐业交易中占据了一定的份额，在面对其他人（荷兰人、汉萨人、普鲁士人或利沃尼亚人）的行动时态度积极。

181 一个地区的人民在发展海上贸易中所起的作用能够证明其能力、活力、创造力和扩张性。克劳德·布耶确认，布列塔尼船在努瓦尔穆捷盐（当然属于海湾盐）的出口贸易中所占的份额在 1429 年为 30%，1533 年升至 53%，远高于荷兰船所占的比例，尽管荷兰船的比例在这两个年份之间从 4.5% 增加到 20%，而英国船的份额变化趋势则恰好相反，从 1518 年的 18% 到 1533 年的 3.5%。十六世纪，汉萨同盟的船只从这项贸易中消失，而诺曼底的船只则占到约四分之一。但我们不能简单地用船只数量的总和计算比例。1522年，外国船的吨位增加了，十六世纪三十年代船只的数量和吨位趋于平衡，显然是因为布列塔尼船也加大了吨位。

---

① Brulez (1974) W. (avec la coll. de Craeybeckx J.), *Les escales au carrefour des Pays-Bas. Bruges et Anvers, 14ᵉ – 16ᵉ siècles*, Recueils de la Société Jean Bodin, 32, 417 – 474, et *Studia Historica Gandensia*, 181, Gand.

表6-2　外国船只在努瓦尔穆捷盐的贸易中所占比例

年份	1429	1518	1522	1531	1533
在船只总数中所占百分比%	15.8	22.5	23	6	3.5
在总吨位中所占百分比%	58	31	41	5.7	4

资料来源：Bouhier（1968），231 et 235。

图沙尔（Touchard）在查阅了从荷兰史料中收集的各种数据[1]后指出，从1445年到1521年，布列塔尼的船只大规模参与了这项贸易，它们中途停靠在泽兰、费勒、米德尔堡、贝亨奥普佐姆、济里克泽等港口，特别是阿讷默伊登港。停靠在该港口的船只中，有一半以上是在布列塔尼各港口注册。换句话说，布列塔尼在出口一种低商业价值的原始产品时，通过运输来增加收益。[2]从十五世纪中叶到十六世纪二十年代初，这种贸易增长强劲。

182

表6-3　阿讷默伊登港的布列塔尼船（年平均值）

年份	1445-1450	1450-1455	1455-1462	1462-1466	1466-1475
年平均值	8	1.5	0	11	38
年份	1475-1483	1487-1489	1493-1499	1518-1521	
年平均值	139	46	188	426	

早在1477年，一位布列塔尼商人就宣称："每天都有布列塔尼人带着盐和其他商品来到泽兰。"例如，在1518年停靠泽兰的367

[1] Unger（1923-1931）W. S.，*Bronnen tot de Geschiedenis van Middelburg in den landsheerlinjken tijd*，La Haye；Unger（1930-1942）W. S. et Sneller Z. W.，Bronnen tot de Geschiedenis van den Handel met Frankrijk，La Haye.

[2] Touchard H.，*Le commerce maritime breton à la fin du Moyen Âge*，Paris，1967；Craeybeckx J.，*Un grand commerce d'importation：les vins de France aux anciens Pays? Bas*（xiiie-xvie siècle），Paris，1959. 克雷贝克斯（Craeybeckx）广泛讨论了盐贸易（第300~316页）。

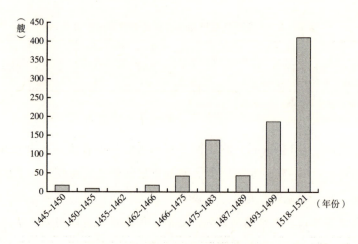

图 6-2 阿讷默伊港的布列塔尼船数

艘船中，有 85 艘载葡萄酒，有 2① 艘载酒和盐，有 262 艘只载盐，占比 71%；1519 年至 1520 年，总共 401 船中，有 260 艘只载盐（占 65%）。这种现象的原因在于：向波罗的海港口出口盐的漫长航程被分为两段，西段被布列塔尼人控制，东段被荷兰人垄断，这样就消除了时间安排上三个限制条件带来的困难（见上文），并且中途必须转运一次也对泽兰及荷兰南部有利。

泽兰的精制盐场

到底泽兰有什么能够吸引大量运盐船到来？在中世纪，泽兰人以一种特殊的方式生产盐，他们将浸泡过海水的泥炭从滩涂里挖出，进行干燥处理并巧妙地循环燃烧：将燃烧泥炭产生的含盐灰烬加水，滤析出卤水，将卤水放入平锅，再用泥炭加热，蒸发水分。

---

① 与作者沟通后确定原文数字无误，应该是有 18 艘船没有记录装载了什么。——编者注

图 6 - 3 泽兰泥炭盐的生产

183

经过这一循环过程，精细的白盐就制成了。但是，制盐活动给十分脆弱的海岸线带来了巨大的风险：开采泥炭在堤坝后方造成了许多凹坑，缺乏支撑的堤坝在 1421 年 8 月的圣伊丽莎白日被可怕的海啸冲毁。这种盐业生产因此受到限制，1515 年查理五世时期被完全禁止，但北部的弗里西亚群岛继续生产泥炭盐，直到第一次世界大战之后才停止。[1] 这种使用盐灰并用海水过滤的技术被称为挖矿（荷兰语为 darink-delven），非常古老而复杂，是泽兰盐工独有的绝技，[2] 他们很快就用这个技术来为布列塔尼人的盐增加价值。实际上，北欧、英国和德国的居民都习惯食用白色盐，即用燃料加热无盖的平底锅蒸发锅中卤水得到的产物。吕讷堡盐井生产的盐非常受欢迎。向这些国家的居民出售的盐必须是纯净的白盐。荷兰人了解此要求，并开始精加工法国产的大西洋盐。根据当时的观察家，安特卫普商人格拉玛耶（Grammaye）的说法，在十六世纪七十年代，荷兰境内大约有 300 个盐场，分布如下：泽兰省 150 个，荷兰省 50 个（主要在南部），弗里斯兰省 20 个，佛兰德省 50 个，布拉班

① Hocquet, «Der bayerische Salzhandel mit Schweiz», 323 - 331, *in* Manfred Treml éd. , *Salz macht Geschichte* , *Aufsätze* , Haus der Bayerischen Geschichte, Augsburg 1995, 101.

② Harteveld R. B. , «Zoutwinning en zoutzieden in Nederland», *in* Forbes R. J éd. , *Het zout der aarde* , Hengelo, 1968, 267 - 272.

特省 30 个。一百多年后，荷兰共和国共有 293 个盐场，其中 195
个在荷兰省，且有 55 个集中在瓦尔河畔的多德雷赫特附近。① 精
制盐工业已经转向对内陆泥炭地的开发，泥炭作为燃料使用，而不
像海滨泥炭一样作为富含盐分的原材料来源。

184

起初，只有吕讷堡盐场主担心荷兰的泽兰白盐侵占其专享市
场。早在 1455 年（即布列塔尼人开始往泽兰运盐仅仅十年后，从
中可以看出吕讷堡反应之迅速），吕讷堡市的备忘录就首次披露了
使用泥炭制盐的新技术及其重要的经济价值。该地政府颇有远见卓
识，足以预见危险：在十六和十七世纪，进入波罗的海的荷兰船装
载的大部分是这种新型白色盐。② 荷兰人及其在波罗的海东岸的客
户不满足于仅仅提供与吕讷堡盐同等品质的盐，他们还仿制了吕讷
堡的盐桶，吕讷堡向汉萨同盟其他城市的议会递交了抗议信，谴责
这种造假行为，包括格罗宁根、不来梅、汉堡、甚至吕贝克，以及
施特拉尔松德、斯德丁、但泽、埃尔宾和柯尼斯堡，所有这些城市
都已开始制造吕讷堡所谴责的"假盐"，而造假者却辩称这只是一
种"用其他盐制出的盐"。因此，从弗里斯兰到普鲁士，外国盐都
挑起了与吕讷堡盐的商战：首先是布尔讷夫海湾盐，然后是泽兰的
精制海盐，近代以来则是西欧各种各样的海盐，包括葡萄牙的日晒
盐和苏格兰直接用海水熬制的盐。后续的故事众所周知：英格兰起
初依照相同的思路在诺森伯兰郡制盐，后来在利物浦附近的地下发
现了丰富的岩盐和煤炭。

---

① Brulez (1955) W. , «De Zoutinvoer in de Nederlanden in de 16 eeuw», *Tijdschrift voor Geschiedenis*, 68, 183 – 185.

② Witthöft (2006) H. , «Le Sel de la Baie et le sel de sel vus de Lunebourg (13ᵉ – 18ᵉ siècles)», 315 – 323, *in* Hocquet et Sarrazin, *Le Sel de la Baie*, 317.

新的出口方向

史学研究的最新进展表明，布尔讷夫海湾盐不再是开发新市场的主要受益者，盖朗德盐的产量超过海湾盐成为第一，布列塔尼财政区总督贝沙梅勒·德·努瓦泰勒（Béchameilde Nointel）很满意盖朗德盐的品质："盖朗德和勒克鲁瓦西克的盐沼出产的盐比海湾盐品质好"[①]。　185

图 6 - 4　盖朗德的全貌

国内市场的供应

海湾盐沼地处内河航运大动脉附近，经过南特可以通向王国的心脏地带，海湾盐现在应该供给法国国内广大地区，即沉重的盐税所覆盖的地区，超过法国三分之一的面积。国内市场的内陆水路运

---

① Michon (2006) B., «Les Activités des ports de la baie de Bourgneuf au xviiie siècle», in Saupin G. et Sarrazin J.-L. éds., *Économie et société dans la France de l'Ouest atlantique*, Presses Universitaires de Rennes, 246.

输比例的增加抵消了远洋海运贸易比例的减少，也意味着不会出现盐的生产危机。

表 6 - 4 1732 年和 1772 年运抵南特的盐

盐产地	1732 年			1772 年		
	船数（艘）	吨位	占总量比例（%）	船数（艘）	吨位	占总量比例（%）
卢瓦尔河北部盐沼	83	637	8	170	3084	25
海湾盐沼	439	7298	92	381	8860	71
瑟德尔河－雷岛（布鲁阿日）				14	517	4

这张表显示了运抵南特的盐的数据，① 提醒我们在分析数字时必须非常小心。十八世纪中叶，运送海湾盐至南特的船只数量在 40 年间从 439 艘下降到 381 艘，下降幅度略超过 13%（13.2%），但运输量增加了 1562 吨，即 21.40%。从这些船上卸载的平均盐量从 16.62 吨升至 23.25 吨，平均约增加了 40%。②

---

① Michon (2004)，«Les Activités des ports de la baie de Bourgneuf au xviiiᵉ siècle»，*in* Saupin G. et Sarrazin J. - L. éds.，*Économie et société dans la France de l'Ouest atlantique*，Presses Universitaires de Rennes，200.

② 米松（Michon）在 2004 年这篇文章中解释了他为什么"选择提供船只的数量和吨位，而不是提供运至南特的盐量，是因为报告（船主在南特做的报告）中很少提供这一信息。此外，根据产地不同，使用的度量单位也不相同。使用不同的度量会使估计数据更加困难。"事实上，盖朗德半岛使用矛作为单位，而海湾则使用载（charge）。实际上，在我看来，真正的困难在于：海湾里的所有港口（布尔讷夫，布安，博瓦尔和努瓦尔穆捷）所用的载是否都相同，盖朗德地区的各个港口，勒克鲁瓦西克，勒普利盖恩和波尔尼谢都使用同样的矛？至于为什么一艘小吨位的船试图用单一的产品（盐）来装满货舱，这是海洋经济的基本法则，况且生产食盐的这些偏远地区几乎没有其他商品可提供。另一点值得注意的是，船舶的吨位是一个变化的数据：出于一些不便告人的原因，船长会毫不犹豫地有时减少，有时增加船只的吨位，其中最可信的原因是税费，最不靠谱的解释是船长的情绪波动（走私也有可能是主要原因）。

行销远方的盖朗德盐

吉尔达·比龙（Gildas Buron）提出了一些有力的证据，证明盖朗德盐在近代"持续热销"。[1]"大量外地船，包括英格兰船、苏格兰船、佛兰德船、荷兰船、诺曼底船，甚至拉罗谢尔船"来到勒克鲁瓦西克港口，也就是说每年前来的船只多达 20~30 艘。贝沙梅勒·德·努瓦泰勒总督证实了这一点，并确切指出盖朗德盐主要从勒克鲁瓦西克港和勒普利盖恩港（Le Pouliguen）出口，偶尔从梅斯盖尔出口。比龙仔细分析了当地史料，由此了解到出发点的运盐量，而不是盐通过海峡或进入进口港时的运输量。他查阅了海事办公室的登记册、离港以及收取锚地费的清单、公证文书和司法档案，然后将这些数据与著名的《松德图表》进行了比较。一般是在南特口头议定采购盐的相关事宜，但有时是在盐沼直接装盐，有时是由货船和小艇在盐沼与锚地之间往返数趟完成。离港登记没有注明船上装载的盐量，因此需要根据船舶的吨位进行估算。[2]

187

表 6-5　在盖朗德地区的港口装盐的船只数量（估测）

船数（艘）	1674~1677 年及 1680~1681 年	1688 年 8 月/9 月	1720~1723 年	1736~1747 年
英国船	1458		130	133
荷兰船	0	6	75	784
北欧船	7		14	166

---

[1]　Buron (2006), «Le Commerce des sels de Guérande (xviie et xviiie siècles)», 273 - 291, *in* Hocquet et Sarrazin, *Le Sel de la Baie*, 273.

[2]　只有一条记录似乎无可争议：1687 年 8 月 23 日，一位船长装载了 80 矛粗盐和 20 大桶（barrique）精盐："每一堆等于 2.5 登记吨，整船货物加在一起为 205 登记吨"，引自 Buron (2006), 278。4 大桶等于 1 登记吨。

　　这些船舶的吨位很大：在十七世纪七十年代末（第 2 列）的英国船中，有 1208 艘英格兰船，吨位为 43000 吨；在 1736 年至 1747 年，784 艘荷兰船的总容量接近 70000 吨。还有另一个工具可以估测食盐运输量，即《松德图表》，其参考价值可高可低，参考价值低是因为它仅记录进入波罗的海的船只，不涉及与不列颠群岛、荷兰和汉堡的贸易，参考价值高是因为它连续记录了自 1636 年以来的所有数据。

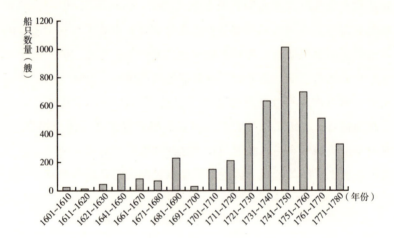

图 6-5　十二和十三世纪从盖朗德地区的港口出发穿越松德海峡的船只数量

资料来源：Buron（2006），276。

　　皮耶里克·布尔沙斯（Pierrick Pourchasse）借助松德图表中有关丹麦的数据，来追溯海上盐业贸易的情况，他证实十五世纪出口"从布列塔尼地区逐渐转到布鲁阿日地区"①；在接下来的一个世纪

---

①　Pourchasse（2006₁）P.，《La Concurrence entre les sels ibériques, français et britanniques sur les marchés du Nord au xviiiᵉ siècle》，325 – 337，*in* Hocquet et Sarrazin，*Le Sel de la Baie*，325.

里，来自布尔讷夫海湾的食盐贸易陷入困境，但从十七世纪二十年代开始，记录显示"荷兰船只上的法国食盐（来自圣通日地区）的比例显著增加"；最后，大约 1710 年，"布列塔尼重新成为法国第一大食盐出口地区，并且在整个十八世纪的大部分时间里都保持了这一地位"①。这种变化情况说明没有任何地区陷入盐的生产危机。海上贸易和国内市场的历史与盐税关系紧密。因为布列塔尼在财政方面享有豁免盐税的特权，所以向国内贩盐的走私活动猖獗，这是众所周知的事实。虽然国家严打走私，但是地下交易以及布列塔尼盐只供应本地区的规则为当地人带来了大量富余的盐，从而可用于对外贸易。相反，海湾盐要供给塞纳河谷和卢瓦尔河谷两大地区，而圣通日的天然市场是阿基坦大区和赎回盐税的地区。② 商人们在南特和拉罗谢尔商讨贩盐事宜，但装船是在北部的勒克鲁瓦西克港和南部的圣马丁德雷港（Saint-Martin-de-Ré）。③ 最后一个因素仍然是盐产量的不稳定，这在很大程度上取决于气候变化：1751 年至 1752 年，因夏季多雨，勒克鲁瓦西克港向波罗的海出口的盐量从 5015 船下降到 375 船，圣马丁德雷港的出口量从 2609 船降至 235 船。④ 此外，外部市场的长期趋势不利于法国食盐。

189

---

① Pourchasse (2006₁), 326.

② Pays rédimés (des gabelles) 指法国西部和西南部的省份，自十六世纪中叶至 1789 年大革命之前，这些省份不再缴纳盐税，而是向国王支付一大笔款项作为"赎回"盐税的费用。——译者注

③ Tardy P., *Sels et sauniers d'hier et d'aujourd'hui*, Groupement d'Études Rétaises 1987；Delafosse M. et Laveau C., *Le Commerce du sel de Brouage aux xviiᵉ et xviiiᵉ siècles*, Cahier des Annales 17, Paris, 1960.

④ Pourchasse (2006₁), 329.

表 6 – 6　波罗的海进口的盐

单位：船

年份	法国	葡萄牙	地中海	英国	总计
1720 ~ 1729	128456	97411	1271	12836	264592
1730 ~ 1739	133203	80191	31043	14842	276560
1740 ~ 1749	160611	97255	48482	12259	334825
1750 ~ 1759	147314	100475	62398	18289	340060
1760 ~ 1769	157559	115229	69987	24377	377762
1770 ~ 1779	72023	102710	140093	47177	375532
1780 ~ 1789	77570	126027	112342	109132	447309

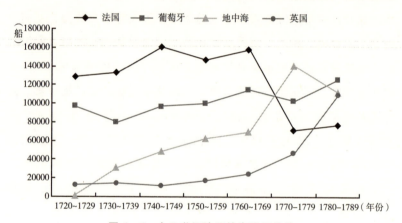

图 6 – 6　十八世纪波罗的海进口的盐

快速发展的市场增长了 69%，但从 1720 年至 1729 年再到
1770 年，法国的份额一直稳定在大约 45%，然后 1780 年至 1789
年急剧下跌至 17.3%，同时葡萄牙的出口份额也下降了约 8 个百
分点（从 36.8% 降至 28.2%）。[①]　此时一个新的盐业市场正在形

---

① 葡萄牙盐的历史为人熟知，这要归功于弗吉尼亚·劳（Virginia Rau）的开创性
　研究（1950 et 1951）以及一部基于其研究的杰作：莫拉《盐的作用》，与皮埃
　尔·让南（Pierre Jeannin）的重要研究成果一起被引用（也须查阅皮埃尔·让
　南的图表），同上。

成，并一直兴旺到二十世纪五十年代。撑起这个市场的两大支柱是：夏季阳光的地中海日晒盐和煤炭开采扩张的熬制盐。十八世纪，工业革命尚未完全展开，南欧地中海沿岸的日晒盐出口几乎增长了百倍，英国的熬制盐出口增长 8.5 倍。到十八世纪末，这两类食盐的贸易量稳定在 110000 船，各占据 25% 的市场。

十五世纪初，进口法国盐引起了人们的担忧。当时，来自吕讷堡的盐通过特拉沃河运抵吕贝克（特拉沃盐），然后再从吕贝克运往波罗的海沿岸各地。从十四世纪末开始，吕讷堡盐在但泽港遭遇经松德海峡运来的产自西欧的大西洋盐（法国盐或葡萄牙盐）的竞争。① 正是因为盐，但泽才很快成为波罗的海第二大港口，仅次于吕贝克。在十六世纪，特拉沃盐在波罗的海的海盐贸易中仅占 20%。然而，收成和进口量的不稳定性、不断增加的费用、沿岸国家之间的冲突以及航行中对海盗劫掠防护不力导致海湾盐的运输成本节节攀升。1475 年 6 月，运输海湾盐的荷兰船队（70 ~ 80 艘船）被法国人抢劫，随之特拉沃盐（从 630 船增加到 940 船）在但泽市场上的份额从 13% 骤然上升至约 46%。在价格方面，特拉沃盐和海湾盐之间的实际价格比为 2:1。② 在波罗的海港口，商人们为了赚更多的钱，试图用海湾盐代替吕讷堡盐，方法是对海湾盐进行精加工，用蒸发盐（Siedesalz）冒充特拉沃盐。为了以假乱真，他们将这种盐放在吕讷堡的盐桶中出售。每个港口都有这种加工厂，甚至包括主导特拉沃盐贸易的吕贝克。1405 年，吕讷堡市致函但泽和柯尼斯堡，指责两地伪造吕讷堡盐桶用来销售外国盐。两个世纪之后，吕讷堡的备忘录才首次提到泽兰人对海湾盐的加工

191

① Stark（1990）W.，«Salz im Ostseehandel des 14. und 15 Jahrhunderts»，in Lamschus，Salz-Arbeit-Technik，254.

② Stark（1990），256.

工艺，即溶解并熬煮海湾盐以制成白色盐。① 精加工盐的新工艺取得了巨大成功，导致生产弗里斯兰盐（即燃烧泥炭而制成的盐或灰分盐）的旧盐场在十五世纪下半叶逐渐消失。在泽兰至弗里斯兰的海岸，古老的制盐活动被加工海湾盐或其他西欧海盐的活动所取代，这种加工业一直持续到十八世纪以后。其加工量相当于一个大型内陆盐场的产量（10000～20000 吨），超出了当地的需求。

　　1495 年，吕讷堡就像 1405 年所做的一样，再次向邻近的城市投诉造假行为，但恶行已蔓延得更广，吕贝克、施特拉尔松德和斯德丁也加入造假行列。于是吕讷堡要求精加工盐只能用小桶装，以避免与真正的吕讷堡盐混淆。十六世纪中叶，吕讷堡向不来梅、汉堡、格罗宁根和弗里斯兰的伯爵们提出抗议，指出"以盐制盐"的生产方法向东、向西传播到每个港口，甚至沿着埃姆斯河、威悉河、易北河和奥得河等河流传播到内陆很远的地方。这种情况也的确使城市当局感到震惊，因为海湾盐的进口量很大，并且度量体系实际上还增加了进口量。1573 年，1 船海湾盐或粗粒盐被算为 18 木桶盐，另外，西班牙盐也随之进入当地市场（1578 年首次出现在汉堡市场）。海湾盐的出口商应该对此类品质近似的盐有所警觉，况且市场上已经开始出现苏格兰盐（1613 年出现在不来梅），看起来与精加工过的法国盐毫无区别。吕讷堡在 1579 年、1624 年和 1667 年三次获得皇帝授予的特权，禁止将"加工过的海湾盐或其他盐"装入吕讷堡的新旧盐桶中，并且禁止使用与之相同"木材、形状、容量和大小"的盐桶，即伪造的盐桶。

　　我们已经知道，从但泽进口的盐会沿着维斯瓦河销往波兰的腹地，

---

① 《Wo men solt van solte szeden kann. Item van eynem hundert Bayeszsches soltes kann mer szeden to Middelenborg（Middelbourg）drehundert grawes zeesoltes》，1455 [Witthöft（1979），605]．

直至托伦和普鲁士境内的条顿骑士团堡垒，也销往立陶宛，直至考纳斯①和维尔纽斯。柯尼斯堡通过收取中转费以及对过境贸易征收海关税，试图插足于这些贸易关系。尽管有停船税和货重税（*Pfahl und Pfundgeld*）② 两种税，但泽仍是一个价格实惠的港口，装货成本不超过货物申报价值的 0.5% ~ 1.5%。这就是为什么从海外进口的大部分盐是在但泽卸货，相对于里加或瑞典和芬兰港口，但泽在整个波罗的海地区起着重要的分配作用。但泽的水手甚至前往斯德哥尔摩北部，用盐与当地农民或贵族交换回农产品（十六世纪）。从 1490 年到 1492 年，但泽有档案（*Pfahlkammerbücher*）记录了 227 艘离港的船，开往里加、柯尼斯堡和吕贝克的船上只载着海湾盐，开往波罗的海其他所有港口的船则装载海湾盐和特拉沃盐两种盐，这些港口包括斯德丁、罗斯托克、哥本哈根、卡尔马、斯德哥尔摩、里加、奥布和雷瓦尔。这三年中从但泽发货的盐达到了 2400 船。

南方盐和海湾盐

坎塔布里亚沿海港口的盐运输

无论沿海还是内陆，西班牙境内到处分布着盐场，例如地中海沿岸、安达卢西亚的大西洋沿岸、卡斯蒂利亚和安达卢西亚大区、阿拉贡和加泰罗尼亚的比利牛斯山麓地区。只有一个地区缺少盐场，就是遍布岩石的坎塔布里亚海岸，它西北两面临海，常年经受风吹雨打，没有地方可以安置盐场，而与其相连的加利西亚、阿斯

---

① 科夫诺（Kovno）是其旧称。——编者注

② 货重税为停船期间要按照重量交税，此处为意译，详见德国法律名词词典（DRW, Deutsches Rechtswörterbuch），https://drw - www. adw. uni - heidelberg. de/drw/info/。——编者注

图里亚斯和比斯开也没有盐场。即使附近的内陆盐场，例如阿拉瓦省的阿纳纳，在满足了本地或本区的盐消费后仍有富余，但穿越山地运输至坎塔布里亚的成本也会过于高昂；从安达卢西亚大西洋海岸的盐田，或者从葡萄牙北部的阿威罗海湾盐场，都可以走海上航线为坎塔布里亚供盐。伊奈丝·阿莫里姆（Inès Amorim）绘制了一张统计表，显示 1694 年至 1703 年从葡萄牙港口（阿威罗、波尔图和塞图巴尔）向加利西亚运盐的船的数据。[1] 统计信息前后并不一致，在波尔图以船数统计，在塞图巴尔以矛计，只有阿威罗的数据前后一致，显示该港口 10 年间有 428 艘船运出了 15646 堆盐，平均每年 1564 堆。[2] 按照阿威罗的每堆盐等于 741 公斤计算，阿威罗每年出口 1160 吨盐。但平均数据本身并无意义：某些年份只有 2 艘或 3 艘船总计装载了 50～100 堆盐，而 1698 年就有超过 94 艘船总计承载了 3400 多堆盐。[3]

　　葡萄牙盐在西班牙的竞品是法国盐。其实南特或布鲁阿日与西班牙北部之间已经存在盐业贸易：1689 年，商务部长拉尼指示拉

---

[1]　Amorim I. , «O comércio do sal de Aveiro até meados de XVII. Relações comerciais com o Norte da Europa e Galicia», *Boletim Municipal de Aveiro*, 1991, 17; *Aveiro e sua provedoria no séc. XXVIII* (1690 - 1814), *estudo economico de um espa çao histórico*, Coimbra, 1997; *Aveiro e os caminhos do sal* (*sécs xv xx*), Aveiro, 2001. 法国欧尼斯（Aunis）和圣通日在 1597～1598 年食盐收成欠佳，拉罗谢尔的盐商从阿威罗和波尔图进口了一些盐（Trocmé et Delafosse, 115）。

[2]　阿莫林（Amorim）2001 年的文章中进行了出色的计量研究（第 48～52 页），但没有指出在国际体系中的对应度量单位（公制度量）。从 1690 年开始，以及整个十八世纪，阿威罗的 1 堆（moio）等于 60 蒲式耳（*alqueire*）（第 49 页），而自 1500 年以来，1 蒲式耳的容量为 13171 升。Seabra Lopes（2000）认为 13 升等于 1 蒲式耳（第 70 页）。蒲式耳基本上相当于科尔贝（Colbert）改革后的斗。在这种情况下，葡萄牙的堆（moio）在十七世纪末应为 13 升×60 = 780 升，如果我们接受葡萄牙盐的密度为 0.95，则 1 堆盐的重量为 741 千克。有关葡萄牙整套度量表，请参阅 Seabra Lopes（1997 - 1998）。

[3]　Amorim（2001）, 68.

罗谢尔的联络人员调查盐运的持续性，并发给南特十张通行证，专供向加利西亚和阿斯图里亚斯运盐的船只使用。事实上，这桩生意被认为"对王国是有利可图的"[1]，因此可以继续做下去，1693年，国王允许巴黎商人谢纳瓦（Chènevois）"根据他与西班牙国王的包税商签署的条约"，向西班牙北部二省运送盐。1708年，蓬查特兰（Pontchartrain）收到了一份《关于派遣运盐船队从南特河口出发前往西班牙的备忘录》，指示"通常每年两次派遣由50~60艘船组成的船队从南特的河口出发，将盐运至阿斯图里亚斯和加利西亚的海岸"。为了震慑藏身于泽西岛的英国海盗，船队由两艘战舰护航，法国本来希望西班牙国王承担两艘战舰的航行费用，但西班牙国王拒绝承担这一费用，因为对他来说从葡萄牙购盐更加方便。

194

　　这些交易的规模已隐约可见。居伊·索潘（Guy Saupin）为南特政府调查外国商人在布列塔尼港口的情况，发现西班牙沿海盐仓承包商在王室指挥下组织了大规模的盐运，[2] 并在南特设有代理商。其中一个名叫加斯帕·阿尔瓦雷斯·德·佩雷达（Gaspard Alvarez de Pereda）的代理商非常活跃，他在英法缔结《比利牛斯和约》[3] 之后立即签订了许多供盐合同，并且从1661年至1677年每年都签订新合同，总计484份（平均每年28份），1670年是签署合同数量最多的一年（73份）。西班牙的需求量非常大，1666年至1667年一位名叫费尔南多·德·利恩多（Fernando de Liendo）的竞争对手从佩雷达手中夺走了向阿斯图里亚斯盐仓承包商独家供盐的权利，

---

① Taillemite E., «Mentions relatives du trafic maritime du sel à la fin du xviiᵉ siècle dans les Archives de la Marine», in Mollat, Le Rôle du sel, 49 - 52.

② 关于盐场的地理条件和卡斯蒂利亚的盐业垄断，Ladero Quesada 的叙述简洁明了，其书第 92~93 页附有丰富的书目。

③ 法王路易十四与西班牙王腓力四世之间的和约，签订于 1659 年 11 月 7 日，标志着 1648~1659 年的法西战争结束。——译者注

但佩雷达在这两年中仍然签下了 68 份合同。有一份图表①汇总了佩雷达采购的食盐量，显示他总共购买了 5689 单位的盐（未标明所使用的计量单位），主要部分（2/3）来自勒普利盖恩和勒克鲁瓦西克，即盖朗德盐沼，13% 来自雷岛和奥莱隆岛，8% 来自圣吉尔，1% 来自奥洛奈，还有一些产地不明（9%）。盖朗德盐占据了最大的份额，而海湾盐沦为微不足道的角色。② 例如，有一位维河畔圣吉尔（Saint-Gilles-sur-Vie）的船长指挥一艘载重 45 桶的船，以勒普利盖恩的度量单位装载了 15 载③的白盐，当时就停泊在圣吉尔，他承诺将盐运送至加利西亚，所签合同的格式"一成不变"④。从中可以看出，唯一在南特进行的操作就是签署公证书，船长必须"到场"，而且加利西亚承包商的雇员也要在场，但租赁船只和装载食盐都直接在生产现场附近的港口进行。购盐后，商人就要寻找买家，并需要在海事办公室登记，以获得通行证。⑤

195

---

① Saupin G. , «Le commerce du sel entre Nantes et la côte nord de l'Espagne au xviie siècle», in Hocquet et Sarrazin, *Le Sel de la Baie*, 269.

② Michaud Véronique, «Les négociants étrangers à Nantes pendant la première moitié du règne de Louis XIV（1661 – 1685）», mémoire de maîtrise d'histoire, Université de Nantes, 1996.

③ 按照传统，在勒普利盖恩和勒克鲁瓦西克，盐的度量单位是矛。22 个矛原则上重 5500 斤（根据国王枢密院 1750 年 6 月 30 日的决议），但实际上重达 6200 斤，甚至 6600 斤［Buron（1999），115］。我认为与之对应的最可靠的度量单位是一个较小的吨位：150 载占据了 45 吨的空间，因为在传统的盐运输中，小船一般只装载单一货物。但是，由科尔贝正式确定的波尔多吨（1681 年《海洋法令》），等于 42 立方英尺，也被用来指 2000 斤或 20 公担的重量［Hocquet（1992），357 n.28］。显然，这里的载指的是勒普利盖恩的矛，重 6666 斤（国王规定的斤）。仍然存在一个问题：每种盐是否都使用当地度量单位装载？如果答案是肯定的，就不可能计算总出口量，除非转换为公吨。如果载与矛相等，那么盖朗德地区的这矛盐到了南特就变为 2.5 ~ 2.9 南特矛。

④ Saupin, 268.

⑤ Taillemite, 50.

地中海盐田之间的竞争

十七世纪，许多荷兰船只停泊在伊维萨岛简陋的码头旁装盐，但从未说明将运往哪里。① 从十八世纪三十年代起，撒丁岛的卡利亚里盐田开始被人关注，一些以前不常见的船只频繁在附近出现，这是瑞典人的船。第一笔生意成交于 1722 年：来自意大利里窝那的商人说服一些英国船长绕道经过卡利亚里，帮他们出售腌制肉类。英国人回程时装载了 3000 萨（salmes）的卡利亚里盐（1 萨重 550 公斤）以免空载。西西里岛的特拉帕尼盐场本来是英国船只通常装载返程货物之地，此时采取了报复措施，以夺回盐的生意。两座岛上的竞争对手之间的价格战持续了数年（1722～1731年），导致撒丁岛的盐价从每萨 12 里亚尔②降至 5.5 里亚尔以下。撒丁王国国王，即萨伏依公爵，招募了一名特拉帕尼盐工担任卡利亚里盐田主管，对盐田进行现代化改造以提高生产率。最早到的三艘瑞典船从里斯本航行至此，带走了 3000 多萨盐。船长们宣布次年将有十几艘大型船只来到。购买事宜的谈判在里斯本进行，因为那里有一位卡利亚里商人信誉卓著并且拥有牢固的商业网络。在卡利亚里，扩大盐田和港口的工程在继续，新的结晶池和码头陆续建起，盐田和装载设施之间的距离大大缩短，同时也缩短了用骡子和大车那种耗时耗钱的陆上运输时间。售盐开始对投资和基础设施有了硬性要求。但是投资带来了立竿见影的回报。另外，受到法国支持的历史不长的撒丁王朝与奥地利哈布斯堡王朝之间的战争（奥地利王位继承战争）也为盐田带来了生意：所有来意大利为交战国运

196

---

① 　Hocquet（2006₄）.

② 　里亚尔（réal），西班牙古银币，流通长达数世纪。——译者注

送物资和补给的船只，都不会空船返回，而是来这些岛屿装上食盐再起航。

表 6 - 7　卡利亚里的外国船只和出口盐量

船只 所属国	瑞典	英国	荷兰	法国	那不勒斯/ 西西里	其他	出口盐量 （萨）
1720 ~ 1732 年							22000
1733 年	4 艘	5 艘	5 艘				23000
1734 年		3 艘	4 艘	1 艘	2 艘		1383
1735 年	7 艘	10 艘	1 艘	3 艘	1 艘	16 艘	12647
1736 年							26627
1737 年							37620
1738 年							15326
1741 年							25411
1742 年	15 艘	9 艘	10 艘			4[①] 艘	20242

资料来源：根据 1994 年 Pira 的文章里各处数据整理而成的表格。
①这四艘船将盐运往新英格兰。

在特拉帕尼，形势也一派向好：

表 6 - 8　从特拉帕尼前往北欧的外国船只和出口盐量（以萨计）

年份	出口的盐		英国		荷兰		瑞典	
	船数（艘）	盐量	船数（艘）	盐量	船数（艘）	盐量	船数（艘）	盐量
1734 ~ 1736		87000						
1737 ~ 1739	254	78000	24	10533	3	2160	1	1056
1743 ~ 1744	136	22000	1	160				
1744 ~ 1745	127	15200			1	696	1	480
1746 ~ 1747	135	40500			12	7256	8	5316
1747 ~ 1748	135		3	965	10	7136	10	7933
1748 ~ 1749	173	53300	9	3950	5	2435	12	6701
1750 ~ 1751	172	43000	2	471	1	216	14	6184

197

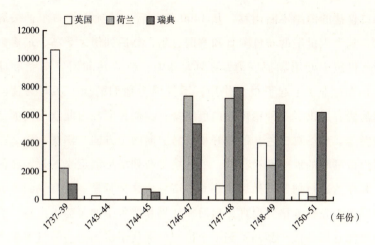

图 6 - 7 从特拉帕尼前往北欧的出口盐量（以萨计）

这些盐田持续出口食盐，情况时好时坏，在七年战争（1756 ~ 1763 年）中断了，但战争甫一结束，下跌的盐价便促使食盐出口快速恢复了增长。[1]

结 论

五个世纪的盐业史呈现出由需求而非供应主导的非常复杂的图景。需求是硬性的，而供应是变化的，二者之间的运输者却总能很快适应各种变化。我们看到，大型船只驶向越来越远的地方载盐，

---

[1] Benigno F. , *Il porto di Trapani nel Settecento, Rotte, Traffici, esportazioni* (1674 - 1800), Trapani, 1982, 56 - 61 et 84; Cancila O *Aspetti di un mercato* siciliano, Trapani nei secoli XVII - XIX, *Caltanissetta - Rome*, 1972, 54 - 55. 第 37 - 38 页的内容中，他"似乎可以确定直到 1768 年盐田（*la salma*）产量一直都在 250 千克左右"，他认为 1 萨盐重 570 千克，相当于 7.2 坎特（*cantars*）他依据的是布罗吉亚（*Broggia*）第 70 页和 161 页的十八世纪五十年代的资料。1 萨西西里盐是一种从佩戈罗蒂（*Pegolotti*）时期开始的衡量单位，重 625 千克 [*Hocquet* (1993 - 94), 111]。

出口食盐的海岸不断南移，从 1400 年前后一枝独秀的布尔讷夫海湾，到十六世纪的布鲁阿日和塞图巴尔，然后到伊维萨岛，最后到十八世纪中叶第勒尼安海①的两大岛屿。荷兰共和国（荷兰和泽兰）在盐业史上起了很大作用，不仅因为他们的船，还因为他们向消费者提供了一种精炼的白色细盐，类似长期独占北欧市场的吕讷堡盐。市场对白色盐的偏好将贸易引向两个方向，消费者要么去买白得耀眼的地中海粗粒盐，要么接受布列塔尼船运来的盐，在荷兰和泽兰进行加工，然后销往北方市场。这种贸易一直持续到工业熬制盐首先在苏格兰出现，然后在柴郡和普鲁士的莱茵省出现，这种更便宜的替代产品在不到半个世纪便取代了法国盐。又过了半个世纪，大西洋盐最终在法国彻底消失。也许有人会提出异议，认为我过分强调了盐品的质量、白的程度和精细的程度，但是盐在饮食、宗教和精神分析方面承载了如此众多的意义，所以绝对不可轻视其品质细节。

---

① 第勒尼安海是地中海的一部分，西至科西嘉岛和撒丁岛，东至意大利半岛，南至西西里岛。——译者注

第二部分

盐的工业化生产以及
盐场的扩张与集中

第七章

一个工业巨头的诞生及发展

英国历史学界很早就对盐业史甚感兴趣，但并未持续对此深入研究，所以没有留下任何全面的研究资料。[1] 英国在中世纪时用不同的技术产盐，但是产量很低，例如在海边低地浸滤含盐的沙砾，或汲采地下卤水，用这两种技术生产的都是熬制盐。为了弥补本土产量的不足，英国需要从法国大量进口大西洋海盐，英国人之所以重视对法国拉罗谢尔和雷岛附近沿海地区的控制，很可能是出于保证长期供盐的需求。他们有可能也像邻国荷兰人一样加工法国盐，以得到更高品质的盐来保存鱼类。自从中世纪末期以来，英国四分之三的盐来自法国布尔讷夫海湾、葡萄牙和西班牙大西洋沿岸。1700 年，英国仍继续进口海盐，但是已经开始对外出口本国产的普通盐。[2] 为了保证供盐的自主性，而不再受制于外国商人或敌对

---

①　Ward（沃德）（1875 ~ 1876），Barker（巴克），Berry（贝里），查洛纳（Chaloner），艾尔代尔（Iredale），布莱恩·迪兹伯里（Brian Didsbury）和奈夫（Nef）在研究柴郡盐矿时，指出盐是原始工业化的决定性因素；关于英国盐税问题，参见休斯（1925 年）和休斯（1980 年）的著作。

②　Chaloner W. H. ，" Salt in Cheshire, 1600 – 1870 ", *Transactions of the Lancashire and Cheshire Antiquarian Society*, LXXI（1961），59 – 60；Calvert A. F. , *Salt in Cheshire*, London and New York，1915；Didsbury B. ，"Cheshire Saltworkers", in R. Samuel（ed. ），*Miners*，*Quarrymen and Saltworkers*（History Workshop series），Londres，1977.

203 君主，英国必须自己生产出一种成本较低的盐，最好与法国海湾盐到达北方港口时的交货价格相当。随着人口增长，加上食品方面（腌制）和卫生方面（肥皂的制造和使用）新需求的出现，英国迫切需要找到解决办法，以满足不断增长的用盐需求。整个南部海岸，凡是能产盐的地方全都成为盐场。法国海湾盐价格相对较低的原因是使用的免费能源——太阳和风。内陆熬制盐时燃烧木柴的热效率很低，所以需要开发更廉价的能源。英国和苏格兰易于开采的煤炭就是一个选择。熬制盐的发展就是使用煤继而使用蒸汽的工业革命的成果。在十六世纪和十七世纪之交，英国的制盐工业因为用燃煤取代了炉灶中的木柴或泥炭而发生了巨变。

中世纪盐场的小规模生产以及税收的作用

在英国，西部有三个郡在中世纪以前或中世纪期间就开始开采盐泉：柴郡、斯塔福德郡和伍斯特郡。柴郡的主要产盐中心是三个镇，分别是诺斯威奇、米德尔威奇和南特威奇镇。而伍斯特郡的德罗伊特威奇则是规模最大、历史最悠久的盐镇，早在铁器时代就开始生产盐。盐镇里的盐场（英语为 saltern 或 wich house，法语为 saunerie）使用铅制的小平底锅在火炉上熬制盐。在南特威奇镇，每个平底锅长 $3\frac{1}{2}$ 英尺，宽 $2\frac{1}{2}$ 英尺，深 6 英寸。镇上唯一一口盐井汲采的卤水被分成 216 份浓卤，一份浓卤相当于平均容量为 24 加仑的六口锅熬煮盐水 24 小时后所得浓稠盐卤的量。米德尔威奇

204 镇有 108 份浓卤，诺斯威奇镇有 118 份。[1] 根据自然学家约翰·雷

---

① Chaloner W. H. , "Salt in Cheshire, 1600 – 1870", *Transactions of the Lancashire and Cheshire Antiquarian Society*, LXXI (1961), 62. 此章节转述了 （转下页注）

（1674 年）的研究，南特威奇镇盐井的所有权属于许多人共同拥有：这些人可以自己煮盐，或者出售所有权。[①] 人们把湿漉漉的盐从锅里取出，放进被称为小车的锥形筐子，置于火炉和烟囱之间烘干。一切都表明这是一种全凭经验操作的小规模手工生产，以密布在盐井周围的无数个作坊为生产单位，共用并不丰沛的盐水，雇很多工人分摊工作，包括切割运输木柴、生产并包装盐、运输和销售盐。当时的产量无法满足需求。

威廉姆·布朗里格博士以亲身经历为例，讲述盐业生产的深刻变革。他出生在索尔特科茨附近的坎伯兰，从小生活在怀特黑文众多制盐场的烟囱阴影下。[②] 自从中世纪起，坎伯兰人就通过滤洗海岸上饱含盐分的湿沙以得到卤水，然后熬煮成盐。这样产量很低，但是自从盐工使用煤炭作为燃料，就能用更大的锅，直接用泵抽取海水熬煮。从此以后，一个拥有四个平锅的制盐场 24 小时就能生产 20 斗[③]盐，而之前熬煮 4 小时只能生产两加仑（相当于 9.1 升）

（接上页注①）亨廷顿伯爵 1636 年的游记，其中这样描述盐井和盐场的运作："这种方式将泵设置在盐井里，距离井底不到一码处，他们将卤水泵入一个蓄水罐或蓄水池，卤水从蓄水槽/池通过又窄又浅的木槽被导入 55 个熬盐作坊的小蓄水箱，他们用桶将卤水从小水箱中取出，放入巨大的铅质方形浅锅，熬制时得上下移动铅锅，所以每天完工之后，必须焊接和修补这些铅锅。有些作坊使用木柴，有些使用煤炭，经过三个小时的熬煮，就制成了完美的盐。每个作坊一周工作不超过三天，一些作坊工作时间更少，因为它们卖不掉盐。每年用于木材和煤炭等燃料的费用总计约 3000 英镑，再加上使用锅具的费用，效益最好的作坊每年获得的收益也不超过 100 马克，有些仅为 40 英镑或 30 英镑。"

① Chaloner, 63. "从盐井取出的卤水经过 2.25 小时的熬煮，水分蒸发而得到盐。当煮过的卤水尚热时，他们拿浓烈的啤酒、犍牛的血液和鸡蛋清与卤水一起混合他们不会将混合物完全熬干，而会在锅中留下大约一加仑卤水，以免盐会烧糊并粘在锅壁上。"

② Martin John "Collected notes on the salt industry of the Cumbrian Solway Coast", *in* de Brisay and K. A. Evans, 71–76.

③ 1 斗等于 12.5 升。——译者注

盐。煤的使用引发了制盐工业的迁移：从北部索尔韦湾（Solway Firth）① 的泥炭沼地转移到了南坎伯兰的索特贝克区的煤炭盆地。在新的生产过程中，主要生产成本是煤的采购及其短途运输。使用煤后，盐工们就不需要耗费时间搜集卤水原料，而可以直接熬煮海水。②

但是，在研究盐业经济史的时候，不应该仅仅考虑经济因素，比如技术进步、盐的生产和贸易等，还应该考虑政治因素，更确切地说就是税收。实际上，税收对于盐以及盐业史影响极大。例如，苏格兰在十六世纪五十年代对出口的每一锅（chaudron）盐征收两苏的税，十六世纪七十年代该税上调了一倍，这项税收在 1570 年到 1579 年为苏格兰带来了 1195 镑的收入，对应的出口量是 5975 锅盐。当苏格兰王国和英格兰王国谈判 1707 年的《联合条约》时，苏格兰在条约里加上了苏格兰盐在英格兰免税的条例。这项豁免给苏格兰盐业生产带来巨大利益，尤其是因为苏格兰已经预先从法国免税进口了 60000 斗海湾盐，只需稍加精炼就可以销往英格兰。③ 用海水制盐时，苏格兰的盐场每生产一斗盐需要燃烧 3 英担（等于 152.4 公斤）煤炭，但是因为免税，苏格兰的盐业还是得以蓬勃发展。福斯（le Forth）地区当时有 98 个锅炉，加上北边的彼得黑德区共有 106 个。④

---

① 原文为 Solway First，拼写有误。——译者注
② Hocquet（1986），«L'évolution des techniques de fabrication du sel marin sur les rivages de l'Europe du Nord – Ouest», 3 – 22, in：J. – C. Hocquet, S. Lebecq and A. Lottin éds., *Les hommes et la mer dans l'Europe du Nord – Ouest de l'Antiquité à nos jours*, Lille, 12 – 13.
③ Ibid, 18 – 19.
④ Hughes（1980），*Studies in administration and finance*, 1558 – 1825, Philadelphie, 413.

煤的使用以及能源革命

伊丽莎白统治期间及之后，伦敦和其他城市的人口增长引起保存鱼类和肉类的用盐需求加大：本会被煤矿废弃的劣质煤炭，被大量供应给盐场，促使煤炭港口实现了工业化。从1580 年到 1630 年，大部分英国制盐厂集中在泰恩河和威尔河的河口湾以及福斯湾沿岸地区。之前使用农民短工的旧盐场被铁锅和煤炉取代，铁锅边长 20 英尺甚至更大，高 5 到 6 英尺，煤炉的热量使锅里的海水蒸发。这些设备被安装在木质建筑里，这里同时也储存煤炭，还常常供工人住宿。[①]

例如，1665 年，一个商人在希尔兹（Shields）建的盐场里雇了 1000 名工人，1730 年，希尔兹有 230 口铁锅熬煮海水制盐。[②] 根据 1723 年参观过此地的丹尼尔·迪福（Daniel de Foe）[③] 的描述，远远从切维厄特丘陵地区就可以望见这些盐场冒出的烟，这些盐场还从柴郡盐矿运来岩盐以提高所熬煮的海水的浓度。

从十六世纪起，森林开始枯竭，烧柴制盐的活动走向衰落。煤作为一种新近发现的廉价能源，储量十分丰富，促使希尔兹（诺森伯兰）和苏格兰的福斯湾周围诞生了直接蒸发海水的制盐厂。

---

① Nef J. U. , "The progress of technology and the growth of large-scale industry in Great Britain, 1540 - 1660", *The Economic History Review*, 5 (1934), 19.

② Barker T. C. , "Lancashire coal, Cheshire salt and the rise of Liverpool", *Lancashire and Cheshire Historical Society. Transactions*, 103 (1951), 83, n. 2.

③ 与下文的 DeFoe 应为同一人，去掉空格更符合英语姓氏拼写习惯。——译者注

福斯湾沿岸出现了一批产盐的市镇，于是一些和盐（salt）或锅（pan）有关的地名陆续出现：普雷斯顿潘斯（Prestonpans）、索尔特科茨（Saltcoats）、格兰奇潘斯（Grangepans）、肯尼特潘斯（Kennetpans）、盐锅湾（Saltpan Bay），到 1770 年这些地区的盐产量达到 318000 斗。1587 年至 1590 年福斯湾沿岸的小"煤镇和盐镇"蓬勃发展之际，苏格兰盐在不来梅占据了重要地位，至十七世纪初，不来梅进口的盐主要来自苏格兰（38%）、吕讷堡（20%）、西班牙（加的斯之后兴起的圣玛丽亚港）和布鲁阿日。三十年战争①期间，民间、宗教和军事冲突使整个欧洲的商业活动瘫痪，却促进了苏格兰盐的出口。其主要出口市场是英格兰，荷兰共和国以及波罗的海沿岸国家。② 纽卡斯尔人早已效仿邻居苏格兰人，开始了制盐活动，从 1657 年也开始出口盐、铅和煤。自十八世纪中叶起，产自东北地区的盐就逐渐被柴郡的盐抢占了市场。到 1787 年至 1788 年，东北盐的出口量下降到了 253000 斗。十八世纪末，东北沿海所有盐加工厂都关闭了。希尔兹的 200 口盐锅只剩下 20 口仍在运作。

煤的使用也催生了另一个创新，就是铁锅取代了铅锅。人们可以使用比以前大一倍的锅。东北海岸十五世纪就开始使用铁锅了，而柴郡则直到十七世纪二三十年代才开始使用。与铅锅相比，铁锅

---

① 三十年战争（1618～1648 年）源于神圣罗马帝国内部新教徒与天主教徒之间的对立，后来冲突扩大到欧洲范围，演变成一场全欧参与的大规模战争，对于欧洲新格局的形成具有重要意义。——译者注

② Whatley（1982），（1986），（1987）；Kelly；Adams；Ellis（1980）；Guy，1460～1600 年苏格兰盐出口图表，第 81 页；McIntyre：在 1707 年在爱丁堡发表了一份请愿书，题为"对盐商，对捕捞鲑鱼、鲱鱼和白鱼的渔民，以及对使用苏格兰盐（根据《联合条约》第八条低价供应的苏格兰盐）的其他人的意见"，请愿者指出苏格兰的煤炭生产只能靠向盐业销售煤炭来维持。

更能承受燃煤的高温。从 1550 年到 1700 年，英国的盐产量有了大幅增长。十七世纪六十年代，在柴郡中部持续进行的煤矿勘探导致了马伯里（Marbury）的新岩盐矿床被发现。这些岩盐根据传统的方式提炼：用淡水溶解，然后放到锅里煮制成白盐。在东北海岸，需要 6 到 8 吨煤才能用海水制成一吨盐。而 1660 年在柴郡的南特威奇镇，每吨煤可比东北的工厂多产 6 倍至 8 倍的盐①。

1660 年至 1670 年，在购买非洲奴隶、贩运黑人和进口西印度群岛产品所构成的三角贸易的带动下，利物浦从一个小渔港迅速发展成为活跃的商业中心。新的经济活动，诸如精炼美洲蔗糖和烟草贸易等也迅速发展起来。奴隶和蔗糖是扩张的根源，但柴郡从 1690 年开始的岩盐开发也为经济发展做出了很大贡献。盐对商船主、沿海商业以及英国与爱尔兰之间的贸易都很重要。从 1689 年到 1713 年，英法之间的战争阻碍了从法国或西班牙进口商品。1700 年，英国仍然进口海盐，但是已经开始将东部海岸生产的普通盐出口到荷兰，将柴郡生产的盐出口到爱尔兰、② 西印度群岛及英国在美洲的殖民地。1706 年，一些丹麦船只在利物浦装载了 1250 吨盐，开启了利物浦的国际盐运贸易。据迪福描述，1724 年，利物浦的商人派出满载盐的船只"在英格兰岛周边做交易，直到挪威、汉堡、波罗的海、荷兰和佛兰德"。对于在各国之间进行贸易的商船来说，容易脱手的盐确实是一个绝佳的回程货运商品。

208

---

① 柯林斯（Collins）《盐和渔业》的统计数据显示了诺斯威奇的优势，该地区每周燃烧 186 吨煤炭以生产 12214 蒲式耳，而米德尔威奇只有 4300 蒲式耳，南特威奇只有 4200 蒲式耳。

② Ludlow Charles G. , "Refining of imported rock salt in Ireland in the Eighteenth and Nineteenth Centuries", *Journal of Salt History*, 2 (1994), 57 - 71.

运输和生产成本的下降

但英国盐的出口历史才刚刚开始。1587 年，汉斯·洛威（Hans Glovet）进口了 30 船苏格兰盐，从此苏格兰盐就进入了不来梅市场。1626 年，不来梅进口了 7 批苏格兰盐，共计 243 船。制盐工业家乔治·布鲁斯·得卡尔罗斯（George Bruce de Culross）爵士 1589 年出口了 523 吨盐。他安装了一些用马驱动的水泵，抽取海水然后输送到制盐设备里。这在当时是个神奇的技术，1617 年很荣幸地迎来国王詹姆士一世参观。每船苏格兰盐在当地购买价为 18 帝国塔勒（Reichstaler，简称 Rtlr）①，有 5% 的折扣（也就是说，只需支付 95 船的货款，实际发货 100 船）。1648 年，不来梅市议会签订了购买 2000 船苏格兰盐的协议，以转售给明斯特、帕德博恩、奥尔登堡和毗邻地区。从 1654 年到 1675 年（缺少 1662 年和 1672 年的数据），不来梅总计进口盐 9825 船，平均每年 491 船。从 1657 年到 1679 年，不来梅也进口了英国盐，但是数量小很多，每年仅 30 ~ 70 船。

然而，柴郡制盐工业的发展很快扰乱了市场。在不来梅，进口柴郡盐始于 1754 年秋天。1770 年，不来梅这个汉萨同盟港口从利物浦进口了 450 船的盐，汉堡进口了 400 船，但泽的进口量约为汉堡的三倍多。② 利物浦位置很好，靠近兰开夏郡的煤矿，因此具有巨大的优势：这里一吨煤的价格仅为 5 苏 6 德涅尔，可运到柴郡诺斯威奇，一吨煤的价格就涨了两倍（16 苏 8 德涅尔）。人们起初是把岩盐溶液运到位于默西河河口的敦金（Dungeon）的炼盐场进行加工。③ 之后，为了降低将岩盐运到英格兰和爱尔兰沿海各处炼盐

---

① 神圣罗马帝国货币。——译者注

② Calvert, 283.

③ Barker, 87.

场的运输成本，1721 年到 1733 年，人们开凿运河连接到韦弗河。从 1747 年到 1777 年，通过河道运输的岩盐量增加了三倍，白盐量翻了一番。1777 年，河运的盐达到 85000 吨。1800 年，白盐的运载量达到了 100000 吨。在伦敦投资者和利物浦商人的推动下，诺斯威奇城市外面挖掘了很多新的盐井，产量因此加速增长。

1755 年，利物浦的商人促使议会通过了《桑基河航运法》，这个法规使圣海伦斯的煤可以借助升帆的平底驳船运到默西河，然后进入威弗河。《桑基河航运法》的倡导者是敦金和利物浦两地的炼盐厂老板。[①] 驳船上永远不缺货物，船在柴郡装上白盐或岩盐运至利物浦或默西河上的其他港口，然后通过桑基河到达圣海伦斯，再载着煤前往威弗河。1790 年前后，税务督察记录到利物浦同时有 83 艘驳船在卸盐。主要销往柴郡盐厂的圣海伦斯煤的输出量也同步增长：从 1800 年的 85000 吨增加到 1817 年的 100000 吨。十九世纪，盐促进了利物浦化工、肥皂和玻璃制造业的发展。

地下矿藏的勘探以及岩盐矿脉的发现

战争时期，煤矿老板凭着垄断抬高价格，迫使制盐人自己掘地找煤。一些盐厂老板和煤矿老板签下 30 年的合约，开始联手开发新矿。[②] 先是盐厂主成为煤矿的老板，后来情况发生反转，煤矿老板收购了柴郡的盐厂。这个过程在约 1830 年完成。人们在勘探煤矿时，在柴郡的劳顿区地下发现了岩盐层（表层岩盐埋藏在地表下 100 英尺处，于 1670 年被发现），并从 1779 年至 1781 年就开始开采厚厚的底层岩盐（埋藏在地下 150 英尺深处，厚度达 12 英

210

---

① Barker, 93 – 94：“桑基运河是制盐者的创造”。

② Barker, 95 – 101.

尺）。1780 年至 1781 年，在温斯福德附近的马斯顿（Marston）老顶矿也发现了深层岩盐。发现这个矿层的是拥有矿场部分股份的工程师约翰·吉尔伯特（John Gilbert，卒于 1795 年），他安装了一个博尔顿瓦特公司生产的旋转设备，每天把岩盐或卤水提上来。接下来第三大变化是蒸汽泵的引进。1778 年，劳顿的两个盐厂老板装了一台博尔顿瓦特小蒸汽泵，每 12 小时就能把 24000 加仑卤水泵到井上 300 英尺高处的一个蓄水池里。[1]

一位匿名人士描述了盐矿内部的情景，粗大的盐柱支撑着矿顶，盐柱的截面有 18～20 平方英尺。[2] 这一带有 11～12 个盐矿，产 50000～60000 吨岩盐，其中大部分出口，其余则就地加工成白盐，700 艘驳船在韦弗河上往返运输盐和煤。这个产盐区变得充满黑烟、黑炭和黑灰。矿工们每天早晨 6：30 下矿，7 点开始工作，他们以团队为单位，连续工作到下午 3 点，中间休息时间很短，报酬按出井的吨数算，由税务督察统计。

1803 年到 1805 年，柴郡的盐出口分布如下：欧洲大陆 45%，美国 22%，世界其他地方（也就是大英帝国）33%。1808 年，因为难以与波罗的海地区进行贸易（拿破仑的大陆封锁政策）以及中断了到美国的出口（第二次独立战争），制盐业遭到重创（韦弗河的运输量仅为 172000 吨）。但 1809 年至 1810 年受益于这两个外国市场重新开放，盐业迅速复苏（经韦弗河运输了 256000 吨盐）。官方的出口价值指数从 1808 年的 81 到 1809 年的 116，1810 年升至 119。1811 年至 1812 年的萧条和国外市场的关闭严重影响了盐

---

[1]　Chaloner，72.

[2]　Ackermann R.，éd.，"Anon.，Account of a visit to the Rock – Salt mines at Northwich in Cheshire"，*Repository of Arts*，*Literature*，*Commerce*，*Manufacturers*，*Fashions and Politics*，XI，n° 66，1814，322–327. 用彩色板显示了盐矿内部。

的出口（1811 年出口价值指数为 73，1812 年为 97）。利物浦港
1810 年盐的出口量超过 700 万蒲式耳，1811 年仅为 400 万蒲式耳。
1812 年北欧市场的重新开放未能弥补美国市场的流失。柴郡盐价　211
从每蒲式耳 7 德涅尔或 8 德涅尔德涅尔跌到 3 德涅尔。盐和煤库存
积压，只能亏本出售，产量下降，工人失业，制盐业弥漫着愁云惨
雾。① 欧洲大陆甫一回归和平，英国的经济很快就得以复苏。1844
年，东印度群岛市场开始购买英国出产的盐，英国的盐出口再次加
速增长。②

盐在十九世纪工业革命中的地位

盐业的存在和发展加强了柴郡和利物浦在不列颠群岛的优势地
位。1823 年，应商业用户和消费者的要求，对盐征收的关税被取
消，这打开了利物浦盐进入苏格兰的通道。自此，利物浦的盐没有　212
任何竞争地打入了挪威、汉堡、不来梅、波罗的海地区、佛兰德斯
和荷兰。（商船）从利物浦经苏格兰北部到北欧顺风 14 天，若天
气不好，则须双倍时间。③

在英格兰西部，德罗伊特威奇从十九世纪就不再开采盐，④ 南
特威奇在 1847 年停止了开采。十九世纪初，表层岩盐的开采被放

---

① Crouzet Fr. , *L'économie britannique et le blocus continental*（*1806 - 1813*），PUF，
Paris，1958，68 - 69，519，763.

② Ward（1884）Th. ，"On the Manufacture on Salt in Cheshire"，*Memoirs of the
Manchester Literary and Philosophical Society*，3. Ser. ，vol. 8.

③ Schwebel K. H. ，*Salz im alten Bremen*（Veröffentlichungen aus dem Staatsarchiv der
freien Hansestadt Bremen，Bd 56），Brême，1988.

④ 贝里（Berry）特别指出这个盐镇衰落的诸多原因之一是资产阶级的保守主义，
导致最具活力的企业家只得在不受资产阶级控制的市镇之外钻井。

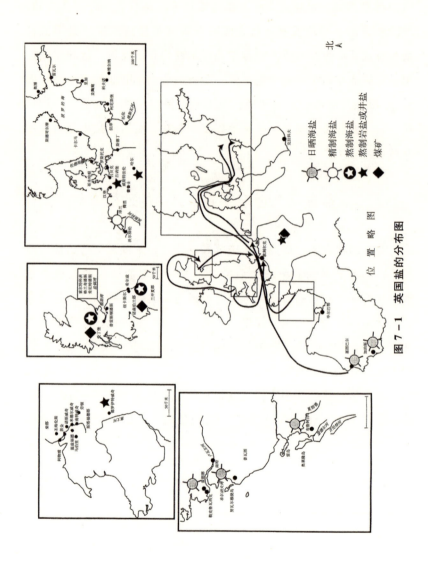

图 7-1　英国盐的分布图

弃了，几乎所有盐矿都因为矿井进了淡水或卤水而遭破坏。底层岩盐形成了卤水。用泵抽取卤水使得井底一再加深，从 1865 到 1880 年，温斯福德的井深增加了 20 码。① 很多品质更纯净的深层岩盐矿被改造成了容量超过 5000 万加仑的卤水储存库，人们用蒸汽泵把卤水抽出，再通过管道输送到各个炼盐锅里。制盐业每天消耗 400 万加仑卤水，用来制造白盐等各种品质的盐。②

　　从 1840 年起，在韦弗河上运输的温斯福德白盐超过了诺斯威奇白盐，但是诺斯威奇在岩盐上仍然保持着绝对优势。这两个制盐中心 1840 年总共出口了 414000 吨白盐，1850 年 607000 吨，1860 年 696000 吨，1870 年 900000 吨。这些成就也得益于 1858 年成立的盐业商会（*Chambre de Commerce du Sel*），温斯福德盐在商会的帮助下打开了海外市场，特别是印度市场。③ 1870 年后，每年稳定出口 100 万吨盐。盐继煤和铁之后成为英国第三大出口产品。

213

① "需要往盐井里添加淡水以形成卤水，很明显，抽出来的卤水加进去的淡水多" [Ward (1884), 15]。

② Ward (1884), 16. "晶体越大，制盐所需的热量就越少，制盐所需的时间就越长；晶体越小，所需的热量越高，制盐所需的时间越短。卤水在 226 华氏度下熬煮，24 小时内从锅中取出两次或三次熬煮过的盐，每两天制造一批用于肥皂和化工业的普通盐；根据晶体颗粒的大小用，用于渔业的盐会在锅中保留 6~14 天；海湾盐三个星期到一个月。制造商通过操纵卤水，可以随心所欲制造出软硬粗细不同的晶体。（…）海湾盐在大约 90°的温度下制成，渔业用盐根据颗粒不同在 90°至 140°的温度下制成，普通盐则在 170°至 180°的温度下制成。"

③ Choudhury S., *Economic History of Colonialism*, *A Study of British Salt Policy in Orissa*, Inter‑India Publications, Delhi, 1979. Aggarwal S. C., *The Salt Industry in India*, Publications Division, Delhi, 1956². Rusden R. D., *The Indian Salt Tax*, Speech at the annual meeting of the Manchester Chamber of Commerce, Feb. 9, 1881. Sinha N. K. éd., *Midnapore Salt Papers*, Calcutta, 1954.

表 7 - 1   白盐的产量

产地	盐锅数量（口）	产量（吨）
温斯福德	638	1000000
诺斯威奇	458	600000
米德尔威奇	13	20000
桑德巴奇	69	100000

　　盐层的大量开采对地表造成了灾难性的破坏。沃德（Ward）认为这并非在干燥的盐矿里用盐柱支撑坑道所致，而是四面八方的溪流和河流汇成的卤水流造成的。[①] 地下河道使地表下陷。很快溶解的盐在地下形成坑洞，积水而成地下湖泊，土地随之塌陷，从而引起地表大面积下沉。在温斯福德和诺斯威奇周边地区，这些因为抽泵造成的地下坑洞比比皆是。在这两个区，每个区都有约 1000 英亩的土地出现下沉的迹象，受损土地总计将近 3000 英亩，1308 座公共或私有建筑，还有运河、铁路以及分配水和煤气网络等都被不同程度地损坏。市政商会的一份报告（1883 年 5 月）已经对这些生态后果表示担忧。[②] 工业革命的最后一个要素，即以铁道和蒸汽机车为基础的运输方式的变革，给了大西洋盐致命一击。运输革命使法国盐业生产发生巨变，不到半个世纪，洛林地区的岩盐和卤水就跃居法国第一。除了铁路建设，洛林实行优惠盐价政策，并一致对生产现代化和建设新盐矿进行投资，化工业随着勒布朗制碱法和索尔维制碱法而发展起来，为盐和卤水创造了崭新的广阔市场，洛林地区的岩盐矿床和煤矿临近，法国西部盐沼无法使用蒸汽泵实

214

---

① Ward（1884），22 - 24.“盐业生产造成土地广泛沉降，房产因此遭到巨大破坏。”参见卡尔弗特（Calvert）的摄影资料。

② Ménanteau L. éd., *Sels et Salines de l'Europe atlantique*, Rennes, 2018. 在第 166 ~ 170 页和 378 ~ 389 页讲述了英国盐业历史。

现机械化，沉重的盐税继续存在，比西海岸盐更实惠的利物浦盐进入了敦刻尔克，东部盐征服了市场，所有这些因素都促使大西洋盐衰落下去，盖朗德地区艰难幸存下来的盐田最终消失。

图 7-2　盖朗德的盐场工人采收成盐

第八章

盐业现代化

自十四世纪起，欧洲大西洋沿岸及其北部的盐业生产和贸易的地理分布似乎建立在稳固的基础上，几乎不可能改变。每个地区，包括最穷困的地区，都试图通过开发本地资源来获得自主供盐的能力。[1] 有些地区用沿海的咸泥炭制盐，比如弗里斯兰群岛、荷兰和泽兰，或英格兰的埃塞克斯；有些地区则喜欢从海滩上的咸沙中提取盐，比如法国的诺曼底、庇卡底或英格兰的坎伯兰郡；有些地区有盐泉，特别是在波美拉尼亚[2]；还有些地区则利用人类的智慧在冬季海水泛滥过后采集珍贵的盐，比如丹麦北部的莱索岛。[3] 在北欧，曾有一个很大的盐矿为众多人口提供了优质的盐。这就是吕讷堡盐矿，而吕贝克从中获益最大，因为吕贝克垄断了向波罗的海沿岸港口出口吕讷堡盐的权利。[4]

然而，当地的食盐生产并不能满足日益增长的人口在食品方面的需求：有的人只能利用海洋资源，在鱼类丰富的北部海域从事成

---

[1] Hocquet (1986).

[2] 波美拉尼亚是波罗的海南岸地区，位于维斯瓦河和奥得河之间。——译者注

[3] Vellev (1991) J., «Die Salzproduktion in Dänemark-besonders auf der Insel Læsø», in J. C. Hocquet et R. Palme éds., 413–438.

[4] 关于吕讷堡盐矿及其盐产的最新综合性著作见 Witthöft (2010)。

果丰硕的渔业捕捞，有的人养殖畜牧和加工保存肉类，或者加工皮革和皮毛。大规模海上盐运早在十四世纪初就开始了，每年都有大批船只从波罗的海东岸港口，如但泽、里加、雷瓦尔、柯尼斯堡、斯德丁、汉堡，或从荷兰和泽兰出发去法国大西洋海岸以及后来的伊比利亚半岛运盐，最早在布尔讷夫海湾，然后到布鲁阿日，很快又移至塞图巴尔，最后到加的斯湾。这一历史里没有什么是一成不变的，处处充满了反转变化，而处于贸易路线中途、地理位置优越的荷兰港口以及荷兰的商船主充分利用了这些变化。他们给不同的人提供服务，既提供运输服务，也提供精炼盐。因为荷兰人早已学会用海滩上的泥炭制盐，并善于向北欧人推销跟吕讷堡盐一样的熬制盐。①

这两种盐与其说是竞争关系，不如说是有互补性。来自北欧的盐是一种熬制盐，需要用泥炭或更常见的木柴等燃料烧火制盐。这种盐生产成本很高，从原料卤水到成品盐，包括伐木和运送木柴，都需要大量的劳动力。此外还要运输成品盐，维修维护开采工具、锅具和炉灶等各种设备。不过生产这种盐的大部分盐场就近供应周边市场，所以不需要承担高额的运输费用。向周边供盐还带动了回程货运，即从附近的森林运回燃料。

大西洋盐则是另一种性质的盐：日晒盐，也就是说这种盐是由自然免费的可再生能源（阳光和风）生产出来的。而且，制造这种盐不需要汲取卤水：大西洋强劲的潮水不费吹灰之力就能把海水带到盐沼盆地，这里只要有阳光和风，就可以完成蒸发、浓缩以及最后结晶成盐等工作。所以这种盐成本低廉，生产过程中需要

---

① Hocquet (1985)，269－272.

的劳动力相对来说少很多，能够以高昂的运输费用销往北部市
场。但是有一个不利条件，且纬度越高问题就越严重：天气变化
无常或气候恶劣，下雨或者仅仅空气潮湿就会影响生产。从这个
角度看，法国不及葡萄牙南部、安达卢西亚地区和第勒尼安海的
几大岛屿那样具有优势。最后应该指出的是，各国政府或者出于
明智的考虑，或者迫于某些事件或盐工起义的压力，对出口的盐
不征收重税。虽然封建领主抽取的税费种类繁多，但总体仍然保
持在适度的范围以内。

一个反复扰乱海上盐贸易的因素是战争，包括陆上和海上
战争。丹麦国王关闭松德海峡、英国海盗袭击汉萨同盟船只、
西班牙禁止向叛乱的北部省份出口盐、英国舰队封锁了法国海
岸或伊比利亚海岸、路易十四封锁大陆及其后的大革命军队和
第一帝国对抗以英国为首的欧洲反法同盟。这些事件中的任何
一个对盐的贸易都有着深远的影响，但当和平重新恢复，各方
就会抛弃那些可能通往大西洋另一侧的替代路线，而重新沿以
往的路线前往盐场。① 尽管在十九世纪初的盐业变化中，大陆封
锁②起了非常重要的作用，但本书将不展开讨论这一段历史。其
实英国在此之前早就为自给自足做好了准备，已经不再依赖欧洲
大陆供盐。

吕讷堡传统工业的危机

通过丰富的文献资料以及哈拉尔德·维特豪夫特的优秀论文著

---

① Hocquet (1985), 271–272.

② 大陆封锁是第一帝国历史上的一项重要政策，拿破仑试图通过阻止英国与欧洲
其他地区进行贸易来摧毁英国。——译者注

作，我们熟知了吕讷堡盐的生产和贸易结构，以及下萨克森州大型盐场所经历的高低起伏的经济形势。1554 年至 1614 年是吕讷堡盐的鼎盛时期。[1]

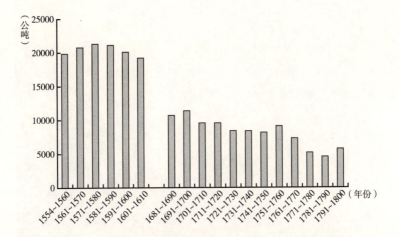

图 8 - 1　吕讷堡盐的出口量，1554～1800 年（十年平均值）

　　三十年战争造成了重大破坏，严重干扰了盐的出口。在威斯特伐利亚和约[2]签订之后，吕讷堡盐遭受了双重打击：首先是廉价的苏格兰盐这一竞争对手，当时丹麦国王再次进口大西洋盐，并且向吕讷堡盐征收每桶（tonne，tonneau）一帝国塔勒的海关税，于是苏格兰盐从不来梅的威悉河进入内陆；其次是威斯特伐利亚中部在十八世纪中叶开设的一些新盐场与吕讷堡形成了竞争。吕讷堡盐逐渐仅在布伦瑞克 - 吕讷堡公国及随后的汉诺

---

[1]　Witthöft（1976）.

[2]　《威斯特伐利亚和约》是 1648 年欧洲各国签订的一系列和约，标志三十年战争结束。——译者注

威王国①内部贸易。② 形势每况愈下。十八世纪，吕讷堡盐的贸易量下降到 1614 年的四分之一。然而，1757 年，市议会仍将盐列为该市的"主要贸易"。③

图 8－2　吕讷堡的盐库

　　威尼斯的单层商铺（见图 8－3）非常符合盐的物理和商业特性，盐是一种通过海上运输并通过河流分配的重货。而吕讷堡的多层高楼（见图 8－2）并不适合存放盐，所以已经停用。

---

①　布伦瑞克－吕讷堡公国是神圣罗马帝国治下的一个诸侯国，在拿破仑建立的第一帝国时期消亡，1814 年在原地成立了汉诺威王国，1866 年被普鲁士征服。——译者注

②　Bleeck（1985）J.，*Lüneburgs Salzhandel im Zeitalter des Merkantilismus*（16. *bis* 18. *Jahrhundert*），（De Sulte，2），Lunebourg. 最好使用 1985 年的版本，它完善了 1930 年的版本。

③　Witthöft（1969），《Die Lüneburger Spedition 1750 – 1800. Zur Entwicklung des Warenverkehrs im Einzugsbereich von Hamburg und Lübeck》，*in* Manegold，151 – 153.

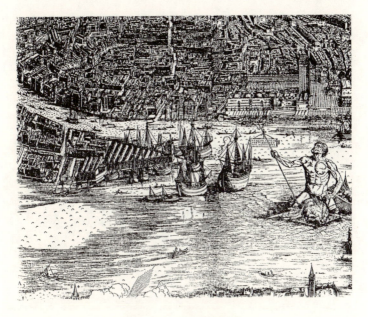

图 8 – 3 威尼斯的盐港

221

　　恩宁（*Enning*）盐场的资产负债表（1777 年）显示的严重亏损可以表明吕讷堡的盐业危机有结构性原因：恩宁盐场的销售收入为 3250 马克，但支出高达到 3565 马克，其中约一半（49%）为财政费用，包括向城市缴纳的税款，以及封建所有者征收的各种特许使用费。[①] 四分之一用于购买燃料；23% 用于向运输盐和木材的工人支付工资；而租金、设备和工具的维护以及借贷资本的利息仅占 2.5%。[②]

① Witthöft（1987）.

② Witthöft, «Produktion, Handel, Energie, Transport und das Wachstum der Lüneburger Saline 1200 bis 1800 – Methoden und Ergebnisse». *In* Kellenbenz (1978), 35; «Die Aufkünfte vom Salz auf dem Kaufhaus und die Lüneburger Salzfracht», *Lüneburger Blätter*, 13 (1962), 128 – 132; Bleeck J., «Die Lüneburger Saline von 1797 bis 1923», Lüneburger Blätter, 17 (1966). 第 80 ~ 86 页完整公布了恩宁盐场的资产负债表。

图 8 - 4　威尼斯的圣玛丽亚大教堂和海关前的盐铺

222　从资产负债表看，恩宁盐场没有任何投资。

　　十八世纪末，吕讷堡盐业出现了发展的迹象，盐场从封建性质的协会转向股份公司，然后从生产单一产品（盐）的作坊型生产转向生产多元产品的专业化生产，最后从垄断的销售形式到由工会进行销售谈判的地区卡特尔。① 这些方面的内容超出我们的研究范围，因此本书对此不做论述，而仅对盐场的工业现代化展开讨论。②

---

①　Bleeck（1966），47.

②　Aagard H.，«Arbeitskräfte- und Technologietransfer zwischen den sächsischen Salinen in der Saline Lüneburg in der Reformphase um 1800»，101 - 113，in Lamschus，*Salz*，*Arbeit*，*Technik*.

十八世纪末，吕讷堡盐场仍一成不变地继续使用中世纪的熬盐技术：54 个盐场总共拥有 216 口一米见方的铅锅，用柴火灶熬煮卤水。自十四世纪末以来，吕讷堡盐面临着日趋激烈的竞争，而它的销售价格从未能与竞争对手匹敌。吕讷堡盐从 1623 年开始衰落，1787 年至 1788 年跌入谷底。吕讷堡盐场的当务之急是必须放弃古老的中世纪技术，提取卤水并使用原有设备熬煮已经不能满足对盐的需求。但是从盐场管理层到工人，包括盐场主，所有的人都对创新怀有敌意，并拒绝尝试引入更便宜但可能会损害盐工利益的新方法。[①] 1779 年，建筑师森宁（Sonnin）成功地做了一些变动，改进了卤水的提取和分配方法。1780 年，汉诺威国王（即英国国王）任命弗里德里希·恩斯特·冯·比洛（Friedrich Ernst von Bülow）为农业部长兼圣米歇尔修道院住持，令弗里德里希与萨克森众盐场的总管冯·哈登伯格（von Hardenberg）密切合作，彻底改革对盐场的管理。作为农业部长，他有权决定盐井主人选。他在 1788 年和 1791 年向汉诺威政府提议彻底改造盐场。1794 年 5 月 4 日，乔治三世任命他为改革委员会委员。[②]

十八世纪末，萨克森地区的三个盐矿——迪伦贝格、克森和阿泰恩——成为德国最现代化的盐矿之一。迪伦贝格的 9 座大型盐场使用 20～23 平方米的大锅熬煮卤水，并且拥有配套的干燥和存储设施。燃料包括褐煤、煤炭、泥炭和木柴。冯·比洛向国王举荐的专家弗里德里希·埃德曼·森夫（Friedrich Erdmann Senf）于 1797 年提交了盐场现代化的计划书。该计划书包括九点：

1. 已被森宁现代化改造过的卤水提取设备不需要变动，其泵

---

① Aagard, 101.

② Aagard, 102–103.

已经是由水力驱动。

2. 需要另择地址修建新盐场，因为旧盐场的土地面积过于狭小，已不适合使用，森夫担心如果在旧址上新增建筑，地面在重压下会移动。

3. 应该建造两个盐场，每个盐场的年产能为 1500 船盐，并应配备干燥和存储设施。后续将考虑建造第三个盐场。

4. 新的制盐锅面积为 37 平方米，每个盐场将拥有 4 口新锅。

5. 使用泥炭作为燃料，吕讷堡附近的泥炭储量可以开采 50 年。森夫希望通过把木柴换成泥炭，将每船的成本从 12 帝国塔勒降至 7 帝国塔勒。

6. 将炉灶改造成辐射状供热。

7. 建造一个大型蓄卤水库，卤水将在重力作用下通过管道从卤水库流到锅里。

8. 建造一个新的锻造车间，用于生产备用钢板。

9. 最后，森夫认为可以在欧洲北部生产日晒盐，价格为每船 15 帝国塔勒（而海湾盐的价格为每船 45 帝国塔勒）。他希望产出的盐能销往英国甚至美国，但是该项目从未被执行。[①]

为了进行改革，乔治三世国王采取了开明专制的原则，他入股盐场，并从持有盐场的个人及宗教机构获得了资金支持。1797 年盐场现代化工程的融资构成如下：为了达到 88663 帝国塔勒的资本，亲王从公共收入（盐税）中筹措 21%，要求"同业联盟的资金"（即旧盐场）出资 17%，私人认购者（回报利率为 5%）筹集 51%，最后是盐锅和卤水的所有者出资 11%。[②]

---

① Aagard, 104 – 105.

② Aagard, 112, n. 19.

冯·比洛带着三名工匠（一个泥瓦匠、一个木匠和一名盐工）前往萨克森查看盐场的草图、平面图、模型和账目。建造新盐场的工程被委托给森夫的儿子弗里德里希·奥古斯特（Friedrich August），① 于 1797 年 10 月开工。一年后，第一座临时盐场竣工。由于欧洲经济形势发生了变化，运抵北部的外国盐越来越少，因此新盐场只设了两口锅，而且没有烘干和储存车间。1798 年 4 月 24 日，新盐场投入生产。因为吕讷堡缺乏熟练工，所以盐场在从图林根的苏尔（Suhl）经水路运送钢板的同时也带来了萨克森盐工，包括一名技师和六名工人。盐场的建筑很快就完工了。第一座厂房竣工于 1800 年 5 月，第二座厂房竣工于 1801 年 3 月。在与萨克森合作十五年后，吕讷堡终于拥有了当时最先进的技术。这个项目是否成功？人们曾希望将成本降到 10 帝国塔勒，但是投产之初成本竟然高达 20 帝国塔勒。实际上，成本增加并非因为生产技术，而是由于财务费用：1802 年的累积债务达到了 900000 帝国塔勒。新盐场从 1801 年起每年就可生产 11787 船盐，而非预期的 3000～4000 船。当时的政治因素，即频繁的战争，尤其是拿破仑颁布的大陆封锁政策，也都有利于吕讷堡盐。实际上，竞争局面直到 1815 年才又出现，吕讷堡盐矿再次面临销路危机。②

225

在欧洲大陆建立新的盐场

在商业化时代，国家试图建立新的盐场，以保证各地不受国外供应的影响，实现盐的自给自足。这项政策受到技术进步的推动，

---

① 请注意这些真正属于盐业工程师的王朝，工程师们在诸侯的召唤下去往欧洲各地，进行盐业现代化改造，见 Hocquet（1985），149－154。

② Hocquet（1989），*Le sel de la terre*，Paris，111。

因为盐业已经摆脱了从前卤水和燃料的双重限制。决定性的进步在于发明了卤水水分挥发塔、安装了大功率的水泵以及使用了煤炭。① 在此，我们只简单以 1739 年在奥斯陆峡湾建造的瓦洛（Walloe）盐矿为例，由于技术不断进步，这座挪威盐矿在 1790 年生产了 25000 吨盐，该盐矿拥有七个盐场、10 口用瑞典钢材制成的 32 平方米的大锅，以及 453 名员工。②

威斯特伐利亚盐业的发展前景广阔。这里开采盐的历史十分悠久，史料证明十一世纪初在明斯特主教区和十四世纪末在布罗克豪森都有盐业开采。十七世纪初，新的盐泉被发现并被命名为"上帝的礼物"（Gottesgabe），于是盐业有了新的发展。十八世纪的现代化进程坚决转向反封建主义。例如，为了履行一份向鲁尔河以南地区供盐的合同，必须寻找新的卤水资源，市场开发人员故意避开了强大而古老的盐业家族拥有世袭权利的萨森多夫，而是在普鲁士国王直接拥有的乌纳和柯尼斯伯恩地区搜寻。普鲁士国王于 1774 年创建了柯尼 – 翁纳盐矿，从而将这处盐矿归入他的直接管理之下。当然，一些杰出的盐业工程师③也应邀来到这里，其中最著名的一位就是美因茨大主教的盐业负责人约阿希姆·弗里德里希·冯·博伊斯特（Joachim Friedrich von Beust），他为明斯特主教区的盐业现代化贡献了自己的才华。1741 年明斯特盐矿公司（*Oktroyierten Münsterischen Salinensozietät*）成立：盐矿所有权分为 30 份，每份 1000 帝国塔勒，分给 18 位贵族，公司每年向主教账户支付 600 帝国塔勒，以赎回什一税和其他税费。

---

① Piasecki（1987），这是关于该主题的最新、最全面的研究。
② Hocquet（1986），16 – 17. 1756 年至 1770 年，奥斯坦德（Ostende）炼盐厂仅加工从大西洋或亚得里亚海进口的盐（Ramlot-Stilmant）。
③ Schremmer（1980），56 – 60. 参见瑞士工程师 J. S. Claiß 的职业生涯。

高级矿山顾问冯·施泰因（vom Stein）决定在柯尼斯波恩盐矿安装德国西部第一台蒸汽机。他写道，1782 年弗雷德里克二世就推荐使用蒸汽机，因为价格低廉的煤炭使蒸汽机更易操作。就像英国的默西河通航系统一样，鲁尔河和利珀河从十八世纪七十年代起就开凿了运河，以便将盐出口到荷兰，并将煤炭从鲁尔河运到制盐场。1799 年 8 月 30 日，蒸汽机开始投入使用。此后，卤水在蒸汽压力和重力的双重作用下循环：卤水抽取自地下 50 米深处，通过泵抽系统提升至 15 米高的支架顶部。借助这台成本为 30000 帝国塔勒的机器，柯尼斯波恩成为普鲁士四大盐矿之一。在政府的支持下，柯尼 - 翁纳皇家盐矿成功地在莱茵河两岸挤占了荷兰盐（实际上是荷兰和泽兰加工过的大西洋海盐）的市场。但是，威斯特伐利亚盐仍然仅供应威斯特伐利亚和以前由吕讷堡供盐的沿海地区。1850 年，这里共生产了 166000 公担（*Zentner*）盐。[①]

法国西部盐田的危机

在十八世纪和十九世纪之交，法国盐的市场也经历了重大变革，历史还未成定局。从十四世纪末到十八世纪，法国大西洋海岸生产的盐不仅供应了将近四分之三的"国"土，还曾出口到北部

---

① Kaiser W. , Die Geschichte der Unternehmung und des staatlichen Einflusses in der Salzindustrie Hannovers und Westfalens bis zum Ende des 18. Jahrhunderts, Diss. Köln, 1938；Burgholz D. , «Salzgewinnung und – politik während des Niedergangs des alten Salinenwesens», 247 – 267 in：H. J. Teuteberg（éd），*Westfalens Wirtschaft am Beginn des «Maschinenzeitalters»*（Unter-suchungen zur Wirtschafts – , Sozial – und Techniksgeschichte, Bd. 6），Dortmund, 1988；Timm, W. , *Von den Brockhauser Salzwerken zur Saline Königsborn. Ein Kapitel märkischer Wirtschaftsgeschichte*, Hagen, 1978. 第 29 页刊有柯尼斯波恩的蒸汽机的示意图。

的所有市场，从苏格兰到利沃尼亚以及整个斯堪的纳维亚半岛，但在世纪之交在各个市场接连失去了贸易地位。这段历史很复杂。今天，借助各种资料，我们可以解释一些基本情况：在很早的时候（十五世纪），法国大西洋沿岸日照和盐产量的不稳定性就促使来自北方的船队南下至葡萄牙，甚至越过直布罗陀海峡去运盐；另外，南欧人民饮食结构的巨大变化也利好伊比利亚盐，因为捕鳕船在纽芬兰大量捕捞鳕鱼，将腌鳕鱼干带到欧洲南部港口供人食用，回程时在卢西塔尼亚的港口载盐；十九世纪，葡萄牙盐基本垄断了法国大型渔业市场；拿破仑发起的大陆封锁也导致英国舰队对法国海岸进行海上封锁，进而导致盐商与普鲁士、斯堪的纳维亚或波罗的海俄罗斯客户过去建立起来的长期商业关系破裂；而法国失去的这些市场被后来居上的英国熬制盐占领。外国客户的流失引起了盐业市场的巨变，在工业革命加速开展之际，盐业市场应该重组。

七月王朝①统治末期，法国的盐业生产仍以海盐为主，西部盐田（225000 吨）和南方盐场（267000 吨）几乎各占半壁江山。紧随其后的洛林和弗朗什－孔泰的熬制盐年产量为 60000 吨，而西南部的巴约讷地区熬制盐的年产量不到 9000 吨。大西洋盐仍占法国总产量的 40%。西部盐田的面积为 15000～16000 公顷，大多位于滨海夏朗德省。尽管西部盐田的平均年产量达到 225000 吨，但总销量仅为 158000 吨，实际上有三分之一的成品盐过剩了。销量为何如此之低？西部海盐在北部的里尔或康布雷经过精加工以后，制造商的平均成本价为每公担 5.5～5.7 法郎。从航运看，从利物浦

---

① 1830 年至 1848 年统治法国的君主立宪制王朝，始于 1830 年七月革命，1848 年二月革命后被法兰西第二共和国取代。——译者注

到敦刻尔克的航线，比从勒克鲁瓦西克和拉罗谢尔到敦刻尔克的航线更有优势；况且英格兰在利物浦附近开采煤矿和盐矿，所以利物浦精制盐售价仅为每公担 1.7 法郎，比圣通日的海盐便宜得多，英国大港利物浦在各方面占尽优势。法国西部海盐甚至失去国内的精制盐市场。西部海盐受制于不利的气候条件，产量不稳定，而来自葡萄牙和英国的竞争对手却阳光充足或有稳定供应的煤炭和岩盐，可以保持产量稳定，价格就不会波动。具体来说：塞图巴尔盐[1]运抵法国港口的价格为每公担 2.72 法郎（含税价），因此法国海盐　228的售价不应该高于该价格。然而有时年成不好，法国海盐严重歉收，价格就很容易达到每公担 7 法郎或 8 法郎。这样的价格差，葡萄牙盐必然受到青睐，抢占了法国盐的贸易地位并稳坐如山。即使法国盐价下跌，也无法扭转新的市场趋势。

但是，对西部海盐造成致命打击的其实是法国铁路革命和铁路网的建成。诺曼底地区的卡昂和瑟堡这两个港口原本似乎应该"永远"是布列塔尼盐和旺代盐的专供市场，却在 1866 年开始从洛林买盐。最直接的后果是西部海盐积压滞销，价格暴跌。法国大西洋沿岸生产的海盐在国外市场上被外国竞争对手击败，在国内市场上也让位于工业化生产的洛林盐。历史翻过了这一页，欧洲盐业过去一千年的历史传统至此结束：海盐被陆盐取代，海上运输的优先地位先后被运河及铁路等新型陆上运输方式取代。　229

---

[1]　Halpern Pereira M., « Racionalidade regional versus racionalidade nacional? O monopolio do sal de Setúbal», 365 – 378, in Hocquet et Palme.

第九章

洛林地区盐业的扩张

在洛林地区，旧制度下的盐业垄断在大革命之后依然延续了很长一段时间。[①] 1806 年，拿破仑帝国建立了东部盐矿公司（*Compagnie des salines de l'Est*）[②]。1819 年 5 月，曾任军队发饷官的托内利耶（Thonnelier）获准前往塞耶河畔维克和萨兰堡进行勘探，

① Coudert J. , «La naissance et le développement de l'industrie du sel dans le bassin de la Meurthe (1843 – 1914)», *in* Cabourdin, 157 – 187.

② Hottenger G. , «Les anciennes salines domaniales de l'Est. Histoire d'un monopole (1790 – 1840)», *Bulletin de la société des amis des pays de la Sarre*, 5, 1928, 66 – 113; «Les salines privées sous la Révolution», *Bulletin de la société des amis des pays de la Sarre*, 8, 1932, 245 – 269. 两篇文章阐述了帝国政府如何秘密地重建了垄断机制。1806 年 4 月 24 日，帝国政府先设立了每担 10 法郎的盐税，随后又对制盐场生产的盐增加了 2 法郎的额外税。对于国有盐场，额外税将从承包商的租金中扣除。私营盐场主只能将盐场租借给承包公司 30 年。于是，垄断得以重建。这家承包公司始于一位名叫卡图瓦尔（Catoire）的人，他曾是穆瓦延维克盐场的负责人，自盐税被废除之后，他收购了盐井周边的所有土地。在共和二年，制宪议会明智地放弃了无利可图的盐场出售计划，因为战争期间，货车被征用，木材也无法运输，所有盐场都处于生产停滞状态。于是，盐场仍然属于国有，共和六年，督政府将所有位于法国东部的国有盐泉和盐场都租给卡图瓦尔和迪凯努瓦公司。拿破仑一世与包税商重新建立了联系，而包税商的存在又与旧制度的财政紧密相连。但是，包税制度可以为国库带来预付款，使其避免管理上的难题。此外，帝国政府还赋予承包公司两处煤矿的专属使用权。

他发现了地下 65 米深处有岩盐。① 这一发现对盐业的发展至关重　231
要，人们想引进新技术，用矿业开采的方式加速卤水蒸发，提高生
产效率，以取代原有的工序烦琐、成本高昂的制盐方式。这对依靠
垄断牟利的承包公司是一个巨大的威胁，政府也迫切希望收回新盐
矿。1825 年，政府设立了一个委托管理机构，东部盐场盐矿公司
（*Compagnie des salines et mines de sel de l'Est*），承包东部全部国有盐
矿，私人开采活动从此告停。

东部盐矿，权力的宠儿

在王朝复辟时期，东部盐矿产量低下，却享有许多特权。1825
年 4 月 9 日立法设公共事业管理机构（*régie intéressée*），旨在通过
这家承包公司把所创造的利润输送给国家。法国政府通过租借的形
式将东部所有国有盐矿 99 年的开采权转让给了这家承包公司。国
库每年可以获得一笔固定租金及一定比例的成品盐（从最初的
58% 很快变为 75%）。

价格优惠

因利益攸关，国家鼓励销售东部盐，允许承包公司按照运输距
离的远近确定售价。在销售区域最远处，东部盐以压倒性的优势战
胜了来自西部和南部的海盐。当然，这种在远方实行的倾销政策是
靠东部各省的居民来承担费用的，他们只能高价购买处于垄断地位
的本地盐。1841 年，一担（quintal）盐运至斯特拉斯堡盐仓的价
格为 15.75 法郎，运输费约为 2.5～3 法郎，而运至巴黎盐仓的售

① Hottenger（1928），88－89.

价仅为 9.5 法郎，其中运输费为 6.5 法郎。根据目的地的不同，每担盐可以为生产商带来上至 13.25 法郎下至 3 法郎的收益。十分遗憾的是，议员法夫罗在他的报告中并未提及洛林盐的成本，但如果计算煤炭的开采与运输成本加上卤水的开采与烧煮成本，每担盐的生产成本将远远超过 3 法郎。由此可以看出，洛林盐在巴黎市场和边远地区确实受益于倾销政策。[1]

代价高昂的私有化

1840 年 6 月 17 日颁布的法规将盐纳入了自然资源的普通法范畴，并规定任何个人都可以在得到国家许可的情况下制盐。该法规允许盐矿私有化，国有盐矿在 1842 年和 1843 年被出售。官方承包公司的时代宣告结束，公司租约也被解除。议会反对私有化政策，奥迪弗雷侯爵提出了三条理由：市场竞争会很快导致原国有盐矿集中在少数资本家手中；这些资本家会取代国家对消费者施行盐业垄断，而国家垄断带来的财税收入本来是惠及所有公民的；最后，竞争加剧还会损害西部和南部盐业生产者的利益。

这条法规的推行者希望避免再次出现垄断局面。因此他们将盐场划分为两大区域，第一片区域位于洛林，包括迪约兹盐矿以及维克和穆瓦延维克的盐矿，第二片区域位于弗朗什－孔泰，包括萨兰、阿尔克和蒙特莫罗。盐矿被拍卖出售，竞价十分艰难，最后以 850 万法郎成交。这个成交价很低，因为在官方承包时期，国家每年单靠租金就可以获得 120 万法郎，另加四分之三的成品盐。[2] 而当我们知道两位买家的身份之后，就会发现情况远比想的更糟，他

---

[1]　Favreau, 13 – 15.

[2]　Favreau, 16 – 17.

们分别是有尤穆里公爵（comte de Yumuri）头衔的西班牙将军弗朗
索瓦·纳尔瓦埃斯（François Narvaez），以及西班牙驻法国总领事
德格里马尔迪先生（de Grimaldi），他们二人作为西班牙王太后玛
丽－克里斯蒂娜（Marie-Christine）的代理人，负责到国外投资，
以规避国内新一轮革命战火的冲击。1844 年，两位中标人联合成
立了一家资本为 1260 万法郎的合股公司，并于 1862 年更名为原东
部国有盐矿股份有限公司（*Société anonyme des anciennes salines*　233
domaniales de l'Est）。[1]

历史包袱

盐与政治

　　盐业经济具有公共属性，长期受国家保护，从业人员常与能够
插手盐业以谋取私利的政界人士关系密切，甚至会达成联盟。实际
上，在七月王朝及法兰西第二帝国期间，不计其数的民选官员、市
长、政府顾问和议员创建了自己的采盐公司。[2]

　　东部盐场盐矿公司是财政部长于曼（Humann）参与创办的企
业，其董事会中不仅有多位金融家，还有政界人士和贵族阶层的代
表，如热拉尔元帅、普莱桑斯公爵（le duc de Plaisance）、弗拉维
尼伯爵（le comte de Flavigny）、波达尔斯伯爵（le comte de
Pourtalès）、瓦里男爵（le baron de Varry）等。当人们在上索恩省
的古埃南一处煤矿附近发现了高浓度的盐泉时，董事会表现出了些

---

[1]　Hottenger（1928），110－112.

[2]　Coudert，159 et 161－162.

许担忧。该盐泉于 1831 年开始熬卤制盐，每担盐的生产成本（包含折旧费用）降至 2.95 法郎，古埃南盐矿在投产当年就售出 10000 吨盐。很快，东部盐场盐矿公司毫无困难地请政府派军队占领了这处新盐矿。1839 年，这处盐矿的所有者帕尔芒捷（Parmentier）恢复了开采，1843 年，政府下令授予其经营许可权。帕尔芒捷意识到应该在政界找到靠山，所以他毫不犹豫地通过战争部长屈比埃将军向公共事业部长泰斯特行贿 10 万法郎。但丑闻很快便被揭露，1847 年开审的泰斯特－屈比埃诉讼案波及了七月王朝的政商两界。[1]

分散的家族资产

1871 年，摩泽尔省和萨兰堡地区被德意志帝国吞并，但德国当局并没有试图将企业归为己有。法国人依然可以按照自己的意愿保留利益。1914 年，在被德国吞并的洛林大区，七个盐矿都是以公司的形式经营，其中仅有一个在交易所上市。它们的资本通常掌握在少数几位家族股东手里。原东部国有盐矿股份有限公司直到 1914 年都是一家纯粹的法国公司，总部位于巴黎，在巴黎证券交易所上市。[2]

1918 年，阿尔萨斯－洛林大区回归法国之后，洛林的制盐工业依然分散在当地众多小型家族企业手中。这些家族企业一如既往地推崇高分红，而不愿对老旧企业投资进行现代化改造。1919 年，在 22 家从事盐业开采的公司中，16 家拥有制盐场；3 家把制盐场与岩盐矿联合生产，分别是罗西耶尔－瓦朗热维尔、圣洛朗和圣尼

---

[1] Hottenger (1928), 100 – 101 et 107 – 108.

[2] Roth (1981), «L'industrie salinière en Lorraine annexée (1871 – 1919)». *In* Cabourdin, *Le sel et son histoire*, 199 – 208.

古拉地区的马尔谢维尔－达甘；4 家既制盐也制碱，分别是索尔韦、圣戈班、马尔谢维尔－达甘以及 1920 年十月被库尔曼公司收购的原东部盐矿公司。

在二十世纪三十年代的经济危机时期，盐业贸易公司（*Société commerciale des sels*）的创始人勒内·帕耶勒（René Payelle）的理念足以说明洛林盐业的困境和保守主义：时至 1932 年，他仍重复着 1915 年的说法，表示有必要集中生产，即为了降低成本，必须将生产集中在少数盈利的盐场，只允许这些盐场向商行供盐，由商行拿出一部分利润分配给关闭的盐场。小型家族企业依然存在，但是不再开展开采业务。①

半农业化劳动力

1850 年前后，大部分盐场规模很小，设施陈旧，穆瓦延维克的盐场仅有 16 名工人，萨莱奥盐场有 12 名，维克盐场仅有 6 名。② 1860～1865 年，尽管罢工尚未合法化，洛林的迪约兹和瓦朗热维尔盐田仍先后发生了三次罢工运动。发生在瓦朗热维尔盐田的两次罢工运动起因各不相同：第一次罢工发生于 1863 年 1 月，管理层打算缩减员工人数，在维持工资不变的情况下提高工人的生产效率；第二次罢工发生在 1865 年 5 月，即 1864 年罢工合法化法律出台之后，在坎塔尔（*Quintard*）盐矿的两名矿工遇难后，他们的工友拒绝下矿底工作。1871 年以后，尽管工会和社会主义运动有了发展，盐矿中却再也没有发生社会运动，但瓦朗热维尔盐矿在 1906 年再次爆发罢工，因为在井底工作的小工、矿车推运工和日

---

① Bonnefont (1981) J. -C., «Le processus de concentration des salines lorraines au xxe siècle», 457 – 470, in: Cabourdin, *Le sel et son histoire*, 458 et 461.

② Coudert, 158.

班小工的工资远低于正式矿工。结果所有参与罢工的工人被立即解雇。1906 年，圣尼古拉地区的八个盐场共有 800 名工人，三处制碱厂共 2500 名工人，然而没有成立任何工会。很多盐工同时也是农民，他们拥有自己的房子和田地，会在夏季离开盐矿和工厂回去参与农忙；他们的待遇要优于本省其他劳动者，包括北部的铁矿工人。瓦亚尔（Voillard）提出，盐场和碱厂在当时应该是经济发展的尖端行业，后来却反而变成了低薪行业。[①] 1913 年，塞耶河谷地区仅有 1500 名盐工，除了在迪约兹和萨尔拉尔布盐矿工作的人之外，其他人都受雇于半乡村的小型工厂。因为在这个农村地区，只有盐场雇佣劳动力，所以制盐业的整体工资水平低于梅斯地区的矿业、冶金业、建筑业及公用事业。[②]

在索尔努瓦最大的盐矿迪约兹，盐工们形成了"身份不太清晰的出身于农村的工人阶层，接近于农民工，代表着从田间劳作向工厂雇工过渡的一代人"[③] 的一个群体。这种特殊的身份也是 1871 年洛林地区政治动荡的结果。当时，一部分管理人员和技术工人离开了被德国吞并的洛林地区，在默尔特河谷地区的盐场寻找新的工作机会。洛林盐矿的管理层依然是法国人，他们发现从周边村庄雇佣半工半农的小工有一个好处：在不景气时很容易辞退这些小工。盐田的老板和经理实行家长式的管理政策，比如，工厂的小商店会向居住在厂区内的工人家庭出售面包。但是在 1906 年 3 月，面包的价格上涨，于

① Voilliard O. , «Les grèves dans les salines au xixe siècle» in Cabourdin, *Le sel et son histoire*, 189 – 195.
② Roth (1981), 206.
③ Roth (1976), «Les salineurs de Dieuze (1800 – 1914)», *Annuaire de la société d'histoire et d'archéologie de la Lorraine* (Metz), 76, 127 – 142.

是工人们罢工了。他们要求日薪增加 50 芬尼①，并且与时俱进地提出工厂得配备两位医生，因为当时的盐矿实际上成了化工厂，工作环境异常艰苦，工人们整日在十分潮湿的环境中制造干燥剂。这次罢工取得了胜利，基督教工会和教区工人社团进一步发展壮大。但是，工厂管理层凡事必须请示常住巴黎的总经理斯塔克雷（Stucklé）男爵，无权自主做出任何决定，以至于社会问题越来越复杂，甚至演变成全国性争论。一位名叫克努唐热（Knuttange）的工会主义者宣称："由纳税人供养的政府官员支持法国资本家损害罢工者的利益，在洛林工人看来，这种做法有悖常理。"②

另外，面对新出现的竞争者——比利时的索尔维公司，人们的民族主义情绪高涨。当时，法国企业借助工业民族主义的论点，诉诸最高法院：部长向省长询问索尔维先生是否为法国人。安维尔 - 迈克斯（Einville-Maixe）盐矿的老板克洛普斯坦男爵（le baron de Klopstein），揭露这家公司"由外国人创立，而且几乎只雇外国人"，利润都流回比利时。③ 身为省议员的克洛普斯坦男爵甚至首次提到环境问题，严厉谴责这家比利时公司污染了默尔特河。至此，盐业到了一个新型现代化的临界点。

现代化的元素

除了技术革新之外，洛林盐业的发展还得益于三个有利条件： 237
交通革命、银行投资以及向化工业发展的模式。

---

① 芬尼（Pfennig）是德国的一种旧辅币，1 马克 = 100 芬尼，从九世纪使用至 2001 年 12 月 31 日，之后德国使用欧元作为法定货币。——译者注

② Roth（1976），137 - 141.

③ Coudert，167 - 168.

优越的交通

法国政府对自己将盐业垄断地位拱手让给强邻西班牙的失误深感懊恼，自 1845 年起就试图打击这一新崛起的垄断势力，并将特许经营权授予一家名为罗西耶尔 – 欧萨利讷（Rosières-aux-Salines）的国资公司。该公司在瓦朗热维尔地区进行的盐矿勘测活动成果卓越，并于 1853 年投入开采。[1] 新的产业沿着默尔特河诞生了，附近有运河以及施工中的铁路，火车很快就可以运来煤炭和木材，运走精制盐。[2] 洛林大区在交通革命中获益匪浅，七月王朝时期每吨盐的运输成本为 80 法郎，法兰西第二帝国时期铁路运输成本降至 15 法郎，水路运输成本仅为 10 法郎。洛林人在巴黎、法国北部、比利时、巴伐利亚和普鲁士莱茵河地区都占据着非常重要的位置。从这个角度来看，铁路建设促进了国内市场的统一，非常有利于东部盐业的发展，特别是因为随着铁路网的建成，囿于地理位置而必须千辛万苦"逆流而上"的海盐运输贸易迅速消失。东部的盐矿拿到了一手好牌，而法国政府还持续不断地给洛林盐业发新王牌。

1919 年，在默尔特 – 摩泽尔省的默尔特和萨伊的河谷分布着15 家企业，其中大部分依托于马恩河与莱茵河之间的运河以及巴黎与斯特拉斯堡之间的铁路。萨伊河谷仅靠一条运河与外联通，运河每逢冬季结冰和夏季缺水，航运都会中断，导致当地的盐场面临煤炭储备不足或成盐无法运出的风险。[3]

238

---

① Hottenger（1928），112.

② Coudert, 160.

③ Bonnefont, 458 – 459.

与化学工业的关系

罗西耶尔和瓦朗热维尔盐矿与制盐公司最初依靠一处以水溶法开采的盐矿提供原料产盐，1855 年起该公司与圣戈班公司达成协议，每年向绍尼的工厂提供 6 万到 9 万担岩盐。为此，该公司新挖了一口矿井，通过借贷使公司资本达到 110 万法郎。其中 30 万由圣戈班公司提供，圣戈班因此在公司董事会中占据了三个席位。同时，这家公司还成功地将岩盐销往北部的精炼厂，并利用 1862 年法国与比利时签订的自由贸易协定，决定在沙勒罗瓦附近的法尔西耶讷建立一家精炼盐厂。罗西耶尔人自信地认为"粗放滞后、成本高昂的比利时小型精炼厂"很快就会输给他们的现代企业。

旋即诞生了另一家企业：圣尼古拉 – 瓦朗热维尔盐矿与盐业商贸公司，创始人之一欧仁·罗兰（Eugène Rolland）是烟草专卖局的监察工程师，他期望用自己发明的新型制碱工艺取代勒布朗制碱法，另一位是海盐批发商埃内斯特·达甘（Ernest Daguin）。该公司于 1855 年获得了经营许可，在瓦朗热维尔的运河边开矿建厂，其产量是周边盐场的 3 倍。1866 年，该盐矿雇工多达 300 人，而竞争对手罗西耶尔盐矿仅有 95 名工人。[①]

勒布朗制碱法的出现使岩盐的产量持续增加：从 1878 年的70000 吨增至 1908 年的 147000 吨。不过，仅有两家公司生产岩盐：达甘公司和罗西耶尔 – 瓦朗热维尔公司，它们设法维持自己的垄断地位，希望独享行业增长的红利。实际上，每吨岩盐售价 6 法郎，利润仅为 0.6 法郎，根本不会引起竞争。[②]

①　Coudert, 160 – 161.

②　Coudert, 172 – 173.

比利时的索尔维公司（*MM. Solvayet Cie*）在 1870 年战争后创立于栋巴勒，使用创始人发明的技术，用卤水而不不是岩盐来生产化学产品。公司决定自行提取所需卤水，并获得了在弗兰瓦（1879 年）和阿罗库尔（1886 年）的开采许可。索尔维公司通过比对手低一半的价格在市场上实施倾销策略。只有向索尔维公司购买碱的批发商才能低价购买精制盐。从这一点来看，我们便不难理解法国企业的愤怒。只有碱成了"一本万利"的产品。索尔维占据了绝对领先的地位，产量从 1876 年的 5000 吨飞跃至 1913 年的 316000 吨。1873 年建成的栋巴勒工厂在 1884 年雇了 789 名工人。[1] 索尔维公司还在被德国占领的洛林地区收购了萨尔拉尔布的多尔内盐矿，建起一家制碱厂并于 1890 年投入生产，随后，索尔维公司又于 1900 年收购了一位名叫蒂耶蒙（Tillement）的梅斯面粉厂厂主在萨兰堡创办的制碱公司。从此，索尔维公司成为德占洛林地区最大的化工企业。[2]

在盐产过剩时，化工业可以作为替代解决方案，从各方面来看，都不宜再长期沿用盐场一词来指迪约兹的生产单位。事实上，早在 1805 年，化学家卡尼（Carny）就已经在盐场附近建立了一家以盐为原料的化工厂，运用勒布朗制碱法制造碳酸钠。后来，他的儿子开始制造硫酸、盐酸和硝酸。1835 年，化学工业的产值远超盐产业，后者退为次要行业。[3] 但该公司在 1918 年失去了德国市场，在 1920 年 11 月被股东转让给库尔曼化工厂[4]，又在 1966 年被乌吉讷－库尔曼公司接管，随后停业。

---

①　Coudert, 166 et 175.

②　Roth (1981), 200 et 202.

③　Roth (1976), 131.

④　Bonnefont, 458; Roth (1976), 130.

与银行和外国资本的关系

第一家企业，即罗西耶尔－瓦朗热维尔盐矿与制盐公司，从梅斯商业银行和梅斯当地的资本家手中争取到大笔投资。但这家企业在比利时的法尔西耶讷开设精炼盐分厂时，却引入了来自英国、法国和比利时的资本，自己仅参股四分之一。1867 年，该分厂被低价清算，罗西耶尔－瓦朗热维尔盐矿与制盐公司却并未受到影响，依然能够分到巨额利润，在第二帝国末期时利润额甚至达到股金的两倍。①

从 1870 年到 1914 年，政府收到 100 多份盐业经营许可申请，而 1843 年至 1870 年仅有 13 份。从 1870 年起，提交申请的多为工程师、工业家和银行家，盐业对土地所有者、批发商、官员或政界贵族的吸引力较小。政府颁发了 18 份新的经营许可，创办新工厂的既有洛林人，也有以巴黎人为主的外地人，如银行家欧仁·佩雷尔（Eugène Pereire）和热尔曼·阿尔方（Germain Halphen）。勘探活动沿着马恩－莱茵运河展开，范围覆盖了从南锡到吕内维尔的整片区域，甚至顺着铁路线延伸到了吕内维尔以东地区，直到摩泽尔河谷和埃斯特运河。②

危机与产量增长

随着工业化发展和大规模技术应用，盐业不可避免地与其他产业一样受到周期性经济危机的影响。尽管经历了数次危机，但是默

①　Coudert, 159 – 161.

②　Coudert, 164 – 165.

尔特流域的 22 家盐业企业中的大多数还是发展壮大起来，不再是少数企业独大的局面，虽然它们还想拼命保住自己在第二帝国时期曾经拥有过的近乎垄断的地位。[①]

洛林地区的盐产量在 1868 年达到 64000 吨，1874 年达到 100000 吨（不包括塞耶河谷盐矿区），1913 年增至 180000 吨。从 1870 年到 1914 年，精制盐的产量增加了两倍，但是制盐企业数量增加了三倍，以至于新企业拥有的市场份额越来越小，老牌企业的优势地位也受到了挑战。矿业管理部门决定停止发放新的经营许可。于是，洛林人开始寻求与其他生产者合作，东部盐贸公司创建了巴约讷盐业股份有限公司（1893 年）。但影响最大的事件发生在 1912 年，托努瓦公司宣布放弃盐矿开采业务，并将工厂承包给一家名叫"耶尔盐业及渔业公司"的南方企业。[②]

在德占洛林地区，迪约兹、维克和穆瓦延维克盐矿仍像过去一样，属于原东部国有盐矿公司，该公司同时还经营杜省（格罗宗和阿尔克）和汝拉省（萨兰和蒙莫罗）的盐矿和工厂，年产量达到 75000 吨，约占德国总产量（676000 吨）的 11.4%。盐已经成为一种产量充足、价格低廉的产品，产能超过了市场需求。市场饱和导致价格暴跌。[③]

卡特尔化和垄断重建

产量提高导致盐价下跌，盐场之间的价格战愈演愈烈。为了规范竞争，洛林和古埃南地区的盐场共同组建了一个行业工会（1863 年）。参与者必须限制产量，并且必须将生产的盐交由联合

---

① Coudert, 170 – 171.
② Coudert, 164, 169 et 171.
③ Roth（1981），201 – 202.

商行统一销售。但是索尔维公司实行的价格策略很快便打乱了这家新成立的行会的运行。①

　　法国收回洛林地区之后，洛林盐场被分给两个商行进行管理，其中默尔特－摩泽尔省的盐场归入南锡商行，后者在属于商行成员的盐场中分配订单，并规定每个盐场的产量。所有盐场共同对国外市场或运往布洛涅港口的渔业用盐市场实施倾销策略。价格上的损失由大家共同承担。而摩泽尔省的盐场成为洛林回归之后法国市场上最危险的竞争对手，归迪约兹商行管理。索尔维公司在这两个省份都有相关利益，在它的支持下，两家商行在 1922 年签订了一份协议。② 二十世纪三十年代的经济危机中，商行创立了盐业贸易公司，独家销售商行成员盐场的袋装干盐，成功地重新垄断了盐业。③

洛林盐业被南方盐田控制

　　第二次世界大战期间，燃料短缺迫使关停老旧盐场的计划再次启动。维希政府通过 1941 年 2 月 2 日法令组建了食盐生产组织委员会，由南方盐田公司的经理亨利·韦里耶（Henri Verhille）担任主席，负责执行关停计划。④ 连年战争拉大了小型盐场和有矿业辅助的大型盐场之间的差距。煤炭短缺使生产精制盐变得更加困难，盐业贸易公司便将生产重心转移到岩盐上。当时，改吃研磨过的岩

242

---

① Coudert, 163 et 168.

② Roth (1981), 201. 索尔维公司在收购德占洛林地区的盐场之后，加入了另一个卡特尔——德国中部盐场联盟（*L'Union des salines de l'Allemagne moyenne*）。

③ Sur tout ceci, Bonnefont.

④ 1941 年 2 月，亨利·韦里耶受维希政府委托关闭了产量低、煤耗高的洛林盐场，战时匮乏使得精制盐的生产更加困难。1944 年 1 月，洛林盐矿和盐场组建了洛林盐业公司，该公司聚集起所有盐业生产单位，并决定增加资本，南方盐田的母公司——盐业总公司收购了洛林盐业公司，从而控制了洛林地区的盐场。此后，韦里耶先生成为法国及海外盐场委员会主席。

盐成了爱国者的义务。这就需要重新向盐矿投资，此时洛林的一家矿业公司引起了南方盐田公司的注意。这家公司名为马尔谢维尔－达甘公司，在 1943 年决定放弃制盐业务。公司财产被转租给洛林地区所有盐场共同出资建立的洛林盐业公司。后来马尔谢维尔－达甘公司想要出售资产，洛林盐业公司就必须大幅增资才能进行收购，但作为其成员的众多家族式小型盐场因资金不足而拒绝认购新增资本。就在此时，南方盐田公司的母公司——盐业总公司为洛林盐业公司提供了 8000 万法郎应急贷款，债权以增资的形式并入资本。从 1946 年起，盐业总公司持有洛林盐业公司 170000 股中的160000 股。

洛林盐业公司实行现代化管理，放弃向股东分红，以保证现金流再投资，这与过去的家族资本主义的做法有着显著区别。自1952 年起，洛林盐业公司着手进行工业集中化改造，特别是在第五共和国初期的 1960 年至 1965 年加大了改造力度。1965 年，集中生产取代分散经营的条件已经全部具备。集中生产的地点定在了位于瓦朗热维尔的圣尼古拉盐矿，这里位置优越，占地广阔。1979年，几乎全部盐业生产都集中在了瓦朗热维尔的南方盐田与东部盐场公司旗下的盐场与盐矿。①

盐场的工业建筑②

制盐业不断出现的技术革新使工业设施迅速过时，导致行业资本一再大幅贬值。例如 1740 年前后，总包税所的特派员视察了萨兰之后，在报告中指出：盐场占地不小，但仍缺乏空间，因为堆放的

---

① Bonnefont.

② Fabbri Cl. , *Un patrimoine industriel à sauver*: *les Salines Royales de Dieuze*, mémoire dactyl. , Université de Metz, 2006.

木材占满了原本宽敞的内院，为推转盘的马匹储备的草料随时可能引发火灾。盐场的一侧是急流和围墙，另一侧是主干道，没有任何扩建的空间，拥堵的内院无法通车。然而，这处备受批评的盐场在1750 年开始利用急流带动液压泵，从而有了转机。

技术创新使盐场可以不受卤水地理分布的限制而随意搬迁。管道确保了卤水的输送，因此萨兰盐场迁至阿尔克-塞南，这里有大片开阔的平地适宜建厂，附近还有面积广阔的绍地森林提供燃料。

早在 1740 年，建筑师凯雷（Querret）就为蒙特莫罗盐场设计了体量巨大的建筑，并且按照几何图形布局排列。他仍然将内院作为堆放木材的空间，其他厂房围绕内院分布。所有锅灶都被放在同一栋建筑中，便于供应、加装原料和卸取成品。另一边是马蹄铁和木桶制作车间。1774 年，克洛德-尼古拉·勒杜（Claude-Nicolas Ledoux）采用了相同的布局方案，他将所有附属业务都呈半圆形排列，并将制盐锅灶集中在纵轴线上。厂房建筑外观低矮，没有地基，看起来像是由粗大构架搭成的避雨棚。当时唯一的高大建筑是远处的水分挥发塔，高耸壮观，由安装在卢河边的巨型水轮为其提供动力。然而，水分挥发塔后来也被时代淘汰，在 1823 年至 1846 年，随着勘探技术的进步，传统的盐泉开采方式被新工艺所替代，即注水溶解深层岩盐以提取饱和卤水。掩藏在棚屋下的深井取代了水分挥发塔。随着盐场产能增加，锅灶已经不能满足需求。于是，新的盐场陆续建成，1871 年的战争一结束，铁路沿线就建起了五处盐场。盐场选址逐渐脱离了探井的束缚。在新建成的盐场里，建筑布局再一次发生了变化。内院已经失去存在的必要，体量巨大的厂房就沿着铁路线分布。两排盐锅车间平行延伸分布，每个盐锅上覆双坡顶盖，坡顶中轴线与盐锅分布走向保持一致。而在传统布局中，所有的盐锅集中在

244

同一个巨大的顶棚下，顶棚的轴线与盐锅分布走向成直角。

　　最后一点变化是采用三效法工艺和通过两个高大筒状机器（高度和直径均为 14.5 米）进行蒸发的普拉什与布永（Prache et Bouillon）系统①。原先安放敞口盐锅的车间是纵向扩展，从此则需增加厂房的高度。1948 年，蒙特莫罗盐场的经理引进安装了一台五效机器，使那里成为全法国最现代化的盐场。②

245

---

① 法国工程师普拉什与布永合作发明的蒸发系统。——译者注

② Brelot（1986）C. I.，《Typologie des salines de Franche‑Comté du xviiie au xxe siècle》，*Pour un musée national, scientifique et technique du sel à la saline royale de Chaux*, Fondation C. N. Ledoux, dactyl., 45 – 61. Brelot（1980 et 1984）C. I., Gely C. et Vegliante G., *Les sociétés d'exploitation des salines comtoises aux xixe et xxe siècles*, Institut Universitaire des Arts et Traditions Populaires, Université de Franche‑Comté, Besançon.

第十章

普罗旺斯和朗格多克地区的盐业工业化

1790 年 4 月 23 日，制宪议会下令废止盐税，广阔的盐田摆脱了旧制度税收和封建权力的束缚，出现了"开采热潮"[1]。十九世纪上半叶，众多有利因素极大地推动了盐业发展，特别是尼古拉·勒布朗为制皂业发明的制碱法以及蒸汽机在河运和铁路运输上的使用。

分散的传统盐场

十九世纪中期，瓦尔省共有三处盐场，其中两处分布在耶尔，另一处位于昂别岛（Ambiers）[2]；相较之下，罗讷河口省的盐场更多：有盐业史上大名鼎鼎的多尔（Dol）父子所拥有的马蒂格盐场，紧邻布克港的卡隆特和沙佩拉尼盐场，还有布克的鲁比纳盐场，以及蓬杜盐场、西提斯盐场、普朗达朗克盐场、拉瓦尔杜克盐场，还有包含 12～15 块盐田的贝尔盐场，最后还有拉罗克盐场。十九世纪四十年代，法国南部地中海沿岸共有 52 个采盐点，几乎

---

① Boudet G., *Le Sel du Midi au xixe siècle La renaissance des salins du midi de la France*, Compagnie des Salins du Midi et des Salines de l'Est, 1995, 23.

② 即恩比埃斯岛（Île des Embiez），Ambiers 是其古称。——编者注

都分属不同的所有者：为了维持家族利益的完整性，盐场虽被分割或实行股份制，但不得单独买卖份额。

在耶尔，年代久远的盐田被称作老盐田，而1849年之后建成的盐田则被称作新盐田或佩斯基耶（Peschiers）①。这些新盐田建在一片池沼里，这片池沼是为了避免一次性抬升大量海水而设的初级蒸发池。

由于地中海没有潮汐现象，因此南方盐场只能建在某些特定位置。从这一点来讲，大西洋盐沼具有得天独厚的优势，因为只需将盐田修建在海平面最高点和最低点之间，潮水便可以将盐田填满或清空，而无须借助机械。在地中海地区，盐田一般位于海平面之上，所以需要将海水抬升到蒸发池中。长期以来，人们用马、驴子或骡子牵引转动斗式或鼓形水车来抽取海水。② 拉瓦尔杜克盐田是个例外，蒸发区全部位于水面之上约20米处。海水被一次性提升到初级蒸发池，然后在重力作用下流入结晶池。十九世纪中期，许多人已经明白，技术进步将很快用蒸汽代替畜力驱动水泵。当时，采收成盐的工作已无须借助畜力，仅靠人力便可完成。

劳动力密集型产业

隶属于瓦尔省西富尔斯镇的昂别岛，1860年前后尚存一块18公顷的天然盐田。1863年，三个买家买下整座岛屿，包括盐田，然后租给一位盐工，后者每年需要缴纳900吨盐作为租金。该盐田产量为每公顷产盐100吨，仅按结晶池面积计算，则每公顷产量达到400吨。由此可见，租金占总产量的一半。这种过时的经营模式

---

① 经与作者沟通确定，Peschiers是一个地名。
② 参见上文对这种抬升机器的介绍。

和租佃合同类似于中世纪的情形，盐田所有者承担重大维修的费用，佃户负责日常维护和零星开支。佃户平日与妻子和三个孩子在盐田劳作，但在春季需要雇 3 名工人，在采收季节甚至需要雇 80 名工人。① 248

图 10 - 1　1912 年，格吕桑（Gruissan）的工人打盐（唐热拉尔·布代）

搬盐就是采收成盐。当盐的结晶层达到收获的最佳厚度，即 3 ~ 6 厘米时，为了避免水分完全蒸发导致氯化物和硫酸镁沉淀，工人会排空母液，即除去粗糙不平的结晶盐层上残留的水分。首先，人们会在结晶池中挖出几条小沟槽，将水引流到排水渠，这些沟槽将结晶池分割成数个 8 米见方的小块（与大西洋盐沼中的盐池

————————

① *Enquête sur les sels*, vol. 2, 23 - 24.

图 10 - 2 1912 年，格吕桑的工人搬盐（唐热拉尔·布代）

面积相近）。然后人们让盐自然风干。因此，在地中海盐田采收成盐是旱采，这一点有别于大西洋盐田。排水沟槽分割出的每块盐地由一名工人负责，他用带有金属铲头的木柄平锄将盐从地里刨出来，堆拢在盐地中央，沥水一到两天。这是采盐的第一个步骤，被称为"打盐"（battage），按日结薪的打盐工每天能收 5 ~ 6 吨盐，而按量结薪的打盐工则能采收 8 ~ 10 吨盐，但盐田主通常宁愿按日结薪，因为干这项工作必须非常细心，既不能把盐刨成碎屑，也不能掺进泥土。接下来需要把盐运到离采盐地约 100 米的堆盐场，这被称为"搬盐"（levage）。工人用藤条筐一次可以装运 30 公斤盐，每人每天运盐 4 ~ 5 吨。所以，需要的搬盐工多于打盐工：1862 年，埃罗省的维勒鲁瓦盐田共收获 3858 吨盐，打盐耗时 380 天，运盐耗时 925 天。[1] 最后，有专人负责规整盐堆。

---

① *Enquête sur les sels*, 133.

图 10 – 3　萨兰－德吉罗（Salin-de-Giraud）（卡马尔格）

250

　　采收成盐的过程没有机器参与，全部靠人力完成，为此工作人员很多，按时长主要分为三类：常年雇的盐工和管理人员；每年冬末至春季雇四个月的设施维修维护人员；每年夏季雇三周到一个月的数百名采盐和搬盐工。十九世纪六十年代，耶尔的佩斯基耶（Pesquiers）① 常年雇十多名全职或半职人员，他们领取固定工资以及一些额外报酬，包括一名主管、一名工长、一名技工、一名盐工头以及数名负责引水的普通盐工，一名发货员和数名车夫，还有三十余名整修盐田和运送成盐的工人。在收获季，需要雇200～300 名临时工来做打盐、搬盐等重体力活，他们从 8 月 1 日到 9 月 15 日辛苦劳作整整六周。盐场的总产量约为 16000 吨，

---

　　① 　此处 Pesquiers 跟上文 Peschiers 都是同一个地方的地名。——编者注

图 10 - 4　1910 年前后，贝尔盐池的工人装盐入袋（巴尔扎莫，第 82 页）

251　一名工人的最低产量也可达 60 吨。[1]

蓬杜的盐场管理人指出，在许多盐场，特别是在西提斯、普朗达伦克和拉瓦尔杜克，盐工头把工作承包给被称作"苦力"（*chiourmes*）的劳工小队，他们（有男有女）将盐搬运到堆盐场，按劳计酬，日薪仅 4 ~ 8 法郎。

　　　　他们非常辛苦地工作，脑袋被鼓囊囊的稻草袋子遮住，赤脚被盐晶和卤水蜇得伤痕累累……他们伙食很差，缺乏休息，夜里睡在草堆上，白天在烈日的炙烤下汗流浃背，发烧生病是家常便饭。[2]

[1]　*Enquête sur les sels*，vol. II，13 - 17.

[2]　*Enquête sur les sels*，vol. II，100.

维达尔先生在布克港拥有两块盐田，每年的收盐季他都会雇80 名女工和 15 名男工搬盐和堆盐，盐田平均产量达 5500 吨（浮动区间在 800 吨到 8000 吨）。据估计，1864 年，瓦尔省、罗讷河口省和加尔省等三个省的盐场里总共有 350 名全职工人和 2500 ~ 3000 名季节工人。①

卤水池面积分配和卤水流动控制

在劳动力市场面临巨大压力导致工资上涨的时期，为了缓解收盐季招工难且成本高的问题，人们曾试图优化输送卤水和结晶成盐的流程。自中世纪以来，蒸发池和结晶池的面积分配变化一直有一个趋势：减少结晶池的比例，以便引入更多的卤水，从而提高产量。在十九世纪的地中海盐田里，结晶池面积通常占 7%。

252

表 10 – 1　盐田中蒸发池和结晶池（结盐区）的面积分配

盐沼	265 公顷
外围蒸发池	90 公顷
中心蒸发池	50 公顷
储水池	20 公顷
结晶池	40 公顷（ = 7%）
空地	100 公顷
总面积	565 公顷

盐田逐级修建接近水平的蒸发池，水在重力作用下顺着"水口"（couroirs）自然下行，只有将水抬升到上一层时才会用到机械装置。卤水受到机械力抬升后飞溅而下，水质会变得浑浊，所以人们在卤水通过水口进入结晶池之前安装过滤装置。这些水口有两个功能，

---

① *Enquête sur les sels*, vol. III, 116.

首先可以为结晶池引入纯净的卤水，其次可以排出母液或雨水。在盐田布局中，将结晶池安置在最高处有利于发挥排水功能。

1864 年，在吉罗大盐场，结晶池均为 62.5 米见方，每 12 块结晶池连成一组。吉罗盐场仍遵循传统布局，唯一的堆盐场紧邻通往罗讷河的运河，结晶池垂直于堆盐场排列分布，只是这里的结晶池规模异常巨大，从最末端的结晶池边缘到堆盐场的距离有 $12 \times 62.5 = 750$ 米。在这种情况下，不可能依靠人力完成搬盐任务，所以人们修建了运河网，船只可以抵达每个结晶池，借助吊车装载重达 2 吨的木质盐箱。[①]

新盐场的创建

众多盐场先后诞生，例如，为开采拉瓦尔杜克盐沼，先后于 1805 年和 1830 年建成哈苏恩盐场和西提斯盐场，1802 年至 1809 年建成布克盐场，让·约瑟夫·维达尔在拉加菲特、加龙特和鲁比纳修建了马蒂格盐场，1837 年建成新贝尔盐场。大地主贵族阶级继续在盐业经济中占据着非常重要的地位，比如贝尔的阿尔贝塔斯家族、萨波塔伯爵（le comte de Saporta）以及西提斯的伊梅古伯爵。1855 年，阿莱化工产品公司的经理亨利·梅尔（Henri Merle）在加尔省的萨兰德尔新建了一座化工厂，为了向该厂供应原料，他又在卡马尔格的吉罗建了一座盐场，这成为当时发展前景最好的盐场。盐（氯化钠）只是母液的一种副产品，但是这座盐场投产首年产量就高达 30000 吨。亨利·梅尔公司由监事会管理，监事会会议定期在公司最大股东让·巴蒂斯特·吉梅（Jean-Baptiste Guimet）位于里昂的宅邸召开，吉梅后来被推举为监事会主席。

253

---

① *Enquête sur les sels*, vol. Ⅲ, 349.

技术进步

十八世纪末，法国药学家安托万·波美（Antoine Baumé）改良了测量溶液浓度的比重计，这一关键发明使人们能够精准测量水中的盐浓度，从而可以有效布局卤水池，控制进水量。从此之后，人们开始用波美度（°Bé）计量水的含盐度，也就是说，化学工程师根据任意标定刻度测量出盐浓度，就可以计算出蒸发面积与蒸发水量之间的最佳比例。

表 10 – 2　含盐度与盐场的产出率

	含盐度	结晶池/蒸发池 面积比	产出一吨盐的 蒸发面积
地中海沿岸	3° ~ 3°5	1:6	112 平方米
贝尔盐沼	1°5	1:10	176 平方米
拉瓦尔杜克盐沼	10°	1:3	48 平方米

拉瓦尔杜克盐沼的水初始浓度就很高，为制盐创造了得天独厚的条件。如今，单细胞细菌盐藻（*Dunaliella*）① 使湖水呈红色，这是氯化钠饱和环境的特征，这种情形出现的原因在于这个盐沼接纳

254

---

① Litchfield（1991）C. D.，《Red – the magic color for solar salt production》，*in* Hocquet et Palme, 403 – 412. 达尔文在巴塔哥尼亚地区参观埃尔卡门市（El Carmen）附近的盐场时，将这种盐藻定义为一种藻类微生物（*infusorial animalcula*），而根据皮尔斯（Pierce）的研究，杜氏盐藻其实是一种细菌而非藻类，能够在制盐过程发挥重要作用：首先，它自带的色素呈现红色；其次，这种细菌可以使结晶池的水温升高 3 ~ 5 摄氏度，甚至 10 摄氏度，从而加速蒸发过程。也许是为了避免混淆，这种细菌现在被称作嗜盐杆菌（*halobacterium*）（Nakashizuka et Arita）。

了为建造地下石油储备库①而从罗讷河下游的岩盐地层中抽取的卤水。

另一位对天然盐田的卤水流动控制做出重要贡献的学者是化学家朱尔斯·乌西格里奥（Jules Usiglio），1844 年他受聘于刚经历过严重洪灾的艾格－莫尔特盐场。1850 年，乌西格里奥完成了关于海水成分的论文，文末附《1000 升海水蒸发至不同含盐度的体积表——不同浓度的海水成分以及盐类物质的沉淀规律》。对盐水及其浓度的深入了解和化学分析技术的进步使人们可以生产不同品质的海盐，以满足不同市场和用途的需求。富含镁元素的盐适用于保存食物，因为这种盐可溶性好，质地松软，更易渗入食物组织，并且不会让食物干缩。

表 10 – 3　盐的品质与不同用途

盐的品质	含盐度	含量（%）			含盐量	用途
		氯化钠	氯化镁	硫酸镁		
一等盐	原液 25～26°Bé	94.80	0.35	1.15	每百升 96～100 千克	透明晶体，用于日常消费
二等盐	28°Bé	92.14	0.47	0.52	每百升 94～97 千克	化学工业
三等盐	28～30°Bé	90.34	0.72	1.13	每百升 90～94 千克	母液盐，用于腌制食物（镁含量较高）

在奥德省的潟湖海岸，许多盐场用 25～26°Bé 的海水制造"重盐"，用 29～30°Bé 的海水制造"轻盐"（sel fort）。每百升重盐的质量为 95～100 千克，未经筛选的轻盐质量为每百升 78 千克，

_____

① 由于岩盐与石油产品接触时不发生化学反应，不溶解，不影响油品质量，因此许多国家采用地下盐穴作为石油储备库。——译者注

筛选之后得到的大颗粒轻盐质量仅为 58～60 千克。重盐是一次性完成采收，而轻盐的结晶池面积不大，通常需要采收两次，甚至三次。①

母　液

自巴拉尔（Balard）②的研究之后，人们对盐结晶的物理过程中水的化学特性有了进一步了解，从而开始关注完成结晶后被排到海里的废水。人们认识到这些残余水分富含氯化镁，而氯化镁会降低氯化钠的溶解性，于是由此得出结论：将近乎饱和的原液与母液混合之后，氯化镁可以加速氯化钠的沉淀。这也正是大西洋盐沼所采用的方法，即每次采收后将母液留在盐池里，再不断引入原液与之混合。于是南方盐场也开始保留母液，并与原液混合，这一方法首先用在收获季末期蒸发减弱的时候，接着用在收获季初期，这样可以提早开始收盐。这项新工艺需要修建新的蓄水池，以便将当年的母液保存至来年。使用这一方法制造的盐显然更易潮解，即当时分类等级中的二等和三等盐。与此同时，人们还形成了另一习惯，即保留收获季末期蒸发池中未及结晶的接近饱和的卤水，并将卤水存放于不会被冬雨淹没的深池中。③

256

十九世纪中叶的危机

南部盐场气候条件优越，产量颇高，但经营状况很差。最有争

---

① *Enquête sur les sels*, vol. Ⅱ, 200.

② Balard A. J., *Eaux-mères des salines, procédés d'exploitation*, Aix 1850.

③ *Enquête sur les sels*, vol. Ⅲ, 340 – 343.

议的问题是盐的生产成本。在法兰西第二帝国期间，立法议会委托一个委员会负责审查所有公司的财务，由众议员法夫罗担任该委员会的秘书长兼汇报人。[①] 贝尔公司的账册显示，在过去的七年里（1843～1849年），每担盐的平均成本为85生丁，但是委员会仅纳入了制造、称量和装载的费用，也就是只包含盐业生产中的薪酬支出。而事实上，在这些资本公司里，还应该纳入7%的资本摊销及利息，对200万法郎的资本而言就是14万法郎摊销金额。如果年产量为18000担[②]，生产一担盐的资本支出就是0.77法郎，这样每担盐的总生产成本便达到1.62法郎。但是南部所有盐场无一能将所产盐售罄，产能过剩比例持续超过20%，各盐场深受其苦。因此，应该调整售盐的成本价，将20%滞销盐的成本叠加上去，这样，每担盐的成本价就变成了1.94法郎。然而，1850年至1851年财务年度的平均售价却如下：内销盐每担1.32法郎；销往里昂和罗讷河谷上游地区的盐每担0.94法郎（原文将销往法国国内的盐与销往里昂和罗讷河谷上游的盐区分开来），出口盐每担0.84法郎，工业用盐每担0.90法郎。平均每担盐售价1法郎，亏损1法郎。

　　1851年，南部盐业面临绝境。一项经济活动怎能长期任由危机扩大？更何况，南方最大的产盐区——佩凯地区众多盐场自1848年采收之后便已停产，随后不惜一切代价抛售库存，最终却

---

① 法夫罗对根据1849年1月13日法律所做的《关于盐的生产与销售的立法调查》进行了总结。1851年，巴黎国民议会委员会收集的材料与口头调查。关于盐的问题在整个19世纪期间引发了众多争议。

② Favreau, 56. 法夫罗扣除了（第46页）贝尔盐场生产的1800000担成品盐，但他将整个罗讷河口省的产量调整为75000000公斤（750000担）。根据阿兰·迪布瓦的研究，1800000担盐的生产成本包括140000法郎的资金摊销和利息，每100公斤盐的资金成本为1.28法郎（sic）。

仍有 65 万担盐堆积在盐场。佩凯地区出现产能过剩危机的根源是 257
突发气象灾害。比如，1840 年和 1841 年罗讷河泛滥，许多盐田被
淹，12 万吨成盐被毁。1841 年，埃罗公司以 80 万法郎的价格收购
了总面积 1500 公顷的受灾盐田并进行了整修，并投资 60 万法郎新
建了一处盐场。很快，佩凯地区的产量就重回南方盐业之首。然
而，在佩凯盐场受灾期间，众多普罗旺斯竞争对手迅速抓住机会，
增加产量，抢走了朗格多克盐在罗讷河右岸的市场。普罗旺斯盐场
蓬勃发展了数年，并将丰厚的利润持续投入到扩张和新建项
目中。①

现代化

十九世纪艾格－莫尔特盐场的状况

十九世纪三十年代，里加尔公司在佩凯盐场原股东的帮助
下，联合塞特和蒙彼利埃的商人，致力于对海盐进行商业化升
级。不久后，佩凯盐场陷入巨大困境，许多盐田在 1840 年毁于
罗讷河洪水，里加尔公司收购了佩凯盐场，重建了盐田，但
1842 年洪灾再次来袭。尽管如此，佩凯盐场的经营活动还是得
以恢复，看起来似乎一切运转正常，但是 1850 年佩凯盐场公司
突然宣布清算：租约到期不再续签，盐田主们重新回归直接开采
经营模式。

虽然罗克莫尔和布拉西沃盐场被毁，但在 1811 年建立起土地

---

① Favreau, 41 – 49.

258　登记制度后，又有三处盐场建成：佩里耶、勒波赛和马雷特，这
样，艾格－莫尔特地区共有 8 座盐场，平均年产量在 47000 吨左
右，销往尼姆、里昂、蒙彼利埃和图卢兹等城市及周边地区。盐的
生产成本（成本价）为全法国最低。连通盐田内部的运河可以将
盐运往罗讷河与索恩河沿线的所有站点，不用换船中转。像过去一
样，艾格－莫尔特的盐供给着罗讷河谷地、塞文山区、萨伏依地
区、里昂地区以及格雷以南的索恩河流域。十九世纪四十年代，法
国地中海沿岸（普罗旺斯、朗格多克和鲁西永地区）仍有分属于
不同所有者的 52 家盐场，竞争激烈，其中几家希望联合起来，共
同应对市场竞争的影响。

从劳动力密集型产业向机械化转型

直接经营开采的盐田所有者一般在收获季会用临时工。十九世
纪末，季节性临时工依然在夏季来帮忙收盐，采收过程还是像中世
纪末一样分为打盐和搬盐两个步骤。第一步是打盐，900～1200 名
工人先敲碎结晶的盐壳，然后堆拢在结晶池中央，他们每天工作
5～19 个小时，在天气最热的时候可以休息 4 个半小时。搬盐最为
辛苦，首先工人得用肩把盐扛到围堤上，然后用推车运到长途运输
路线（车道、水道以及新建成的铁道）旁的堆盐场。作为盐田主，
南方盐场公司直接雇打盐工并按日结薪，但是对于搬盐工，公司则
更倾向于让私人工头负责招募团队。包工头领取包工工资，再分配
给工人，同时向工人收取高价伙食费，住宿由南方盐场公司提供，
条件恶劣，工人只能睡在干草堆或夯土地面上。这种集体工资再分
配到个人的薪酬制度在工人内部激起了矛盾，有人认为不熟练或手
脚慢的工人拉低了平均工资。雇来的工人一般分为两类：一类按日
计酬的法国农民工，他们总是四处流动，寻找一日一结的零活，被

称为流动工（trimards）；另一类是意大利工人，主要来自离法国较近的皮埃蒙特地区以及托斯卡纳地区，从社会学的角度来看，他们其实也属于流动工。在二十多名包工头里，有五个意大利人，他们自然会从家乡招募工人。全部临时工当中有三分之一来自意大利，他们喜欢唱着民歌，合着节拍卖力干活。

259

图 10 – 5　艾格－莫尔特城区和盐场

　　历史学家记述了 1893 年 8 月的那段悲惨时光，认为其时代背景是法国与意大利之间时而紧张的关系，以及工人群体之间的竞争引发的对立。冲突爆发于 8 月 16 日，有谣言称数名法国人遭到杀害，艾格－莫尔特民众因此群情激愤，怀着复仇的心理四处疯狂追杀意大利人，人手不足的宪兵队很快就控制不住事态。屠杀发生在 8 月 17 日，80 名被解雇的意大利工人在骑兵宪兵队的保护下试图

图 10 – 6　艾格 – 莫尔特的盐堆

前往火车站，中途却遭到两支武装队伍夹击，一帮人从后面追击他们，另一帮人从艾格 – 莫尔特城墙赶来截击他们。这是一场彻头彻尾的大屠杀。恐怖的场面在盐场和城区随处可见。据官方统计，有 7 人遇害，均为意大利人，另有 50 余人受伤，伤势轻重不一。但根据一些目击者的说法，尤其是在英国泰晤士报的报道里，真实的死亡人数可能接近 50 人。报道者无法深究或确认这一消息，而宪兵队的报告也"恰好"丢失了。[①] 这场惨剧促使南方的盐场加速了收盐的机械化进程，并在需要改造的盐场扩大了结晶池面积，引进了现代化机器。

①　Cubero, Noiriel et les comptes-rendus établis par Hocquet.

图 10 - 7　在艾格－莫尔特，采收后的结晶池与盐堆　261

资本的介入

交通改革

在十九世纪上半叶，人们还习惯性地沿用法兰西王国和神圣罗马帝国之间古老的分区供盐协议，这样做出现了两个后果：一方面，整个罗讷河右岸和里昂地区只使用佩凯盐，而不用普罗旺斯盐；另一方面，罗讷河发洪水和佩凯盐场收成被毁之后，普罗旺斯罗讷河口省的盐场开始向佩凯输送盐，以保证佩凯的盐场主们能继续为里昂供盐。[①] 借此契机，普罗旺斯公司应运而生，它联合了普

---

① Boudet, 77.

罗旺斯地区所有想从布克港和滨海福斯沿罗讷河运盐北上并销往里昂的盐场（1841 年）。1840 年前后，第一批蒸汽船出现在罗讷河上，而阿维尼翁至马赛的铁路修建项目也在航运公司的敌视中获得批准。这些航运公司对盐场主表现得极为苛刻：盐场主必须自行将盐运到阿尔勒航运站，而航运公司可以从售盐收入中抽成 55%。[①]也正是在这个时期，十进制公制成为强制使用的度量体系，有一个盐场主与四家汽船公司签署协议，约定每年向里昂地区用容量 100公斤的麻袋运送 6000 吨盐。1853 年至 1854 年，里昂通过铁路与地中海地区相连，这种新兴的交通方式使盐运多了一个选择，因为当罗讷河进入枯水期时，裸露的浅滩会使航运中断。

蒸汽机的出现也让卤水和浓盐水的运输发生了革命性的变化，比如，纽科门的首批蒸汽机已经在矿井里用来驱动排水泵，以及帮助荷兰沿海圩地进行排水。在艾格－莫尔特地区，第一批蒸汽机出现于 1844 年，是泰勒公司从英国购入并经过马赛港运来。蒸汽机被安置在一个带有高顶烟囱的砖砌建筑里，盐场从此有了新的动力来源。1845 年，艾格－莫尔特的盐场装上了一台能够驱动 4 个轮井的 8 匹马力蒸汽机。

> 每台鼓形水车的转速都在每分钟 3～4 圈，每分钟提升水量为 12000 升，每马力每小时耗煤 5 千克。[②]

同样在 1845 年，在石碴垫层上建成了一条长 1200 米、宽 60厘米的铁路线，用于佩凯地区各盐场和盐仓之间的运输。车厢由骡

---

① Boudet, 80.

② Boudet, 155.

子牵引，可载运 100 袋盐，相当于三辆由两三头骡子牵引的推车的运载量。

第一批协会的创建

为了解决由盐产量高而生产商分散造成的贸易困境，人们做了许多努力，1841 年 3 月 2 日首次在马赛地区成立了一个协会，聚集了所有南方盐场的生产商和经销商代表，以及里昂地区的经销商代表。"禁止协会成员在各自经销区域以外地区出售任何产品"，艾克斯的盐商阿加尔（Agard）作为罗讷河谷省和瓦尔省的盐场代表，承诺不从罗讷河运输盐，各方也承诺用马车或木船从堆盐场运出的每担盐的售价不得低于 3 法郎，并成立一个核心委员会负责调整最低价格，埃罗省的代表承诺在普罗旺斯盐场推广巴拉尔的硫酸钠提取法和碳酸钠转化法。然而，这样一个协会却被指责有垄断之嫌，对此协会回应称自己成立的初衷是抵御自然灾害的风险。1847年，该协会被新成立的盐场公司取代，报纸也为之鸣不平：

> 从未有过如此强大、组织如此完善的为盐业利益而创建的联盟。成员几乎囊括所有的盐场、罗讷河上所有的汽船，以及里昂地区所有从普罗旺斯和朗格多克购盐的盐仓。

263

南方盐场组建联盟是为了向东部盐场，特别是洛林地区新兴盐场咄咄逼人的贸易政策进行回击，但是立法议会根据约束此类协会的有关程序，成立了一个调查委员会，指派议员法夫罗主持展开调查工作。①

---

①　Boudet, 88 - 90.

1853 年至 1854 年，南方各盐业企业之间掀起了第一波合并热潮。1857 年，南方盐场公司以有限合伙企业的形式成立，名义资本1000 万法郎，至 1866 年，该公司已拥有 11 座盐场，并租用了另外 5座盐场。该公司旗下还融合了多家资本公司，其中最大的当属经营佩凯盐场的勒努阿尔公司。南方盐场公司以每年 12000 法郎的价格租用了艾格－莫尔特的拉尔比埃尔盐田，该盐田的投资方隶属于一家成立于 1793 年的民事公司[①]，注册资金 111000 法郎分为 222 股，每股 500 法郎。拉尔比埃尔盐田在被租赁前已经停产四年，其他九处盐田境况也大体相同，其中三处更是已经停产十五年。[②]

当时，南方盐业公司已经被资本公司所掌控，这些资本公司有时也会与一些无力承担经营开支的私人盐田主签订租约。当时存在多种不同类型的合同，其中一些属于商业合同。比如，布克港的盐田主亲自开采盐田，但他与勒努阿尔公司签订了一份为期六年的协议，以每吨 10 法郎的价格出售所有出产的盐。不过，作为南方盐场公司创始成员的勒努阿尔公司通常更愿意向不同的所有者租赁盐田。一望无际的盐场往往占地几百公顷，耶尔或贝尔地区每块盐田的开采资本就高达 230 万法郎。第一次企业合并的尝试开始于1853 年至 1854 年，南方盐场公司最终于 1857 年成立：加入公司的盐场被估值并以股份结算，总资本达 1000 万法郎，其中一半由动产信贷银行（*le Crédit Mobilier*）支付。通过这种合伙企业的形式，金融资本进入了盐业生产领域。但也有一些盐场所有者自认为在竞争中处于有利位置并且拥有优越交通条件，所以没有加入南方盐场公司。

264

---

① 民事公司（société civile）是一种非商业公司，主要存在于农业、房地产、自由职业和知识领域，适用民法而非商法。——译者注

② *Enquête sur les sels*, vol. Ⅱ, 130.

新的工业销路

勒布朗制碱法和制皂业

尼古拉斯·勒布朗（Nicolas Leblanc）（1791 年 9 月 25 日获得专利）的重大发现使化学走出实验室，应用到工业领域，从而为工业化学开了先河。勒布朗的新发现在于把硫酸和结晶海盐反应生成的"芒硝"（即硫酸钠，Na_2SO_4）放在 900°高温下与碳酸钙发生热反应，从而转化生成碳酸钠（Na_2CO_3）[1]。这种新物质拥有极强的水解性，是很好的去污剂。玻璃制造、肥皂生产、染色工艺，以及洗衣和清洁领域对它都有极大的需求。马赛地区靠近地中海橄榄油产地，拥有丰富的油业副产品，还可利用西西里的硫磺作为制造硫酸的原料，因此此地长期以来聚集着许多制皂厂。而将盐转化为碱的工艺使海盐在这一地区打开了新的销路，推动制皂业进一步发展。据菲吉耶（Figuier）称，1865 年，马赛的 62 家肥皂厂共计消耗了 120000 吨油料种子、20000 吨煤炭和 50000 吨碱。[2] 第一批制碱厂都建在盐田附近，例如福斯附近的哈苏恩盐场于 1819 年建起制碱厂，就是利用拉瓦尔杜克盐沼的盐进行生产。就这样，盐有了新的销路，并且很大，盐的销量因此在四十年间增长了五倍（1810 年 10000 吨，1850 年 60000 吨）。

巴拉尔提取法

1827 年，蒙彼利埃药学家和化学家安托万 - 热罗姆·巴拉尔（Antoine-Jérôme Balard）在母液中发现了溴的存在。1836 年，他申请了从海水中提取硫酸钠的专利，1842 年，他又发现可以利用草酸从母

---

① 俗名苏打、纯碱，生活中称之为"碱"。——译者注

② 转引自安普托（Emptoz）。

液中制明矾。1850 年 4 月，使用法国南方盐场母液的所有厂商齐聚马
265 赛，共同研究对巴拉尔提取法进行"大规模实验"的办法，他们期望
可以从母液中提取出硫酸镁、双氯化钾、氢氧化镁、氯化钾、盐酸、
硫酸钠和粗钾盐。比如，因为母液加热后富含氯化镁，所以人们在哈
苏恩盐场进行实验，试图从浓度为 44°Bé 的高温母液中提取盐酸。因
为技术飞速发展，建于朗格多克地区巴尼亚和维勒鲁瓦盐场附近的明
矾厂从 1849 年就不再生产钾明矾，转而投产铵明矾。[1]

迈入二十一世纪的南方盐场公司

南方盐场公司与东方汇理银行（*la Banque Indo-Suez*）之间的
关联要追溯到 1949 年，即南方盐场公司和前吉布提与印度支那盐
场公司合并之时。由于南方盐场公司所处的地区极具旅游发展前
景，东方汇理银行垂涎于其地产，便通过子公司埃南银行收购了南
方盐场公司。从此，埃南银行便引导着南方盐场公司的命运。然
而，变幻莫测的国际金融形势使南方盐场公司的发展起伏不定。
1996 年，东方汇理银行将南方盐场公司出售给芝加哥盐业巨
头——美国莫顿公司，当萨兰－德吉罗盐场失去了主要客户——法
国化工巨头埃尔夫阿托公司之后，莫顿公司计划关闭这家盐场。然
而 1999 年，莫顿盐业被位于费城的美国化工巨头罗门哈斯以 45 亿
美元的价格收购，此后数年南方盐场公司成为这家化工集团的重要
产业。后来，罗门哈斯被陶氏化学收购，2009 年，德国钾盐集团
以 16.8 亿美元的价格向陶氏化学收购了莫顿盐业，从而成为全球
最大的盐和钾肥集团。早在 2000 年，南方盐场公司就已脱离罗门

---

① Boudet, 105 – 110.

哈斯，加入了一个由阿尔法集团和法国农业信贷银行持股 80% 的集团，其余 20% 为英美一些养老基金参股。南方盐场公司的资本重组（八年间重组三次）使其改变了发展方向。2007 年，南方盐场公司失去了阿科玛公司（前身为埃尔夫阿托公司）总量 35 万吨盐的订单，因此不得不将萨兰－德吉罗盐场的产量从 77 万吨降至 34 万吨，并将面积为 3500 公顷的土地出售给法国沿海地区自然环境保护协会，还把当地生产重心转为融雪盐。这些重组都伴随着大量裁员。2000 年，艾格－莫尔特盐场有员工 335 人，其中 285 人属于生产部门。2007 年，萨兰－德吉罗盐场的员工人数也从 128 人锐减到 56 人，其中 46 人为生产工人，另外 10 人维护运河，这对卡马尔格生态系统而言至关重要。法国投资基金阿贝奈克斯和舍凯尔于 2004 年入股南方盐场和东部盐矿公司，又于 2013 年 4 月退出，此后公司的董事长兼总经理于贝尔·弗朗索瓦（Hubert François）成为最大股东。如今，在法国的盐市场上，法国盐业集团①以旗下品牌"鲸鱼"稳居第一位，德国的欧洲盐业公司（简称 Esco，旗下品牌为食益补）以及荷兰的阿克苏诺贝尔位居其后。在集团营业额中，融雪盐占 33%，而盐仅占 16%（8300 万欧元）。但这两项产品远不够支撑公司业务，法国盐业集团一直试图扩大业务范围，一方面，因为气候变暖和暖冬现象已然危及融雪盐的市场，另一方面，有关过量摄取盐分有害健康的宣传导致食用盐销量萎缩（盐最主要的市场是农产品加工业，占比 27%）。2004 年，集团市值为 3 亿欧元，近年来营业额在 2.5 亿欧元左右。欧洲的盐业市场也需要产业多样化：欧洲的盐产量超过 3300 万吨，而需求

① 欧洲的主要盐业集团之一，公司主要组成部分是法国南方盐场和东部盐矿公司。——译者注

量却低于 2000 万吨。因为盐的航运（海运）成本极低，所以欧洲
267 市场在全球经济中难免受到来自海外市场的竞争压力。法国盐业集
团开始发展文化旅游，组织参观艾格 – 莫尔特盐场，在盐场内设立
盐业博物馆作为参观路线的终点，还准备开发旅游地产项目（旅
游住宅），以提升集团的土地资产价值。[①]

图 10 – 8　在玛格丽塔 – 迪萨沃亚（意大利）的引水装置（此图由奥凯拍摄）

意大利普利亚大区的玛格丽塔 – 迪萨沃亚（Margherita di
Savoia）是欧洲最大的盐田，如今面临着热带沙漠气候区的盐田形
268 成的竞争，以及地中海沿岸旅游开发带来的压力。

---

① 结论来源：南方盐场的资料来自《费加罗报》2000 年 4 月 12 日、2000 年 4 月
　 18 日、2004 年 3 月 18 日、2007 年 7 月 5 日、2008 年 8 月 7 日、2008 年 10 月
　 17 日、2014 年 3 月 9 日和 2014 年 9 月 5 日的文章。感谢费加罗报向我开放电
　 子文献的查阅权限。美国和欧洲盐业集团的信息以及各自的发展历程均来自维
　 基百科，信息来源清晰准确。

结论

盐对人类的重要性

　　盐是人类和其他动物赖以生存的食物，能为食品增添风味，并在消化、细胞循环、神经传导、体内平衡等方面起着重要的生物学作用。盐的吸湿性可保持食品干燥并防止细菌繁殖。长期以来，盐都是鱼类、肉类、蔬菜、鸡蛋、黄油和奶酪等乳制品以及饲料的主要防腐剂。盐独一无二，不可替代，储量丰富但十分隐蔽，只在干旱地带的盐湖中到旱季会自然结晶析出，以及在少数由盐丘构成的山脉中会出露地表。实际上，盐常常深埋在地下，外覆其他沉积物，或者溶解在海水中。幸运的是，盐的独特味道可以让人们找到它，或只要跟随野生动物就可以找到它，因为动物也需要盐，它们会凭着本能到盐泉饮水疗伤。甚至尚未发明文字的史前人类，就已经会巧妙地从地下采盐或汲取卤水，这在所有大陆上都有众多遗迹可考。直至今天，考古学家们还在观察某些土著部落是怎样根据经验用极其巧妙的方法制取食盐，借以更加清楚准确地了解人类在新石器时代末期及青铜时代所使用过的多种采盐技术。不过，考古遗迹多为饱含盐分的陶器碎片，且有炉火烧煮的痕迹，基本只能证明用火制盐的技术，而鲜有日晒蒸发制盐的证据。人类又经过了数千年摸索，终于发明出卓越的盐田系统，这个过程完美体现了人类智慧。

盐的生产

无论在沿海还是内陆，欧洲都拥有丰富的盐资源，开采技术通常有三种：一种是农业技术，用来采收海盐；第二种是矿业技术，用来提取岩盐，例如在波兰的克拉科夫附近的博赫尼亚和维利奇卡、加泰罗尼亚的卡尔多纳，以及特兰西瓦尼亚；第三种是工业技术，在平原地区（洛林、吕讷堡、哈尔、德罗伊特威奇）挖掘盐井，或在山区（萨兰、阿纳纳）将水引入岩盐层使其溶解为卤水，再通过木管输送到山谷盐场，最后在铅锅中用火加热蒸发制盐。公元前 1000 年，凯尔特人已经使用矿业技术，在阿尔卑斯山区的哈尔施塔特和哈莱因制盐，这种技术后来被水溶法（*Laugverfahren*）所取代。盐田很可能是中世纪时期的发明，最晚从七世纪开始就在大西洋沿岸（布尔讷夫、布鲁阿日、塞图巴尔）和地中海沿岸（佩凯、伊维萨岛、基奥贾）发展起来。许多内陆盐场开采的卤水浓度很低，而许多海边的盐场也没有足够的空间修建盐田，因此它们的生产规模很小。最大的盐场每年可以生产 20000 吨盐。基于漫长的蒸发过程，盐的生产分为两个阶段：第一阶段是浓缩，生成原料卤水；第二阶段是结晶，制出成品盐。促成蒸发的因素可以是自然的（阳光和风）或者人工的（若夏季气候凉爽潮湿，就得通过燃烧木材、泥炭或干草促进蒸发）。

1000 年前后，盐矿仍然掌握在主教、公爵或伯爵等大地产者手中，他们最初是从加洛林王朝或奥托王朝的皇帝那里获得盐矿的，但到了十二至十三世纪，本笃会修道院及后来的熙笃会修道院接受捐赠得到了大部分盐矿。在内陆，制盐的小作坊一般聚集在盐井周围，由盐井长分配卤水，每个作坊有几名盐工协作制盐（吕讷堡、哈尔）。通常，盐场主要是小规模人工生产，但是在阿尔卑斯高山盐矿，大规模的投资促使真正的制盐工业从十二世纪中叶就开始出现（哈尔/蒂罗尔和哈莱因）。盐业还为相关经济活动提供了生计，例如制造和维修平锅的锻造、制砖、制桶、木工，以及晾盐房和木料场里（木材通常采用浮运法运输，只有少数地方用马车运输，如洛林和吕讷堡）的工作。滨海盐田由获得长期租赁合同的经营者开采，他们通常同时经营相邻的两块盐田。这些经营者缴纳年贡之后就享有土地所有者的一切权利，十三世纪末他们开始将盐田开采权委托给佃农，收成的三分之一作为租金。而同一时期，大土地所有者试图向修道院回购年金，以便重聚财产。

盐的贸易

欧洲大部地区都有产盐，但也有些地区完全没有盐资源，特别是斯堪的纳维亚国家、阿尔卑斯山西段、波希米亚和巴尔干半岛内部。一些国家虽然产盐但产量不及需求，例如意大利、荷兰和整个北欧。另一些国家虽然沿海地区盐产量丰富，但内陆不产盐（法国）。然而，盐是每个人每天都不可或缺的食物，虽然每人日需量甚微，但一个国家或地区的年需求总量（食用或工业用途）相当可观。从运输来说，盐是一种重货，盐价取决于运输成本而非生产成本。但是盐的运输先天具有不利条件：盐主要产自沿海地区，通过海运最方便，因此从十三世纪起威尼斯和热那亚船队就在地中海范围内进行盐运贸易，十四世纪中叶起汉萨同盟的船队为北欧、渔业、食品腌制供应盐，十五世纪荷兰、拉古萨①和巴斯克船队加入盐运贸易；向内陆运盐的船则必须在纤夫的

---

① 拉古萨共和国是 1358 年到 1808 年之间，以拉古萨（今克罗地亚的杜布罗夫尼克）为中心所存在的国家，1808 年因拿破仑的入侵而灭亡。——译者注

271 牵引下逆流而上。深入内陆崎岖山路的盐运贸易最终得依靠人力或畜力完成。高昂的运输成本促使各地的人们利用一切可用的盐资源，北欧（苏格兰、弗里斯兰、丹麦与英吉利海峡沿岸）的人开采泥炭和盐沙，德国、波兰、俄罗斯、英格兰和西班牙的人则开采低浓度的盐泉。制盐导致大批森林被毁，直至十五世纪末出现木材短缺，为了应对这场名副其实的能源危机，人们不得不开始发明新的技术方案。在发展过程中，盐业贸易从十二世纪开始成为经济的驱动因素，促进了船舶的完善（大帆船、柯克船①和荷兰式双桅帆船），港口和道路的规划布局，桥梁和中继站的修建，还开辟出新的商业路线，并促进沿线城市（如慕尼黑）的发展，催生了强大的贸易公司（巴黎水上商业工会②和伦敦盐商协会）。盐带给商人的财富远比带给盐工的财富多，威尼斯、吕贝克、克拉科夫、慕尼黑或一些小镇的商业贵族发了大财。盐也使竞争更激烈，盐商将城市和市镇议会置于自己的影响之下，试图垄断本地的盐供应。十三世纪时，盐成为一种经济武器，意大利北部甚至颁布了盐的禁运令，人们发动战争有时是为了获得珍贵的盐，有时是为了摆脱沉重的束缚，争取购盐的自由。但武力是一把双刃剑，往往会招致报复，甚至导致乡村对沿海的大港口封锁粮食供应。到十四世纪，武力被抛弃了。

---

① 柯克船又称寇格船（荷兰语为 kogge，意大利语为 cocca），是中世纪北欧使用的一种商用帆船，长度约 25 米，排量 40～200 吨，少数达 300 吨。柯克船构造十分坚固，高大的主桅杆可以悬挂巨大的方形风帆，从十二世纪开始在船尾设碉楼防御海盗。柯克船实现了减少人事费用、延长续航能力、增加载货空间等优点，使得海上贸易的成本下降，一度垄断了北海和波罗的海大部分地区的贸易。——译者注

② 1171 年，巴黎水上运输商成立了"巴黎水上商业工会"，正式垄断了巴黎至芒特的水上运输。——译者注

税收制度

盐被认为是一种公共财富，从十三世纪起，国家、领主、市镇、亲王就垄断了盐的贸易，以打击投机活动，防止出现盐紧缺。盐的生产和运输环节需要大量资金、人力和强大的管理能力，很难垄断管理，因此在盐的经济周期中，只有关键环节才会出现垄断，例如在盐仓，库存由公职人员管理，并按需分配给承销公司。由于财政常常拮据，国家为了收取公共服务所需费用，引入了向包税商预收税收的制度，例如法国在百年战争期间征收越来越重的盐税。几乎所有国家都征收各种形式的盐税，它带来了高额收益，因为盐必不可少的。但是盐税过重会导致走私及镇压，激起市民的反抗（1413 年巴黎的卡博什起义[①]）。为了打击走私，国家建立了定量购买盐的规定，这种定量购买的盐在意大利语里称为 *sal di boccha*，即"口盐"，其中最著名的例子是那不勒斯国王王阿方斯（称号高尚王）下令对居民炉灶征收名为"家庭税"（*focatico*）[②] 的直接税，规定其中一半为购盐款。在西班牙，众多内陆盐场（阿拉贡和卡斯蒂利亚）盐场都有自己的销售范围，人们在某个盐场登记之后，就只能从该盐场购盐；而大型滨海盐田则以出口为导向，伊比萨岛、拉马塔和托尔托萨向意大利出口，加的斯向北部巴斯克港口出口。

盐业的历史总是受到政治和税收因素影响。盐在世界各国都处于垄断之下。一些大型盐田消失了（威尼斯潟湖的基奥贾），而另一些却因为运输航程缩短而快速扩张（西西里岛的特拉帕

272

① 1413 年 4 月 27 日，巴黎的屠夫在卡博什（Caboche）的带领下袭击了巴士底狱。——译者注
② 意大利语，中世纪对家庭征收的一种税。——编者注

尼盐开始在意大利市场上取代伊比萨红盐）。汉萨同盟的船队向南越行越远，从布尔讷夫海湾和努瓦尔穆捷到布鲁阿日，很快就南下至葡萄牙的塞图巴尔以及安达卢西亚地区。英格兰、荷兰和泽兰成功保住了当地的制盐业，而荷兰通过法国大西洋沿岸或伊比利亚半岛与波罗的海港口（但泽，里加甚至吕贝克）之间提供服务，为本国奠定了经济繁荣的基础。当时布鲁阿日－雷岛和奥莱龙岛的盐产量接近 20 万吨，海上运输量巨大。盐很重要，它使食物能够长久保存，这些食物既可以留待荒年供人食用，也可以运往贫困地区救济。因此盐有利于货物流通与经济预测的发展，使人们能够摄取新型动物蛋白，即鲱鱼和后来的鳕鱼。盐是推动中世纪欧洲增长的主要因素之一，并引领欧洲走向工业创新。

273

盐——进步的因素

在成为税源之前，盐首先是一种重要的农业、矿业、工业和商业产品，至今仍是如此。在悠久的盐业史中，人们依靠经验不断发展新技术来提高产量，技术改进与探索发现紧密相连（寻找岩盐，发现煤炭并用于制盐），一些科学家（当时被称为"博学者"）发明了现代化学，并利用氯和钠这两个构成盐（NaCl）的元素，创造出许多新产品，为制盐工业提供了广阔的销路；工程师们设计出机器来解决日照不足和木材短缺的问题，他们还改进盐场布局方式，优化蒸发池和结晶池的面积比，从而提高滨海盐田产量。商队在沙漠中跋涉数千公里，来自腓尼基、威尼斯或热那亚、汉萨同盟或荷兰的船队先后穿越海洋，以低廉的价格从生产者手中购入珍贵的盐，再用运盐的收入补贴造船和航行的费用，造就了强大的海上贸易城市。当工业生产和工业革命颠覆了等级制度，维多利亚时代的英国成为新的霸主，之后便开始向全世界倾销从利物浦出口的盐，逼迫自己治下的印度帝国放弃了本地盐场，转而购买英国的盐。如此看来，市场全球化并非始于二十世纪末，因为早在此之前，盐业就率先开辟了全球化的道路。

文本来源和致谢

　　像所有史学书籍一样，本书也是个人和集体长期研究的成果，我们的研究始于 1956 年至 1957 年米歇尔·莫拉（Michel Mollat）和雅克·勒高夫（Jacques Le Goff）在里尔大学文学院举办的中世纪历史研讨会，1958 年起转到威尼斯进行，1987 年国际盐史委员会（CIHS）成立，我被推选为主席，并在卢讷堡继续相关主题的研究。本书辑录的文本来自国际盐史委员会组织召开的历次研讨会，以及我受邀举办的讲座、相关展览的配文，也包括著名出版社和国际期刊以原文出版的文献。但是，我在本书中并没有简单重复研究成果，不仅删除了会使读者疲倦的冗余文本，而且调整修改了多处内容，从这一点来说，这是一本全新的书。本书的新颖之处还在于用法语发表了原本用英语或德语阅读和编辑的文献。

　　本书开篇是我在萨尔茨堡，面向奥地利联邦共和国总统托马斯·克莱斯提尔（Thomas Klestil）博士和广大听众所做的致辞。（题为《盐的介绍，价值与象征意义》，收录在 1994 年出版的《盐，萨尔茨堡州立展览馆，哈莱因，凯尔滕博物馆》）

　　第一部分题为《小规模开采时期盐的生产与运输》，共分为六章：第一章《盐路，奴隶之路》最初以相近的标题发表（《盐路，奴隶们之路》，收录在埃迪（É. Eadie）主编的《八世纪至十八世纪的糖路（马提尼克研讨会，2000 年 11 月）》，红鹮（L'Ibis Rouge）出版社 2001 年于法兰西堡出版，后来又增加了内容（题为《在盐矿工作、征用、徭役、强迫劳动和奴役》，2006 年《历史评论》第 640 期）。第二章《中世纪盐井的年金》，最初以《中世纪西欧盐泉的共享与年金》为题发表在《西欧水利控制（十二至十六世纪）》一书中［克鲁泽－巴旺（E. Crouzet-Pavan）与玛丽－维格尔（J. C. Maire-Vigueur）主编的《第十一届国际经济史大会论文集》，1994 年米兰出版］。第三章《十九世纪切尔维亚盐田陈旧的家长式管理》，转载了《北方历史委员会公报》2014 年第 55 卷的论文《意大利的里尔商人弗朗索瓦·布里昂西奥，罗马涅盐田的所有者》，该文最初是应北方省理事会的提议撰写的，他们想了解北方省份人士的商业活力及其境外活动。第四章《艾格－莫尔特盐场、王室垄断与罗讷河航运》则是首次发表，是我作为艾格－莫尔特"盐世界"（Univer'sel）展览的科学策展人的个人研究成果。第五章《瑞士各州，盐来盐往》的成文过程也与上文一样，是 1990 年蒂罗尔州的哈尔举办的国际盐史大会上的发言——《十三至十八世纪的阿尔卑斯山区，盐业必争之地》，收录在我和帕姆（R. Palme）主编的《法律和商业史上的盐》（贝伦坎普，因斯布鲁克，1991 年），后来又在多次科学会议上交流丰富了内容：《阿尔卑斯山区的盐业市场和路线（十三至十七世纪）》，收录在《萨伏依和阿尔卑斯地区，第 116 届学术社团全国大会论文集》（大会于 1991 年在尚贝里举办，论文集由 CTHS 于 1994 年出版）；《巴伐利亚与瑞士的盐贸易》，收录在 1995 年出版的特里姆勒（M. Tremléd）主编的《制盐史，论文》。第六章《盐业参与世界贸易》融合了四次会议发言的内容，分别是在京都和海牙的座谈会上，面对盐业经营者和生产者的发言：《西欧的盐和资本主义（十八至十

九世纪）》，收录于垣花秀武（H. Kakihana）等人主编的《第 7 届
国际盐研讨会（日本京都）》（爱思唯尔科学出版社，1993 年，第
2 卷）；《海湾盐的漫长历史，盐的生产制造格局变化史》，收录于
吉尔特曼（R. M. Geertman）主编的《第 8 届世界盐研讨会（登
海格，2000 年）》；面对聚集在南特和莱萨布勒－多洛讷（Sables
d'Olonne）的广大高等学府的学者、博物馆馆长和盐业工作者，我
的一篇发言题为《从技术进步到市场变化中的海湾盐（I）》，被收
录于《海湾盐，大西洋盐的历史、考古及民族学研究》（雷恩大学
出版社，2006 年），另一篇发言题为《海湾盐的海上贸易（II）》，
收录于《旺代人与海，从大规模渔业到环球不靠岸航海赛
（Vendée globe）（2007 年莱萨布勒－多洛讷研讨会记录）》，由旺
代历史研究中心于 2008 年出版。

　　本书第二部分题为《工业化生产以及扩张与集中》，成文过程
与第一部分不同。第七章《一个工业巨头的诞生及发展》，转载自
文章《十八和十九世纪之交北欧盐业贸易的变化》（《北方杂志》
1991 年第 293 期）。第八章《盐业现代化》，曾以《十九世纪中叶
前后盐业的现代化（开幕演讲）》为题发表在 2001 年出版的赫尔
穆特（Th. Hellmuth）和希布尔（E. Hiebl）主编的《十八至二十
世纪的盐文化史》。第九章《洛林地区盐业的扩张》来自论文《十
九世纪和二十世纪法国盐业的动荡》，收录在 1993 年阿谢德（S.
Adshead）和我主编的《盐与资本主义（1990 年鲁汶大学第十届国
际经济历史大会发言）》。最后，第十章《普罗旺斯和朗格多克地
区的盐业工业化》转自卡斯塔格纳莱（G. Chastagnaret）和米奥什
（Ph. Mioche）编纂的《普罗旺斯工业史（1996 年德吉罗盐场研讨
会纪要）》（普罗旺斯大学出版社，1998 年）。

　　结论部分《盐对人类的重要性》，原本是一本杂志的约稿，题

276

为《盐的生产和贸易》（Biocontact 杂志，2009 年第 193 期）。

衷心感谢所有慷慨地允许我转载、翻译并修改已发表文章的人。我还要感谢国家科学研究中心（CNRS）以及仔细阅读了本书手稿的 CNRS 出版社总编布朗迪诺·让东（Blandine Genthon）女士。

2018 年 10 月于里尔　　277

参考文献

AAGARD H., « Arbeitskräfte- und Technologietransfer zwischen den sächsischen Salinen *in* der Saline Lüneburg in der Reformphase um 1800 », p. 101-113 *in* : LAMSCHUS, *Salz, Arbeit, Technik.*

ABIR M., « Salt, trade and politics in Ethiopia in the *Zämänä Mäsafent* », *Journal of Ethiopian Studies*, IV-2 (juillet 1966), 7-8.

ABRAHAM-THISSE S., « Le commerce des Hanséates de la Baltique à Bourgneuf », p. 131-180 in *L'Europe et l'Océan au Moyen Âge, Contribution à l'Histoire de la Navigation*, XVIIe Congrès de la Société des Historiens Médiévistes de l'Enseignement Supérieur Public, Nantes, 1988.

ACKERMANN R., éd., « Anon., Account of a visit to the Rock-Salt mines at Northwich in Cheshire », *Repository of Arts, Literature, Commerce, Manufacturers, Fashions and Politics*, XI, n° 66, Jan.-June 1814, p. 322-7.

ADAMS I. A., « The Salt industry of the Forth Basin », *Scottish Geographical Magazine*, 81 (1965).

ADSHEAD, S. A. M., *Salt and Civilization*, Palgrane Macmillan, Basingstoke, 1992.

AGGARWAL S. C., *The Salt Industry in India*, Publications Division, Delhi, 1956² ;

ALBARIC A., *Aigues-Mortes*, Aigues-Mortes, 1993.

ALLIX A., « Le trafic en Dauphiné à la fin du Moyen Âge », *Revue de Géographie Alpine*, XI (1923), p. 373-420.

AMBERT M., éd., *Les Étangs à l'époque médiévale d'Aigues-Mortes à Maguelone*, catalogue de l'exposition (été-automne 1986), Musée archéologique de Lattes.

AMORIM (1991) I., « O comércio do sal de Aveiro até meados de XVII. Relações comerciais com o Norte da Europa e Galicia », *Boletim Municipal de Aveiro*, 17.

AMORIM (1997) I., *Aveiro e sua provedoria no séc. XVIII (1690-1814), estudo economico de um espaçao histórico*, Coimbra, 2 vol.

AMORIM (2001) I., *Aveiro e os caminhos do sal (sécs XV XX)*, Aveiro.

ANONYME., « La saline de Montmorot aux XVIIᵉ et XVIIIᵉ siècles », in *Lons, ville d'eaux*, Lons-le-Saunier 1988, p. 51-63.

Aobo tu (the). Salt production techniques in ancient China (Sinica Leidensia 27), éd. Yoshida TORA, traduction de H. U. VOGEL, Leyde 1992, 336 p.

ARELLANO SADA P., *Salinas de Añana a travès de los documentos y diplomas conserados in su Archivo municipal*, Saragosse, 1930.

ARMENTEROS MARTÍNEZ I. et OUERFELLI M., éds., « L'économie de l'esclavage en Méditerranée médiévale et moderne », *Rives méditerranéennes* (TELEMME – UMR 6570), 53 (2017), 168 p.

ARNOLD P., *Kaspar Jodok Stockalper von Thurm*, 1609-1691, 2 vol., Mörel, 1953.

AURELL, (1986) M., *Une Famille de la noblesse provençale au Moyen Âge : les Porcelet*, Avignon, Aubanel-Distic.

AURELL, (2000) M., *Actes de la famille Porcelet. 972-1320*, Comité des travaux historiques et scientifiques, collection *Document inédits Histoire*, numéro 27.

BÂ A. M., « L'émirat de l'Adrar mauritanien de 1872 à 1908 », *Bull. de géographie et d'archéologie de la province d'Oran*, 1932, p. 3-119 et 263-98.

BACHMANN K., *Die Rentner der Lüneburger Saline (1200-1370)*, Hildesheim 1983.

BALARD A. J., *Eaux-mères des salines, procédés d'exploitation*, Aix 1850.

BARKER, T. C., « Lancashire coal, Cheshire salt and the rise of Liverpool », *Lancashire and Cheshire Historical Society. Transactions*, 1951, 103, p. 83-101.

BARNABÀ E., *Le sang des marais : Aigues-Mortes, 17 août 1893, une tragédie de l'immigration italienne*, trad. de Claude Galli, avant-propos : Émile Témime, Marseille 1993, 128 p.

BAUD P., « Une industrie d'État sous l'Ancien Régime. L'exploitation des salines de Tarentaise », *Revue d'Histoire économique et sociale*, 22 (1934-1935).

BEGGIO G., « Navigazione, trasporto, mulini sul fiume : i tratti di una tipologia », *in* BORELLI, vol. II, p. 483-567.

BENIGNO F., *Il porto di Trapani nel Settecento, Rotte, Traffici, esportazioni (1674-1800)*, Trapani, 1982.

BERGIER (1963) J.-F., « Port de Nice, sel de Savoie et foires de Genève. Un ambitieux projet de la seconde moitié du XVe siècle », *Le Moyen Âge*, LXIX, p. 859-865.

BERGIER (1982) J.-F., *Une histoire du sel*, Fribourg.

BERNDORFER A., *Das Salztransportamt am Stadl und seine Bedeutung für den oberösterreichischen Salzhandel*, Phil. Diss.dactyl., Innsbruck 1948.

BERNUS E. et S., *Du Sel et des dattes. Introduction à l'étude de la communauté d'In Gall et de Tegidda-n-tesemt* (Études Nigériennes, 31), Niamey, 1972, 128 p.

BERNUS E., *Touaregs nigérians : unité culturelle et diversité régionale d'un peuple pasteur*, Mémoire ORSTOM, Paris, 1981, 78 p.

BERRY E. K., « The Borough of Droitwich and its salt industry, 1215-1700 », *Historical Journal* (University of Birmingham), VI (1957) n° 1, 39-61.

BILLIOUD J., « Le sel du Rhône. La ferme du tirage de l'Empire au XVIe siècle », *Bulletin philologique et historique du Comité des Travaux historiques*, 1958, p. 211-226.

BLANCHARD (1937) M., « Le sel de France en Savoie (XVIIe-XVIIIe siècles) », *Annales d'Histoire. Économique et Sociale*, IX, p. 417-428.

BLANCHARD (1960) M., « Sel et diplomatie en Savoie et dans les cantons suisses aux XVIIe et XVIIIe siècles », *Annales, Économies, Sociétés, Civilisations*, 1960, p. 1076-1092.

BLEECK (1930) J., *Lüneburgs Salzhandel vom Ende des sechzehnten bis zum Ende des achtzehnten Jahrhunderts*, Leipzig, 24-28.

BLEECK (1966) J., « Die Lüneburger Saline von 1797 bis 1923 », *Lüneburger Blätter*, 17.

BLEECK (1985) J., *Lüneburgs Salzhandel im Zeitalter des Merkantilismus (16. bis 18. Jahrhundert)*, (De Sulte, 2), Lunebourg, 146 p.

BODMER W. et RUFFIEUX R., *Histoire du gruyère en Gruyère du XVIe au XXe siècle*, Fribourg, 1972.

BOLOGNESI D., « Il grano e il sale. L'economia bipolare di Cervia nell'età moderna », p. 247-294, in *Storia di Cervia*, vol. III-1, *L'Età moderna*, Rimini 2001.

BONNEFONT (1981), J.-C., « Le processus de concentration des salines lorraines au XXe siècle », p. 457-470, *in* : CABOURDIN, *Le sel et son histoire*.

Bono S., *Schiavi musulmani nell'Italia moderna. Galeotti, vu'cumprà, domestici,* Edizioni Scientifiche Italiane, Napoli, 1999, xvi-595 p.

Borelli G., éd., *Una città e il suo fiume. Verona e l'Adige,* 2 vol., Vérone 1977.

Boudet G., *Le Sel du Midi au XIX*ᵉ *siècle La renaissance des salins du midi de la France,* Compagnie des Salins du Midi et des Salines de l'Est, 1995, 269 p.

Bouhier C., « Les comptes du sel de Noirmoutier dans la première moitié du XVIᵉ siècle », *Bulletin Philologique et Historique,* I (1966) 1968, p. 225-245.

Bouquet J.-J., « Le problème du sel au pays de Vaud jusqu'au début du XVIIᵉ siècle », *Revue Suisse d'Histoire,* 7, (1957).

Bourrin-Derruau M. et Le Blévec D., « Le littoral languedocien au Moyen Âge » ; *Castrum 7. Zones côtières littorales dans le monde méditerranéen* (Collection Ecole Française de Rome, 105/7, Collection de la Casa de Velázquez, 76), Rome-Madrid, 2001, p. 347-423.

Boyé P., *Les Salines et le sel en Lorraine au XVIII*ᵉ *siècle,* Nancy 1904, 64 p.

Brandenberger J., *Das Salzrecht im Kanton Zürich seit 1869,* Diss. Zurich, 1918.

Braudel F., *Civilisation matérielle, économie et capitalisme, XV*ᵉ*-XVIII*ᵉ *siècles.* II. *Les jeux de l'échange,* Paris, 1986.

Brelot (1986) C. I., « Typologie des salines de Franche-Comté du XVIIIᵉ au XXᵉ siècle », *Pour un musée national, scientifique et technique du sel à la saline royale de Chaux,* Fondation C.N. Ledoux, dactyl., p. 45-61.

Brelot (1981) C. I. et Locatelli R., *Les salines de Salins. Un millénaire d'exploitation du sel en Franche-Comté,* Besançon.

Brelot (1980 et 1984) C. I., Gely C. et Vegliante G., *Les sociétés d'exploitation des salines comtoises aux XIX*ᵉ *et XX*ᵉ *siècles* Institut Universitaire des Arts et Traditions Populaires, Université de Franche-Comté, Besançon.

Bresc H., éd., *Figures de l'esclave au Moyen Âge et dans le monde moderne,* Paris, 1996.

Bridbury A.R., *England and the Salt Trade in the later Middle Ages,* Oxford, 1955, 198 p.

Broggia C.-A., *Le risposte ai quesiti del console Balbiani,* Allocati A. éd, Naples, 1979.

Brownrigg W., *The Art of Making Common Salt,* Londres, 1748.

BRULEZ (1955) W., « De Zoutinvoer in de Nederlanden in de 16 eeuw », *Tijdschrift voor Geschiedenis*, 68.

BRULEZ (1974) W. (avec la coll. de CRAEYBECKX J.), *Les escales au carrefour des Pays-Bas. Bruges et Anvers, 14ᵉ-16ᵉ siècles*, Recueils de la Société Jean Bodin, 32, p. 417-474, et *Studia Historica Gandensia*, 181, Gand.

BRUNS Fr., « Die Lübeckischen Pfundzollbücher von 1492-1496 », *Hansische Geschichtsblätter*, 1905, p. 107-131, 1907, p. 457-499, 1908, p. 357-407.

BURGHOLZ D., « Salzgewinnung und -politik während des Niedergangs des alten Salinenwesens » p. 247-267 *in* : H. J. TEUTEBERG (éd), *Westfalens Wirtschaft am Beginn des « Maschinenzeitalters »* (Untersuchungen zur Wirtschafts-, Sozial- und Techniksgeschichte, Bd. 6), Dortmund, 1988.

BURON (1999) G., *Bretagne des marais salants, 2000 ans d'histoire*, Skol-Vreizh, Morlaix, 2 vol.

BURON (2006) G., « Le Commerce des sels de Guérande (XVIIᵉ et XVIIIᵉ siècles) », p. 273-291, *in* HOCQUET et SARRAZIN, *Le Sel de la Baie*.

CABOURDIN G. éd., *Le Sel et son histoire*, Nancy, 1981.

CALVERT A. F., *Salt in Cheshire*, London and New York, 1915.

CANALI G., *I trasporti sull'Adige da Bronzolo a Verona e gli spedizioneri di Sacco*, Rome, 1939.

CANCILA O., *Aspetti di un mercato siciliano, Trapani nei secoli XVII-XIX*, Caltanissetta-Rome, 1972.

CARONI P., « Soma et alpis et vicanale. Einleitende Bemerkungen zu einer Rechtsgeschichte der Saümergenossenschaft », p. 97-110 *in* L. CARLEN et F. EBEL éds, *Festschrift für Ferdinand Elseneur zum 65. Geburtstag*, Sigmaringen, 1977.

Cartulaire de Maguelonne, publié sous la direction de F. FABRÈGE, J. ROUQUETTE et A. VILLEMAGNE, 5 vol., Montpellier, 1912-1927.

CASADIO (2001₁) A., « I Salinari fra Cinque e Ottocento », p. 295-342, in *Storia di Cervia*, vol. III-1, *L'Età moderna*, Rimini.

CASADIO (2001₂) A., *Società e politica a Cervia fra età napoleonica e unificazione nazionale*, p. 391-445, *in* R. Balzani ed., *Storia di Cervia*, vol. III.2, Rimini.

CASADIO (2015) A., « Un ceto di frontiera fra corporazione e mercato. I salinari di Cervia nell'ottocento preunitario », *Società e Storia*, 150, p. 721-746.

CASTELLAZI L., « Uomini e attività urbane in rapporto all'Adige tra XV e XVIII secolo », p. 209-241, *in* BORELLI, vol. I.

CAVACIOCCHI D. éd., *Ricchezza del mare, ricchezza dal mare, secc. XIII-XVIII* (D..), *XXXVII Settimana di Studi* (Prato, avril 2005), Florence, 2 vol., 1241 p.

CECCHINI F. éd., *Fratello sale. Memorie e speranze dalla salina di Comacchio*, Nuova Alfa editoriale, 1997.

CHALONER W. H., « Salt in Cheshire, 1600-1870 », *Transactions of the Lancashire and Cheshire Antiquarian Society*, LXXI (1961).

CHARTRAIN A., DE LABRIFFE P.-A., « Vers une archéologie du sel en Languedoc-Roussillon », *in* O. WELLER éd., *Sel, eau et forêt, Actes du colloque d'Arc-et-Senans*, MSH de Besançon, 2008, p. 401-431.

CHOMEL V. et EBERSOLT J., *Cinq siècles de circulation internationale vue de Jougne. Un péage jurassien du XIII au XVIII siècle*, Paris, 1951.

CHOUDHURY S., *Economic History of Colonialism, A Study of British Salt Policy in Orissa*, Inter-India Publications, Delhi, 1979, 229 p.

CLAUZEL J., *L'exploitation des salines de Taoudenni*, Institut de recherches sahariennes de l'Université d'Alger, Monographies régionales 3, 1960, 145 p, cartes et plans.

COLLINS J.B., « The Role of Atlantic France in the Baltic Trade : Dutch Traders and Polish Grain at Nantes, 1625-1675 », *The Journal of European Economic History*, 13, (1984).

COLLINS J., *Salt and fishery*, 1682.

COMBES J., « Origines et passé d'Aigues-Mortes », *Revue d'histoire économique et sociale*, 1972, p. 307-326.

CONCINA E., *Chioggia. Saggio di storia urbanistica dalla formazione al 1870*, Trévise, 1977.

CONSTANTELOS D. J., « Slaves and slavery in the late Byzantine World », *Klêronomia*, 18 (1986), p. 263-279.

COUDERT J., « La naissance et le développement de l'industrie du sel dans le bassin de la Meurthe (1843-1914) », *in* CABOURDIN, p. 157-187.

CRAEYBECKX J., *Un grand commerce d'importation : les vins de France aux anciens Pays-Bas (XIII-XVI siècle)*, Paris, 1959.

CROUZET Fr., *L'économie britannique et le blocus continental (1806-1813)*, 2 vol., PUF, Paris, 1958.

CUBERO J., *Nationalistes et étrangers. Le massacre d'Aigues-Mortes*, Imago, Auzas éditeurs, Paris, 1996, 252 p., (CR dans *Journal of Salt History*, VI (1998), 148-9).

DAGET S. éd., *De la traite à l'esclavage*, t. 1 : *de l'Antiquité au XVIIIe siècle*, t. 2 : *XVIIIe-XIXe siècles*, Nantes 1985-1988, 555 et 733.

DARBY H. C., *The Domesday Geography of England*, IV, 1967-1971, III, *The Domesday Geography of Midland*, 2nd ed., 1971.

DE BRISAY K. W. and EVANS K. A. eds, *Salt. The study of an ancient industry, Report on the Salt weekend held at the University of Essex*, 20-22 sept. 1974, 94 p.

DE DIETRICH Ph., « Description des fontaines salantes de Salies », in ID., *Description des gîtes de minerai, des forges et des salines des Pyrénées*, Paris, 1786.

DELETTREZ J.-M., *Le Rhône de Genève à la Méditerranée*, Paris, 1974.

DENEL F., « La navigation sur le Rhône au XVe siècle d'après les registres du péage de Baix », *Annales du Midi*, 82 (1970), p. 287-299.

DE OLIVEIRA M. et BOSMAN F., *Au Carrefour de l'Europe commerciale. François-Charles Briansiaux (1769-1825), négociant et banquier lillois de la Révolution et de l'Empire*, livret-guide de l'exposition organisée aux Archives du Monde du Travail à Roubaix, 17 fév.-15 sept., 2011.

DE RAEMY T., « Aperçu historique sur le régime du sel dans le canton de Fribourg », *Annales Fribourgeoises* VII (1919), p. 58-70 et p. 132-136.

DELAFOSSE M. et LAVEAU C., *Le Commerce du sel de Brouage aux XVIIe et XVIIIe siècles*, Cahier des Annales 17, Paris, 1960, 134 p.

DE ROMEFORT (1954) J., « Aux origines provençales de la gabelle. Le monopole du sel à Tarascon en 1150 », *Mélanges Busquet*, 1956 (n° spécial de *Provence historique*), p. 59-63.

DE ROMEFORT (1959) J., « Le sel en Provence du Xe siècle au milieu du XIVe siècle. Production, exportation, fiscalité », *Bulletin philologique et historique* (1958), Paris, p. 169-180.

DE ROMEFORT (1929) J., *La gabelle du sel des comtes de Provence, des origines à 1343*, thèse de l'École des Chartes, Paris.

DE ROMEFORT (1954) J., « L'ancêtre de la gabelle. Le monopole du sel de Charles d'Anjou », *Revue Historique de droit français et étranger*, a. 32, p. 263-269.

DESSEMON R., *Le Rhône. Un fleuve, des hommes*, Saint-Rambert-d'Albon, 1983.

DEVISSE J., « Le Commerce africain médiéval », *Revue d'Histoire Économique et Sociale*, 1972.

DIDSBURY B., « Cheshire Saltworkers », *in* R. SAMUEL (ed.), *Miners, Quarrymen and Saltworkers* (History Workshop series), Londres, 1977.

Di Tucci R., *I Lavoratori nelle saline sarde dall'alto Medioevo all'Editto del 5 aprile 1836*, Cagliari, 1929.

Dubois A., *Die Salzversorgung des Wallis 1500-1610. Wirtschaft und Politik*, Winterthur, 1965.

Dubois C., *L'Or blanc de Djibouti. Salines et sauniers (19ᵉ-20ᵉ siècles)*, Karthala, Paris, 2003.

Dubois (1976) Henri, *Les foires de Chalon et le commerce dans la vallée de la Saône à la fin du Moyen Âge (1280-1430)*, Paris.

Dubois (1978) H., « Le Téméraire, les Suisses et le sel », *Revue Historique*, 526, p. 309-333.

Dubois (1981) H., « Du xiiiᵉ siècle aux portes de la modernité. Une société pour l'exploitation du sel comtois : le Bourg-Dessous de Salins », *in* Cabourdin éd., p. 67-91.

Ducelier A., « Marché du travail, esclavage et travailleurs immigrés dans le nord-est de l'Italie (fin du xivᵉ-milieu du xvᵉ siècle) », p. 217-249, *in* Balard M. éd., *État et colonisation au Moyen Âge et à la Renaissance*, Paris, 1989.

Dufournet P., « L'entrepôt des sels du Regonfle-sous-Bassy (Haute-Savoie) », *Actes du 93ᵉ congrès national des soc. sav., Archéologie*, 1968, p. 215-261.

Dunstan H., *The Ho Tung Salt administration in Ming times*, PhD Univ Library Cambridge, 1980, dactyl.

Duparc P., « Un péage savoyard sur la route du Mont-Cenis aux xiiiᵉ et xivᵉ siècles, Montmélian », *in Routes, transports et péages au Moyen Âge et à la Renaissance*, 85ᵉ Congrès National des Sociétés Savantes, Chambéry (1960), *Bulletin Philologique et Historique* 1960 (1961), I, p. 145-187.

Dupont A., « L'exploitation du sel sur les étangs de Languedoc, ixᵉ-xiiiᵉ siècle », *Annales du Midi*, 70 (1958), p. 7-25.

Dupont A., « Un aspect du commerce du sel en Languedoc oriental au xiiiᵉ siècle : la rivalité entre Lunel et Aigues-Mortes », *Provence Historique*, 18 (1968), p. 101-112.

Durrenmatt G., *Le Rhône autrefois*, Aubenas, 1987.

Elkar R. S., Neutsch C., Roth K. J. et Schawacht J. H., éds, *Vom rechten Maß der Dinge. Beiträge zur Wirtschafts- und Sozialgeschichte. Festschrift für Harald Witthöft zum 65. Geburtstag*, Scripta Mercaturae Verlag 1996, 2 vol.

ELLIS (1980) J., « The Decline and fall of the Tyneside Salt Industry, 1660-1790 : a reexamination », *Economic History Review*, XXIII, 1.

ELLIS (1981) J., *A Study of the Business Fortunes of William Cotesworth (1668-1726)*, New York, 233 p.

EMMER P. C., « Les Hollandais et le commerce du sel dans l'Atlantique (1580-1650) », *The Journal of Salt History*, 5 (1997), p. 5-13.

EMPTOZ G., « Le sel et la naissance de l'industrie chimique », *in* DHOMBRES Jean, *Sciences et Techniques en perspective*, XII (1986-1987), p. 149-168.

Encyclopédie Méthodique, série *Finances*, Panckoucke éd., Paris, 1784-1787.

Enquête sur les sels, Ministère de l'Agriculture, 3 vol, Paris, 1868-1869.

ESCOBAR OLMEDO A. M., « La sal como tributo en Michoacan a mediados del siglo XVI », p. 161-186, *in* REYES, *La Sal en México*.

ESPINO LÓPEZ (2009) A., « La sal de Ibiza y Carlos II. Control politico y control económico de una fonte de riqueza en la antesala del cambio dynástico, 1683-1691 », *Obradoiro de Historia Moderna*, 18, p. 181-209.

ESPINO LÓPEZ (2015) A., « La climatologia y el negocio de la sal en la Ibiza del siglo XVII », *Revista de Historia Moderna*, 33, p. 243-262.

EWALD U., *The Mexican Salt Industry, 1560-1980. A Study in Change*, Stuttgart-New York, 1985, 480 p.

Fabbri Cl., *Un patrimoine industriel à sauver : les Salines Royales de Dieuze*, mémoire dactyl., Université de Metz, 2006, 76 p.

FACCIOLI G., *Verona e la navigazione atesina*, Vérone 1956.

FALCONI E., *Liber comunis Parmae jurium puteorum salis (1199-1387)*, Milan, 1966.

FANFANI T., « L'Adige come arteria principale del traffico tra nord Europa ed emporio realtino », *in* BORELLI, vol. II, p. 571-629.

FAUCHER D., *L'homme et le Rhône*, Paris, 1968.

FAVREAU L.-J., *Résumé de l'enquête parlementaire sur la production et le commerce des sels*, in-4°, 98 p, Paris, 1852.

FERRER ABÁRZUZA A., *Captius i senyors de captius a Eivissa : una contribució al debat sobre « l'esclavitud » medieval (segles XIII-XVI)*, Publicacions de la Universitat de València 2015, 592 p.

FERRER I MALLOL M. T., *De l'esclavitud a la llibertat : esclaus i lliberts a l'Edat Mitjana*, actes du Colloque International, Barcelone, 27 mai 1999, Institució Milà i Fontanals, Departament d'Estudis Medievals, 2000, XII-751 p.

FIGUIER L., *Les Merveilles de l'industrie ou description des principales industries modernes*, Paris.

FLORENÇON (1996) P., *Aigues-Mortes et la Méditerranée au Moyen Âge, recherches sur le port et choix de documents* (mémoire inédit).

FLORENÇON (2001) P., « Note sur les étangs du littoral aigues-mortais », *in* BOURRIN-DERRUAU et LE BLÉVEC, *Le littoral languedocien au Moyen Âge*.

FRIEDERICH H., *Le ravitaillement en sel du canton de Genève*, Genève, 1931.

FRITSCHKE B., *Der Zürcher Salzhandel im 17. Jahrhundert. Der Aufbau eines Staatsmonopols*, Zurich, 1964.

GARDELLE J., *Inventaire général des monuments et des richesses artistiques de la France, Commission régionale du Languedoc – Roussillon. Gard. Canton d'Aigues-Mortes*, 2 vol, Paris, Imprimerie nationale, 1973.

GASCON R., *Grand commerce et vie urbaine au XVIᵉ siècle : Lyon et ses marchands (environs de 1520-environs de 1580)*, Paris : S. E. V. P. E. N., 1971, 2 vol., 999 p.

GAUTHIER J., DE SAINTE-AGATHE J. et DE LURION R., éds, *Cartulaire des comtes de Bourgogne*, Besançon, 1908.

GEISS C., *Der Danziger Salzhandel vom 14. bis zum 17. Jahrhundert (1370-1640)*, Diss. Munich, 1925.

GEORGES N., « La maison Briansiaux, 1796-1803. Aux origines d'une réussite commerciale », *Positions de thèses de l'École des Chartes*, 1991, p. 89-99.

GERN P., *Aspects des relations franco-suisses au temps de Louis XVI. Diplomatie, économie, finances*, Neufchâtel, 1970.

GERVILLE-RÉACHE L. et MATHIEU J.-R., *L'Enfer du sel*, Paris, 1932.

GÉRY R., « Une industrie autochtone nigérienne : les sauniers du Manga », *Bull. de l'IFAN*, sér. B, 14 (1952), p. 309-322.

GIGNOUX, C.-J., *Histoire d'une entreprise française*, Paris, 1955, 221 p.

GIOFFRE D., « Il commercio genovese del sale e il monopolio fiscale nel secolo XIV », *Bollettino Ligustico per la Storia e la Cultura Regionale*, X (1958), p. 3-32.

GÖNNENWEIN O., *Das Stapel- und Niederlagsrecht* (Quellen und Darstellungen zur hansischen Geschichte, NF, 11. Bd.), Hambourg, 1939.

GOULETQUER (1991) P., « À propos de l'article de Jouke S. Wigbodus : Salt and crop production in the precolonial central Sudan – or a discussion of Lovejoy's poorly-developed-technology thesis », *Techniques et Culture*, 17-18.

GOULETQUER P. et KLEINMANN D. (1976₁), « Les Salines du Manga et leur intérêt dans l'étude des salines protohistoriques en Europe », *99ᵉ Congrès National des sociétés Savantes* (Besançon 1974), fasc. V, Paris.

GOULETQUER P. et KLEINMANN D. (1976₂), « Structure sociale et commerce du sel dans l'économie touarègue », *Revue de l'Occident musulman et de la Méditerranée*, 22, p. 131-9.

GOURON M., « Note sur l'ancienne navigation dans la Petite Camargue », *Bull. de la Soc. d'Histoire et d'Archéologie de Nîmes et du Gard*, 1939, p. 20-27.

GOURRET P., *Les pêcheries et les poissons de la Méditerranée*, Paris, 1894.

GRANDIN capitaine, « Notes sur l'industrie du sel au Kawar et en Agram », *Bull. de l'IFAN*, sér. B, 13 (1951), p. 488-533.

GROSSMAN H., *Flösserei und Holzhandel aus der Schweizer Bergen bis zum Ende des 19. Jahrhunderts* (Mitteilungen der Antiquarischen Gesellschaft in Zürich, 46. Bd., 1. H.) Zurich, 1972.

GRÜTTER O., *Das Salzwesen des Kantons Solothurn*, Soleure, 1931.

GUGGISBERG P., *Der bernische Salzhandel* (Archiv des Hist. Ver. des Kt. Bern), 1933.

GUO Z., « The Supervision system of maritime salines in China from the Tenth to the Thirteenth century », p. 139-150 *in* R. JUST u. U. MEISTER Hg, *Das Leben in der Saline, Arbeiter und Unternehmer* (2. Internationale Salzgeschichtetagung, Halle/Saale, oct. 1992), Technisches Halloren- u. Salinenmuseum Halle, 1996.

GUY I., *The Scottish Export Trade, 1460-1599*, M Phil thesis, University of St Andrews 1982, publiée sous forme abrégée dans T. C. SMOUT éd., *Scotland and Europe, 1200-1850*, Edinburgh 1986, p. 62-81.

HALPERN PEREIRA M., « Racionalidade regional versus racionalidade nacional ? O monopolio do sal de Setúbal », p. 365-378, *in* HOCQUET et PALME.

HARTEVELD R. B., « Zoutwinning en zoutzieden in Nederland », *in* FORBES R. J éd, *Het zout der aarde*, Hengelo, 1968.

HASSINGER H., « Zollwesen und Verkehr in den sterreichischen Alpenländer bis zum Jahre 1300 », *Mitteilungen des Instituts für Österreichische Geschichtsforschung (MIÖG)*, 73 (1965), p. 292-361.

HAUSEK-KÜNDIG M., *Das Salzwesen der Innerschweiz bis 1798*, Zug, 1927.

HEERS J., *Esclaves et domestiques au Moyen Âge dans le monde méditerranéen*, Hachette littératures, Paris, 1996 (2006²), 296 p.

HIEGEL P., « Vente du sel lorrain en Suisse du milieu du XVIᵉ s. à la guerre de Trente Ans », *in* CABOURDIN, p. 327-346.

HIRSCH J.-P., *Les deux rêves du commerce. Entreprises et institutions dans la région lilloise (1780-1860)*, Paris, éd. de l'EHESS, 1991, 534 p.

HOCQUET (1974) J.-C., « La Camera Apostolica e il sale di Cervia (1327-1330) », 22ᵉ Congrès de la Société des Études Romagnoles, Cervia, juin 1971, *Studi Romagnoli*, XXII, 1971, p. 39-56.

HOCQUET (1975) J.-C., « Monopole et concurrence : Venise et le sel de Cervia du XIIᵉ au XVIᵉ siècle », *Studi Veneziani* XV (1973), 21-133.

HOCQUET (1984) J.-C., « Techniques et société. Exploitation et appropriation des salins de la Méditerranée occidentale (1250-1350 env.) », *La Società mediterranea all'epoca del Vespro* (XIᵉ congrès d'histoire de la Couronne d'Aragon), Palerme, vol. III, p. 219-248.

HOCQUET (1985) J.-C., *Le sel et le pouvoir, de l'An Mil à la Révolution Française*, Paris, Albin Michel, 519 p.

HOCQUET (1986) J.-C., « L'évolution des techniques de fabrication du sel marin sur les rivages de l'Europe du Nord-Ouest » p. 3-22, *in* : J.-C. HOCQUET, S. LEBECQ and A. LOTTIN éds., *Les hommes et la mer dans l'Europe du Nord-Ouest de l'Antiquité à nos jours*, Lille, 525 p.

HOCQUET (1987₁) J.-C., *Le roi, le marchand et le sel*, Actes de la table ronde du CNRS, *L'impôt du sel en Europe (XIIIᵉ - XVIIIᵉ siècles)*, Saline royale d'Arc-et-Senans (23-25 sept. 1986), PU Lille.

HOCQUET (1987₂) J.-C., « Les pêcheries médiévales », in M. MOLLAT, *Histoire des pêches maritimes en France*, Toulouse, Privat, 1987, p. 35-129.

HOCQUET (1987₃) J.-C., « Venise, les villes et les campagnes de la Terre Ferme (XVᵉ:XVIᵉ siècles). Eléments d'une problématique », *Stadt, Bürgertum, Staat (13.-17. Jahrhundert)*, Bielefeld, 1985, *La ville, la bourgeoisie et la genèse de l'État moderne (12ᵉ-18ᵉ siècles)*, Paris, Editions du CNRS, 1987, p. 209-219.

HOCQUET (1988) J.-C., « Cervia, il sale e Venezia nel Medioevo », p. 189-196, *Cervia, natura e storia*, a c. di MARONI O. et TURCHINI A., Rimini, 288 p.

HOCQUET (1989) J.-C., *Le sel de la terre*, Paris.

HOCQUET (1989₂) J. C., « Mesurer, peser, compter le pain et le sel », *in* B. GARNIER, J.-C. HOCQUET et D. WORONOFF, *Introduction à la métrologie historique*, Paris.

HOCQUET (1990) J.-C., *Chioggia, capitale del sale*, Chioggia.

HOCQUET (1991₁) J.-C., « Production du sel et changement technique en Chine », *Annales E.S.C.*, 1991-5, p. 1021-1039.

HOCQUET (1991₂) J.-C., « Original technics of early Chinese salt production », *Thesis from the International Symposium on the History of Chinese Salt Industry*, Zigong, p. 22-30 (en chinois).

HOCQUET (1992₁) J.-C., *Anciens systèmes de poids et mesures en Occident*, Londres, Variorum Reprints.

HOCQUET (1992₂) J.-C., « Tonnages ancien et moderne : botte de Venise et tonneau anglais », *Revue Historique*, CCLXXXI/2 (1989), reprint *in* HOCQUET (1992₁).

HOCQUET (1992₃) J.-C., « Sedes et effusio. Métrologie et histoire religieuse durant la "phase ecclésiastique" de la production du sel », *in* Id (1992₁).

HOCQUET (1993-94) J.-C., éd., *Une activité universelle. Mesurer et peser à travers les âges, Cahiers de Métrologie*, 11-12.

HOCQUET (1994) J.-C., « Les moines, producteurs ou rentiers du sel », p. 197-212, *in* Ch. HENTZLEN et R. DE VOS, *Monachisme et technologie dans la société médiévale du Xᵉ au XIIIᵉ siècle*, Centre de conférences internationales de Cluny, ENSAM, 469 p.

HOCQUET (2001) J.-C., « Der bayerische Salzhandel mit Schweiz », p. 323-31, in : Manfred TREML éd., *Salz macht Geschichte, Aufsätze*, Haus der Bayerischen Geschichte, Augsburg 1995, 426 p.

HOCQUET (2001₂) J.-C., *Hommes et paysages du sel, une aventure millénaire*, Arles, Actes Sud.

HOCQUET (2003₁) J.-C., *Le Saline dei Veneziani e la crisi al tramonto del Medioevo*, Rome, Il Veltro.

HOCQUET (2003₂) J.-C., « Il burchio », p 283-308 in ID, *Le Saline dei Veneziani e la crisi al tramonto del Medioevo*, Roma, Il Veltro, 410 p.

HOCQUET (2005) J.-C., « Les mers nourricières : le sel et le poisson », p. 106-176, *in* A. CABANTOUS, A. LESPAGNOL & F. PERON, *Les Français, la terre et la mer*, Paris, Librairie A. Fayard, 902 p.

HOCQUET (2006₁) J.-C., « Le mesurage des sels sur les marais de l'Atlantique français », p. 405-408, *in* HOCQUET et SARRAZIN, *Le Sel de la Baie*.

HOCQUET (2006₂) J.-C., « Due risorse maritime associate, il sale e il pesce. Profilo storico », p. 235-265, *in* CAVACIOCCHI, *Ricchezza del mare*.

HOCQUET (2006₃) J.-C., « Ibiza et la compétition commerciale », p. 327-376 *in* HOCQUET (2006₄).

HOCQUET (2006₄) J.-C., *Venise et la mer, XIIᵉ-XVIIIᵉ siècles*, Paris, Librairie Arthème Fayard.

HOCQUET (2012) J.-C., *Venise et le monopole du sel. Production, commerce et finance d'une République marchande (Xᵉ – XVIIᵉ siècles)*, 2 vol., Paris et Venise, 1209 p.

HOCQUET J.-C. et PALME R. éds., *Das Salz in der Rechts- und Handelsgeschichte*, Actes du 1er Congrès International d'Histoire du Sel, Hall in Tirol, 26 sept.-1ᵉʳ oct. 1990, Schwaz, 1991.

HOCQUET J.-C., et SARRAZIN J.-L. éds, *Le Sel de la Baie. Histoire, archéologie, ethnologie des sels atlantiques*, Presses Universitaires de Rennes 2006, 411 p.

HOFFMANN A., « Die Salzmaut zu Sarmingstein in den Jahren 1480-87 », *MIÖG*, 62 (1954), 447-459.

HOLZHAUSER H. P., « Neuzeitliche Gletscherschwankungen », *Geographica Helvetica*, 37/2, 115-126.

HOTTENGER (1928) G., « Les anciennes salines domaniales de l'Est. Histoire d'un monopole (1790-1840) », *Bulletin de la société des amis des pays de la Sarre*, 5, p. 66-113.

HOTTENGER (1932) G., « Les salines privées sous la Révolution », *ibid.*, 8, p. 245-269.

HUGHES (1925) E., « The English Monopoly of Salt in the years 1563-1571 », *English Historical Review*, XL, p. 334-350.

HUGHES (1980) E., *Studies in administration and finance, 1558-1825*, Philadelphie (reprint from Manchester 1934).

IREDALE, D. A., « John and Thomas Marshall and the society for improving the British salt trade – an example of trade regulation », *The Economic History Review*, 2. serie, 20 (1967), p. 79-93.

JEANNIN (1996) P., « Le marché du sel marin dans l'Europe du Nord du 14ᵉ au 18ᵉ siècle », in *Idem, Marchands du Nord, Espaces et trafics à l'époque moderne*, Paris.

JEHEL G., *Aigues-Mortes, un port pour le Roi. Les Capétiens et la Méditerranée*, Roanne, 1985.

JENKS (1992) S., *England, die Hanse und Preußen. Handel und Diplomatie, 1377-1474*, 3 vol., I, *Handel*, II, *Diplomatie*, III, *Anhänge* (Quellen und Darstellungen zur hansischen Geschichte, NF, Bd 38), Köln-Wien, 1265 p.

JENKS (1996) St., « Der hansische Salzhandel im 15. Jahrhundert im Spiegel des Danziger Pfundzollbuchs von 1409 » p. 257-284, *in* ELKAR et al., *Vom rechten Maß der Dinge*, vol. 1.

KAISER, W., *Die Geschichte der Unternehmung und des staatlichen Einflusses in der Salzindustrie Hannovers und Westfalens bis zum Ende des 18. Jahrhunderts*, Diss. Köln, 1938.

KELLENBENZ (1974) H., *Das Medersche Handelsbuch und die Welser'schen Nachträge* (Deutsche Handelsakten des Mittelalters und der Neuzeit, 15), Wiesbaden.

KELLENBENZ (1977) H., « Lindau und die Alpenpässe », p. 199-219 *in* F. HUTER et G. ZWANOWETZ éds, *Erzeugung, Verkehr und Handel in der Geschichte der Alpenländer, Festschrift für H. Hassinger*, (Tiroler Wirtschaftsstudien, 33. Folge) Innsbruck.

KELLENBENZ (1978) H. éd., *Wirtschaftliche Wachstum, Energie und Verkehr vom Mittelalter bis ins 19. Jahrhundert* (Forschungen zur Sozial- und Wirtschaftsgeschichte, Bd 22), Stuttgart-New York.

KELLY O., *The Saltpans at Saltcoats*, Saltcoats, 1972.

KLEIN (1951) H., « Zur älteren Geschichte der Salinen Hallein und Reichenhall », *Vierteljahrschrift für Sozial und Wirtschaftsgeschichte* (*VSWG*) 38, p. 305-333.

KLEIN (1965) H., « Die Weinsaumdienste in Nordtirol und Bayern », *Tiroler Heimat*, 14 Bd. (1949-1950), p. 65-90, et *Beiträge zur Siedlungs-, Verfassungs- und Wirtschaftsgeschichte von Salzburg. Gesammelte Aufsätze von Herbert Klein*, Salzburg, p. 427-503.

KLEIN M., « The demography of slavery in Western Sudan : the late Nineteenth century », p. 50-61 *in* D. D. CORDELL et J. W. GREGORY, *African population and Capitalism*, Boulder and London, 1987.

KNITTLER (1974) H., « Salz- und Eisenniederlagen. Rechtlichen Grundlagen und wirtschaftliche Funktion », *in* M. MITTERAUER et P. FELDBAUER éd., *Österreichisches Montanwesen. Produktion, Verteilung, Sozialformen*, Vienne, p. 199-233.

KNITTLER H., « Der Salzhandel in den östlichen Alpenländern : bürgerliche Berechtigung, städtische Unternehmung, staatliches Monopol », *in* RAUSCH, p. 1-18, 1988.

KOLLER (1976) F., « Hallein im frühen und hohen Mittelalter », *Mitteilungen der Gesellschaft für Salzburger Landeskunde*, 116, 116 p.

KOLLER (1979) F., « Die Salinen in der Umgebung der Stadt Salzburg um das Jahr 1200 », *Österreich in Geschichte und Literatur mit Geographie*, 22, p. 257-267.

KOLLER (1982) F., « Salzhandel im Alpenraum », *in Geschichte des alpinen Salzwesens* (Leobener Grüne Hefte, NF, 3. H.) Vienne, 119-132.

KÖLNER P., *Das Basler Salzwesen seit dem 13. Jahrhundert bis zur Neuzeit*, Basel, 1920.

KOROVESSIS N. A. et LEKKAS T. D., *Saltworks : Preserving Saline Coastal Ecosystems* (6th conference on Environmental Science and Technology, Samos 1999), Global Nest, Athènes, 2000.

KOWALESKI M., « Working at sea : maritim recruitment and remuneration in medieval England », *in* CAVACIOCCHI, *Ricchezza del mare*, II.

LABARTHE J., *Salies et son sel*, Salies-de-Béarn, 1981.

LADERO QUESADA M. A., « Les revenus du sel en Castille », p. 77-98, *in* HOCQUET (1987).

LADERO QUESADA M. A., « Los esclavos de la Casa ducal de Medina Sidonia (1492-1511) », *Homenaje al profesor Jacinto Bosch Vilá*, Grenade 1991, vol. 1, p. 225-232.

LAMSCHUS Ch. éd., *Salz – Arbeit – Technik. Produktion und Distribution in Mittelalter und Früher Neuzeit*, Lunebourg, 1990, 330 p.

LANDES Chr. éd., *Les Étangs à l'époque médiévale, d'Aigues-Mortes à Maguelonne*, Musée archéologique de Lattes, Montpellier, 1992.

LATTY P., *Une maison de commerce au début du XIXe siècle : François-Charles Briansiaux, négociant à Lille (1792-1825)*, thèse de Droit, 1957, 198 p.

LAUFFER V., « Danzigs Schiffs- und Waarenverkehr am Ende des 15. Jahrhunderts », p. 1-44, *Zeitschrift des Westpreussischen Geschichtsvereins*, XXXIII (1894), Danzig.

LE GOFF J., *Saint Louis*, Paris, Gallimard, 1996.

LE TERME E. C., *Règlement général et notice sur les marais de l'arrondissement de Marennes*, Rochefort 1826, in-8°, 320 p.

L'HOMER A., BAZILE F., THOMMERET J. et Y., « Principales étapes de l'édification du delta du Rhône de 7000 BC à nos jours : variations du niveau marin », *Oceanis*, vol. 7 (4), 1981, p. 389-408.

LIOT C., *Les salines préhispaniques du bassin de Sayula (Ouest du Mexique), milieu et techniques*, Archaeopress, Oxford 2000, 292 p.

LITCHFIELD (1991) C. D., « Red – the magic color for solar salt production », p. 403-412, *in* HOCQUET et PALME.

LITCHFIELD C. D., « La production de sel en Amérique aux XVIIIᵉ et XIXᵉ siècles et la concurrence étrangère », p. 339-345, *in* HOCQUET et SARRAZIN, *Le Sel de la Baie.*

LIVET G., « La Suisse, carrefour diplomatique des sels européens. Pressions politiques et tensions sociales dans la Confédération helvétique sous l'Ancien Régime », in CABOURDIN, p. 405-433.

LIVI R., *La schiavitu domestica nei tempi di mezzo e nei moderni : ricerche storiche di un antropologo,* Padoue, CEDAM 1928, XII, 348 p.

LOCATELLI R., BRUN D., et DUBOIS H., *Les salines de Salins au XIIIᵉ siècle. Cartulaires et livre des rentiers,* préface de J. FAVIER, Annales littéraires de l'Université de Besançon, 448 (Cahiers d'Etudes Comtoises, 47) 1991, 372 p, XX planches.

LOMBARDI G. éd., *La guerra del sale (1680-1699). Rivolte e frontiere del Piemonte barocco,* 3 vol., Milan 1986, 431, 427 et 430 p.

LOVEJOY (1986) P.E., *Salt of the Desert Sun. A History of Salt Production and Trade in the Central Sudan* (African Studies series, n° 46), Cambridge U.P., (bibliographie exhaustive), 351 p.

LOVEJOY (2002) P.E., « Islam, Slavery and Political Transformation in West Africa : Constraints on the trans-atlantic slave Trade », *Outre-mers, Revue d'Histoire,* p. 247-282.

LOVEJOY (2011) P.E., *Transformations in Slavery. A History of Slavery in Africa,* Cambridge ; New York : Cambridge University Press, 3ᵉ éd.

LUDLOW Charles G., « Refining of imported rock salt in Ireland in the Eighteenth and Nineteenth Centuries », *Journal of Salt History,* 2 (1994), p. 57-71.

MALARTIC (1961) Y., *Le sel à Hyères* (mémoire d'études supérieures, Faculté des Lettres d'Aix-en-Provence, dactyl.).

MALARTIC (1966) Y., « Le commerce du sel d'Hyères en Ligurie du XIIIᵉ au XVᵉ siècle », 1ᵉʳ Congrès Provence-Ligurie (1964), p. 169-178.

MALARTIC (1968) Y., « Le commerce du sel d'Hyères (XIIIᵉ-XVᵉ siècles) », p. 183-197, *in* M. MOLLAT, *Le rôle du sel dans l'histoire,* Paris.

MANCA C., « Uomini per la corsa. Rapporti di classe e condizioni sociali nelle città marittime bararesche dopo Lepanto », *in* RAGOSTA R. éd., *Le genti del mare mediterraneo,* 2 vol., Naples 1981, II, p. 725-772.

MANEGOLD K. H. éd., *Wissenschaft, Wirtschaft und Technik, Studien zur Geschichte, Wilhelm Treue zum 60. Geburtstag,* Munich, 1969.

MARTIN J. J., « Collected notes on the salt industry of the Cumbrian Solway Coast », *in* DE BRISAY and K. A. EVANS, p. 71-76.

MASCILLI MIGLIORINI L. éd., *L'Italia napoleonica. Dizionario critico,* UTET Turin, 2011.

MATHIS F., « Zur Bevölkerungsstruktur österreichischer Städte im 17. Jahrhundert » *in* A. HOFFMANN et M. MITTERAUER éds., *Sozial- und Wirtschaftshistorische Studien,* Vienne, 1977.

MATTE J., « Description des salins de Peccais », *Histoire de la Société Royale des Sciences,* Lyon 1766, p. 286-292.

MAZZEO G., « Cervia : non soltanto sale per una nuova vita nella salina », *in* F. CECCHINI, p. 121-124.

McDOUGALL (1976) E. A., *The Salt Industry in West African History,* MA thesis, University of Toronto.

McDOUGALL (1980) E. A., *The Ijil Salt Industry : its role in the precolonial economy of the western Sudan,* Ph. D. thesis, University of Birmingham.

McDOUGALL (1983) E. A., « The Sahara reconsidered : pastoralism, politics and salt from the Ninth through the Twelfth Centuries », *Business empires in Equatorial Africa, African Economic History,* 12.

McDOUGALL (1985) E. A., « The view from Awdagust : war trade and social change in the southwestern Sahara from the Eighth to the Fifteenth century », *Journal of African History,* 1, 1-30.

McDOUGALL (1990$_1$) E. A., « Salts of the Western Sahara : myths, mysteries and historical significance », *International Journal of African Historical Studies,* 23.

McDOUGALL (1990$_2$) E. A., « Banamba and the salt industry of the Western Sudan », p. 151-170 *in* D. HENIGE et T. McCASKIE eds, *West African Economic and Social History : Studies in memory of Marion Johnson,* Madison.

McDOUGALL (1992) E. A., « Salt, Saharans and the Trans-Saharan Slave trade, Nineteenth Century Developments », p. 61-88, *in* SAVAGE éd., *Slavery and abolition. [a journal of comparative studies]*

McDOUGALL (2000) E. A., « Un monde sens dessus dessous : esclaves et affranchis dans l'Adrar mauritanien, 1910-1950 », *Groupes serviles au Sahara. Approche comparative à partir du cas des arabophones de Mauritanie,* VILLASANTE-DE BEAUVAIS Mariella éd., (Études de l'Annuaire de l'Afrique du Nord), 360 p.

McDougall (2002₁) E. A., « Discourse and distorsion : critical Reflections on studying the Sahara slave trade », *in Outre-Mers, Revue d'Histoire, Traites et esclavages : vieux problèmes, nouvelles perspectives ?*, Société Française d'Histoire d'Outre-mer, Paris, p. 195-227.

McDougall (2002₂) E. A., « Perfecting the fertile seed : the Compagnie du sel aggloméré and colonial capitalism, c. 1890-1905 », *African Economic History*.

McIntyre W. T., « The Saltpans of the Solway », *Transactions of the Cumberland and Westmoreland Antiquarian Society*, XLII (1942).

Ménanteau L. éd., *Sels et Salines de l'Europe atlantique*, Rennes, 2018, 502 p.

Meyer E., « Der bernische Salztraktat mit der grossen Saline von Salins vom Jahre 1448 », *Archiv des Historische Vereins des Kantons Bern*, XXXII (1933), p. 73-83.

Michaud V., « Les négociants étrangers à Nantes pendant la première moitié du règne de Louis XIV (1661-1685) », mémoire de maîtrise d'histoire, Université de Nantes, 1996.

Michon (2004) B., « Les Activités des ports de la baie de Bourgneuf au xviiie siècle », *in* Saupin G. et Sarrazin J.-L. éds., *Économie et société dans la France de l'Ouest atlantique*, Presses Universitaires de Rennes.

Michon (2006) B., « Les Débouchés du sel de la baie de Bourgneuf au milieu du xviie siècle », p. 245-258, *in* Hocquet et Sarrazin, *Le Sel de la Baie*.

Minard Ph., « Trade without institution ? French debates about restoring guilds at the start of the Nineteenth Century », p. 83-100 *in* Ian Gadd et Patrick Wallis éds, *Guilds and Association in Europe, 1200-1900*, Londres, Institute of Historical Research, 2007.

Miquel A., *L'Islam et sa civilisation, VIIe-XXe siècles*, Paris, 1968.

Moinier B., « The appropriate size of saltworks to meet environmental and production requirements », *in* Korovessis et Lekkas (2000).

Mollat (1968) M. éd, *Le Rôle du sel dans l'histoire*, Paris.

Mollat (1988) M., *Jacques Cœur ou l'esprit d'entreprise au XVe siècle*, Paris, 494 p.

Moniot H., *Le Soudan central*, in Hubert Deschamps éd., *Histoire Générale de l'Afrique Noire*, vol. I, *Des origines à 1800*, Paris, 1970.

Montet J., « Mémoire sur les salines de Peccais », *Histoire de la Société Royale des Sciences*, Paris, 1763, p. 441-464.

MONTI L., *Ragioni dei salinari e proprietari delle saline di Cervia onde si reclama al governo*, Ravenne, 1848.

MORIZE J., « Aigues-Mortes au XIIIᵉ siècle », *Annales du Midi* 26 (103), 1914, p. 313-348.

MOULINIER P., *Le sel du Rhône au Moyen Âge*, thèse de l'École des Chartes, 2 vol., Paris, 1960.

NAKASHIZUKA M. et ARITA M., « Characteristics of Halophilic Bacteria in solar Salts », *in* H. KAKIHANA (et al.), éds, *Seventh International Symposium on Salt* (April 6-9, 1992, Kyoto, Japan), Elsevier Science Publishers B. V., Amsterdam, 1993, 2 vol, I, p. 665-669.

NANTET B., « Les route du sel », *L'Histoire*, 4 (sept. 1978).

NEF J. U., « The progress of technology and the growth of large-scale industry in Great Britain, 1540-1660 », *The Economic History Review*, 5 (1934).

NEFFE H., *Die wirtschaftlichen und sozialen Verhältnisse der Saline Aussee von XII. bis zum XVIII. Jahrhundert*, Diss. phil. dactyl., Graz 1950.

NEWEKLOWSKY E., *Die Schiffahrt und Flösserei im Raume der oberen Donau*, 3 vol, Linz, 1954-1964.

NOIRIEL G., *Le massacre des Italiens, Aigues-Mortes, 17 août 1893*, Paris, Fayard, 2010, 295 p., (CR dans *La Revue Historique*, 655 (2010), p. 742-5).

OCCHI K., *Boschi e mercanti. Traffici di legname tra la contea di Tirolo e la Repubblica di Venezia (secoli XVI-XVII)*, Bologne, 2006.

PALME (1974) R., *Die landesherrlichen Salinen- und Salzbergrechte im Mittelalter. Eine vergleichende Studie* (Innsbrucker Beiträge zur Kulturwissenschaft, Sonderheft 34), Innsbruck.

PALME (1983) R., *Rechts-, Wirtschafts- und Sozialgeschichte der inneralpinen Salzwerke biz zu deren Monopolisierung* (Rechtshistorische Reihe, Bd. 25), Francfort/Main – Berne.

PARAVICINI W., *Jenseits von Brügge. Norddeutsche Schiffer und Kaufleute an der Atlantikküste und im Mittelmeer in Mittelalter und früher Neuzeit*, *in* MÜLLER-MERTENS E. et BÖCKER H., *Konzeptionelle Ansätze der Hanse-Historiographie, Hansische Studien* XIV, Trèves, 2003.

PAYOT Ed., *Mines et salines vaudoises de Bex, au point de vue historique, technique et administratif*, Montreux, 1921.

PELIZZA A., « *Riammessi a respirare l'aria tranquilla ». Venezia e il riscatto degli schiavi in età moderna*, AIVSLA (Memorie 139), Venise, 2013, 579 p.

PELLETIER F., « La très ancienne île de Bouin. Son histoire avant les polders, tome IV : Les exportations de sel au cours des siècles » ; brochure dactyl., 1986-1987.

PFERSCHY G., *Das Werden der Steiermark. Die Zeit der Traungauer* (Veröffentlichungen des Steiermärkischen Landesarchives, Bd.10), Graz – Vienne – Cologne, 1980.

PFISTER C., *Klimageschichte der Schweiz, 1525-1860. Das Klima der Schweiz von 1525-1860 und seine Bedeutung in der Geschichte der Bevölkerung und Landwirtschaft*, 2 vol., Berne, 1984, 3ᵉ éd. 1988.

PHILLIPS W. D. Jr., *Historia de la esclavitud en España*, Madrid 1990.

PIASECKI P., *Das deutsche Salinenwesen, 1550-1650, Invention, Innovation, Diffusion, (Geschichtswissenchaftliche Beiträge*, Bd 104), Idstein 1987, 387 p.

PICKL O., « Handel und Verkehr in der Steiermark zur Zeit der Traungauer », *in* PFERSCHY, p. 327-354.

PIECHOSKI W., *Die Halloren. Geschichte und Tradition der Salzwirkerbrüderschaft im Thale zu Halle*, Leipzig, 1981.

PIRA S., « Le Vie del sale e la Sardegna in epoca moderna », 196-204, *in Francia e Italia negli anni della Rivoluzione* (Archivio Sardo del movimento operaio contadino e autonomistico n. 44-46), 1994.

PIRA S., « Le Saline. I dannati del sale », *in* OPPES T, éd., *Molentargius*, Cagliari, 1991, p. 140-149.

PLASELLER F., « Die tirolische Innschiffahrt », *Tiroler Heimat*, 9./10. Bd. (1938), p. 62-159.

POURCHASSE (2006₁) P., « La Concurrence entre les sels ibériques, français et britanniques sur les marchés du Nord au XVIIIᵉ siècle », p. 325-337, *in* HOCQUET et SARRAZIN, *Le Sel de la Baie*.

POURCHASSE (2006₂) P., *Le Commerce du Nord. Les échanges commerciaux entre la France et l'Europe septentrionale au XVIIIᵉ siècle*, PU Rennes.

PRINET M., *L'industrie du sel en Franche-Comté avant la conquête française*, Besançon, 1900.

PROST B. et BOUGENOT S. éds, *Cartulaire de Hugues de Chalon (1220-1319)*, Lons-le-Saunier, 1904.

RAGOSTA R. éd., *Le genti del mare mediterraneo* (18e Congrès d'Histoire maritime, Naples 1980), 2 vol., Naples, 1981.

RAMLOT-STILMANT E., « Une tentative de monopole d'État sous Marie-Thérèse. La raffinerie de sel d'Ostende, 1756-1770 », *Contributions à l'histoire économique et sociale*, V (1968-1969), p. 23-86.

RAU (1950) V., *Os holandeses e a exportação do sal de Setúbal nos fins do século XVII*, Coimbra.

RAU (1951) V., *A exploraçao e o comercio do sal da Setúbal*, Lisbonne, 207 p.

RAU (1968) V., « Le sel portugais. Les courants de trafic du sel portugais du XIVe au XVIIIe siècle », 53-71, *in* MOLLAT.

RAUSCH W., *Stadt und Salz, Beiträge zur Geschichte des Städte Mitteleuropas* (Symposion des Österreichischen Arbeitskreises für Stadtgeschichtsforschung, Linz, 10-13 juin 1986), Linz/Donau, 1988, 325 p.

REGNIER J., « Les Salines de l'Amadror et le trafic caravanier », *Bulletin des liaisons sahariennes*, 43, (1961).

RENAULT Fr., « Essai de synthèse sur la traite transsaharienne et orientale des esclaves en Afrique », *La Dernière traite. Fragments d'Histoire en hommage à Serge Daget*, Paris, 1994.

REYES J. C., *La Sal en México*, II, Colima, 1998.

RITTER H., *Caravanes du Sel*, Artaud, 1981.

ROBERTS R., *Warriors, merchants and slaves. The State and the economy in the middle Niger valley, 1700-1914*, Stanford University Press, 1987.

ROCIOLA G. F., *Marguerita di Savoia e Aigues-Mortes. Paesaggi salini. Le Forme dell'acqua e il palinsesto insediativo. Salt landscapes. The shapes of water and the settlement palimpsest*, Bari, 2011, 315 p.

ROMESTAN G., « Le rôle économique des étangs au Moyen Âge », *in* LANDES éd., p. 63-69.

ROSSIAUD (1978) J., « Les haleurs du Rhône au XVe siècle », *in Les transports au Moyen Âge. Actes du VIIe congrès des médiévistes de l'enseignement supérieur*, Rennes, juin 1976, *Annales de Bretagne et des pays de l'Ouest*, 85-2, p. 283-304.

ROSSIAUD (2002) J., *Dictionnaire du Rhône au Moyen Âge. Identités et langages, savoirs et techniques des hommes du fleuve, 1300-1550*, Grenoble, Centre alpin et rhodanien d'ethnologie.

ROSSIAUD (2007) J., *Le Rhône au Moyen Âge. Histoire et représentation d'un fleuve européen*, Aubier.

ROSSIAUD (2009) J., « Aigues-Mortes et le Rhône à la fin du Moyen-Âge », *in* G. FABRE, D. LE BLÉVEC et D. MENJOT éds., *Les ports et la navigation en Méditerranée au Moyen Âge*, Actes du colloque de Lattes, 12-14 novembre 2004, ACPLR, p. 75-84.

ROTH (1976) F., « Les salineurs de Dieuze (1800-1914) », *Annuaire de la société d'histoire et d'archéologie de la Lorraine* (Metz), 76, p. 127-142.

ROTH (1981) F., « L'industrie salinière en Lorraine annexée (1871-1919) ». *In* CABOURDIN, *Le sel et son histoire*, p. 199-208.

ROTTIER cdt, *Renseignements coloniaux de l'Afrique française*, 1924.

RUSDEN R. D., *The Indian Salt Tax*, Speech at the annual meeting of the Manchester Chamber of Commerce, Feb. 9, 1881.

SABLOU J., « Origine et passé d'Aigues-Mortes. Saint Louis et le problème de la fondation d'Aigues-Mortes », *in* G. BARRUOL éd., *Hommage à André Dupont*, Montpellier 1974, p. 255-265.

SASTRE MOLL J., *L'esportació de sal y pega desde les Pitiüses (1311-1343). Un libre de les rendes del procureador reial d'Eivisa (1326-1327)*, Eivissa 2010, 168 p,

SAUPIN G., « Le commerce du sel entre Nantes et la côte nord de l'Espagne au XVIIᵉ siècle », p. 259-271, *in* HOCQUET et SARRAZIN, *Le Sel de la Baie.*

SAVAGE Elizabeth éd., *The Human Commodity. Perspectives on the Trans-Saharan Slave trade*, (*Slavery and Abolition*, vol. 13-1), Londres 1992, 274 p.

SCHMID F., « Verkehr und Verträge zwischen Wallis und Eschental vom 13. bis 15. Jh. », *Blätter aus der Waliser Geschichte*, I, 1889-1895, p. 143-174.

SCHRAML C., *Studien zur Geschichte des österreichischen Salinenwesens*, 3 Bd., Vienne, 1932-1936.

SCHREMMER (1971) E., *Handelsstrategie und Betriebswirtschaftliche Kalkulation im ausgehenden 18. Jahrhundert. Der süddeutsche Salzmarkt. Zeitgenössische quantitative Untersuchungen u. a. von Mathias Flurl und Joseph-Ludwig Wolf*, Wiesbaden, 503 p.

SCHREMMER (1979) E., « Saltmining and the salt-trade : a State monopoly in the XVIᵗʰ-XVIIᵗʰ centuries. A case-study in public enterprise and development in Austria and the South German states », *Journal of European Economic History*, 8, 291-312.

SCHREMMER (1980) E., *Technischer Fortschritt an der Schwelle zur Industrialisierung*, Munich.

SCHULTE Ed., « Das Danziger Kontorbuch des Jakob Stöve aus Münster (Hansische Maße, Münzen, Waren, Wege und Zölle um 1560) », p. 40-72, *Hansische Geschichtsblätter*, 62 (1937).

Schwebel K. H., *Salz im alten Bremen* (Veröffentlichungen aus dem Staatsarchiv der freien Hansestadt Bremen, Bd 56), Brême, 1988.

Sclafert T., *Le Haut Dauphiné au Moyen Âge*, Paris, 1926, p. 626.

Seabra Lopes (1997-1998) L., « Medidas portuguesas de capacidade. Do alqueire de Coimbra de 1111 ao sistema de medidas de Dom Manuel », *Rivista Portuguesa de História*, 22, p. 543-583.

Seabra Lopes (2000) L., « As antigas medidas do sal de Aveiro », *Boletim Municipal de Cultura, Câmara Municipal de Aveiro*, 36.

Sensenig E., « Ein vielfach unentbehrliches Betriebsmittel. Kriegsgefangene und die Halleiner Salinenarbeiter im Krieg », 173-231, in U. Kammerhofer-Aggermann éd., *Bergbau. Alltag und Identität der Dürrnberger Bergleute und Halleiner Salinenarbeiter in Geschichte und Gegenwart* (Salzburger Beiträge zur Volkskunde, Bd 10), Salzburg 1998, 339 p.

Simeoni L., *Il Commercio del legname fra Trento e Verona nel sec. XIII*, Rovereto 1907.

Simon L., « Mallorca and the international slave trade in the Thirteenth Century », *American Historical Association*, Chicago, 1991.

Sinha N. K. éd., *Midnapore Salt Papers*, Calcutta, 1954.

Srbik (1917) H. V., *Studien zur Geschichte des österreichischen Salzwesens* (Forschungen zur inneren Geschichte Österreichs, Heft 12), Innsbruck.

Srbik (1947) H. V., « Rodordnungen des Auserngebietes in den neueren Jahrhunderten », p. 247-269 *in Beiträge zur Geschichte und Heimatkunde Tirols* (= Schlernschriften, 52. Bd), Innsbruck.

Stadler F., « Salzerzeugung, Salinenorte und Salztransport in der Steiermark », *in* Rausch, p. 89-165.

Stark (1969) W., « Der Salzhandel von Lübeck nach Preußen am Ende des 15. Jahrhunderts », *Wissenschaftliche Zeischrift der Universität Greifswald*, 18, p. 177-186.

Stark (1990) W., « Salz im Ostseehandel des 14. und 15 Jahrhunderts », p. 252-259, in Lamschus, *Salz – Arbeit – Technik*.

Stöckly D., *Le Système de l'incanto des galées du marché à Venise (fin XIIIᵉ-milieu XVᵉ siècle)*, Brill, Leyde-New York, Cologne, 1995.

Stoddard W. S. et Young B. K., « Psalmodi, une abbaye au cœur des étangs », *in* Landes, *Les Etangs à l'époque médiévale*.

Stolz (1910) O., « Zur Geschichte der Organisation des Transportwesens in Tirol im Mittelalter », *VSWG* 8, 196-267.

STOLZ (1927) O., « Verkehrsgeschichte des Jaufen », p. 127-175 *in Festschrift zu Ehren Konrad Fischnalers* (Schlernschriften, 12. Bd.), Innsbruck.

STOLZ (1929) O., « Neue Beiträge zur Geschichte des Niederlagsrechtes und Rodfuhrwesens in Tirol », *VSWG*, 22, p. 144-173.

STOLZ (1932) O., « Zur Verkehrsgeschichte des Inntales im 13. und 14. Jahrhundert », *Veröffentlichungen des Museum Ferdinandeum in Innsbruck*, 12, p. 69-109.

STOLZ (1955) O., éd., *Quellen zur Geschichte des Zollwesens und Handelsverkehr in Tirol und Vorarlberg vom 13. bis 18. Jahrhundert* (Deutsche Handelsakten des Mittelalters und der Neuzeit, 10. Bd., Deutsche Zolltarif des Mittelalters und der Neuzeit, 1. Teil), Wiesbaden.

STOUFF (1982) L., « Arles et le Rhône à la fin du Moyen Âge. Les levées et le port », in *Arles et le Rhône, Provence Historique*, t. XXXII, fasc 127, p. 15-36.

STOUFF (1993) L., « La lutte contre les eaux dans les pays du Bas-Rhône, XIIᵉ-XVᵉ siècles. L'exemple du pays d'Arles », *Méditerranée*, n°3-4, p. 57-68.

TAILLEMITE E., « Mentions relatives du trafic maritime du sel à la fin du XVIIᵉ siècle dans les Archives de la Marine », p. 49-52, *in* MOLLAT, *Le Rôle du sel*.

TAMSIR NIANE D., « Réflexions sur le commerce des esclaves du Soudan occidental vers la Méditerranée au temps de l'empire du Mali et de l'empire Songhay », in *L'Esclavage en Méditerranée à l'époque moderne*, colloque de Palerme (27-29 sept. 2000), publié sous le titre : *La Schiavitù nel Mediterraneo, Quaderni Storici*, 107-2, 2001.

TARDY P., *Sels et sauniers d'hier et d'aujourd'hui*, Groupement d'Études Rétaises 1987, 317 p.

TIMM, W., *Von den Brockhauser Salzwerken zur Saline Königsborn. Ein Kapitel märkischer Wirtschaftsgeschichte*, Hagen, 1978.

TOUCHARD H., *Le commerce maritime breton à la fin du Moyen Âge*, Paris, 1967, 405 p.

TREMEL F., « Der Bergbau in der Steiermark zur Traungauerzeit », *in* PFERSCHY, p. 355-367.

TROCMÉ É. et DELAFOSSE M., *Le commerce rochelais de la fin du XVᵉ au début du XVIᵉ siècle*, Paris, 1953.

TUCOO-CHALA (1966) P., « Recherches sur l'économie salisienne à la fin du Moyen Âge », in *Salines et chemin de Saint-Jacques*, Pau, 1966.

Tucoo-Chala (1982) P., « La Vie à Salies-de-Béarn au début du xvᵉ siècle », *Revue de Pau et du Béarn.*

Tur Torres A., *La sal de l'illa. Les salines d'Eivissa al segle XVII. Estudis dels « llibres de la sal »* (1639-1640), Museu Marítim de Barcelona 2014, 332 p.

Unger (1930-1942) W. S. et Sneller Z. W., *Bronnen tot de Geschiedenis van den Handel met Frankrijk*, 2 vol, La Haye.

Unger (1923-1931) W. S., *Bronnen tot de Geschiedenis van Middelburg in den landsheerlinjken tijd*, 3 vol, La Haye.

Vellev (1991) J., « Die Salzproduktion in Dänemark – besonders auf der Insel Læsø », *in* J. C. Hocquet et R. Palme éds., p. 413-438.

Vellev (1993) J., *Saltproduktion på Laesø, i Danmark og i Europa*, Højbjerg (Dk).

Venturini A., « Le Sel de Camargue au Moyen Âge. Étude comparative des pays d'Aigues-Mortes (Languedoc, royaume de France) et de Camargue proprement dite (comté de Provence, Empire) (ixᵉ-xvᵉ siècle) », *in* Hocquet et Sarrazin, *Le Sel de la Baie.* p. 365-392.

Verlinden C., *L'esclavage dans l'Europe médiévale.* i, *Péninsule ibérique-France*, ii, *Italie, colonies italiennes du Levant, Levant latin, Empire byzantin*, De Tempel, Bruges 1955-1977, 930 et 1067 p.

Vivarès Frédéric aîné, *Manuel des sauniers ou instructions élémentaires sur la fabrication des sels sur les établissements appelés salines ou marais salans, 1830* (manuscrit conservé au musée de Frontignan, où Vivarès fut directeur des salins).

Vogel H. U., *Untersuchungen über die Salzgeschichte von Sichuan (311 v. Chr. – 1911), Strukturen des Monopols und der Produktion*, Stuttgart, 1990.

Voilliard O., « Les grèves dans les salines au xixᵉ siècle » *in* Cabourdin, *Le sel et son histoire*, p. 189-195.

Voisin J.-C., « Le rôle des salines de Salins (Jura) dans la politique d'une grande famille comtoise des xiiiᵉ et xivᵉ siècles : les Chalon-Arlay », *Mémoires de la Société d'histoire du droit et des institutions des anciens pays bourguignons, comtois et romands*, Dijon, 1984.

Volk O., *Salzproduktion und Salzhandel mittelalterlichen Zisterzienserklöster*, Sigmaringen, 1984.

Voruz H., « Le commerce du sel à Lavaux aux xviᵉ et xviiᵉ siècles. Extraits des archives de l'ancienne commune de Villette », *Revue Historique Vaudoise*, XXXIX (1931), p. 351-360.

WANDERWITZ (1983) H., « Zur Technik der Reichenhaller Solegewinnung im 12. Jahrhundert », *Mitteilungen der Gesellschaft für Salzburger Landeskunde*, 123 p.

WANDERWITZ (1984) H., *Studien zum mittelalterlichen Salzwesen in Bayern*, Munich, 383 p.

WARD (1875-1876) Th., « Salt and its export from the ports of the Mersey », *Literary and Philosophical society, Proceedings*, 30, p. 183-20.

WARD (1884) Th., « On the Manufacture on Salt in Cheshire », *Memoirs of the Manchester Literary and Philosophical Society*, 3. Ser., vol. 8.

WATEAU F., « Mesure et société. Trois instruments pour ordonner l'irrigation », *Cahiers de Métrologie*, 24-25 (2006-2007), p. 53-68.

WEINREICH C., *Danziger Chronik*, Scriptores rerum prussicarum IV, HIRSCH Th et VOSSBERG T.A., éds., Leipzig, 1870.

WETTER W., *Gletscherschwankungen im Mont Blanc Gebiet*, Zurich, 1987.

WHATLEY (1982) C. A., « An early Eighteenth Century Scottish Saltwork: Arran, c. 1710-1735 », *Industrial Archaeological Review*, 6, p. 89-101.

WHATLEY (1986) C. A., « Sales of Scottish Marine Salt, c. 1713-1823 », *Scottish Economic and social History*, 6.

WHATLEY (1987) C. A., *The Scottish Salt Industry, 1570-1850. An economic and social History*, Aberdeen U. P., 169 p.

WIGBOLDUS J. S., « Salt and crop production in the precolonial central Sudan – or a discussion of Lovejoy's poorly-developed-technology thesis », *Techniques et Culture*, 17-18 (1991).

WITTHÖFT (1962) H., « Die Aufkünfte vom Salz auf dem Kaufhaus und die Lüneburger Salzfracht », *Lüneburger Blätter*, 13, p. 128-132.

WITTHÖFT (1969) H., « Die Lüneburger Spedition 1750-1800. Zur Entwicklung des Warenverkehrs im Einzugsbereich von Hamburg und Lübeck », *in* MANEGOLD.

WITTHÖFT (1976) H., *Struktur und Kapazität der Lüneburger Saline seit dem 12. Jahrhundert, Vierteljahrschrift für Sozial- und Wirtschaftsgeschichte*, 63. Bd, Heft 1, 103 p.

WITTHÖFT (1977) H., « Mass- und Gewichtsnormen im hansischen Salzhandel », *Hansische Geschichtsblätter*. 95, p. 38-65.

WITTHÖFT (1978) H., « Produktion, Handel, Energie, Transport und das Wachstum der Lüneburger Saline 1200 bis 1800 – Methoden und Ergebnisse ». *In* KELLENBENZ (1978).

WITTHÖFT (1979) H., *Umrisse einer historischen Metrologie zum Nutzen der wirtschafts- und sozialgeschichtlichen Forschung. Mass und Gewicht in Stadt und Land Lüneburg, im Hanseraum und im Kurfürstentum/ Königreich Hannover vom 13. bis zum 19. Jahrhundert*, 2 vol., Göttingen.

WITTHÖFT (1987) H., « A Lunebourg, la fiscalité sur le sel », p. 243-254 in HOCQUET (1987₁).

WITTHÖFT (1990) H., « Der Export Lüneburger Salzes in den Ostseeraum während der Hansezeit », p. 41-65, *in* ANGERMANN N. éd., *Die Hanse und der Deutsche Osten*, Lunebourg.

WITTHÖFT (2006) H., « Le Sel de la Baie et le *sel de sel* vus de Lunebourg (13ᵉ-18ᵉ siècles) », p. 315-323, *in* HOCQUET et SARRAZIN, *Le Sel de la Baie*.

WITTHÖFT (2010) H., *Die Lüneburger Saline. Salz in Nordeuropa und der Hanse vom 12. – 19. Jahrhundert. Eine Wirtschafts- und Kuturgeschichte langer Dauer*, Rahden/Westf., 492 p et 12 HT.

WOLF T., *Tragfähigkeiten, Ladungen und Maße im Schiffsverkehr der Hanse vornehmlich im Spiegel Revaler Quellen* (Quellen und Darstellungen zur Hansischen Geschichte hrsg. v. Hansischen Geschichtsverein, n. F., Bd XXXI), Bölhau Verlag Köln Wien, 1986.

WYROZUMSKI J., « Le sel dans la vie économique de la Pologne médiévale », *Studi in memoria di Federigo Melis*, vol. II, 1978, p. 497-506.

Zones (Les) palustres et le littoral méditerranéen de Marseille aux Pyrénées, Congrès de St-Gilles, *Actes du LVIᵉ Congrès de la Fédération historique du Languedoc méditerranéen et du Roussillon et du XXXᵉ Congrès de la Fédération historique de Provence (St-Gilles, 15 et 16 mai 1982)*, Montpellier, 1983.

索 引

（页码为原书页码，即本书页边码）

AAGARD, 223, 279
abbaye cistercienne, 69
abbaye de Psalmodi, 96-98, 108
Aberdeen, 173
Abimélech, 18
ABIR, 15, 38, 279
ABRAHAM- THISSE, 173-174, 279
ACKERMANN, 211, 279
ADAMS, 207, 279
Adige, 142, 145, 149, 282-284, 287
adjudicataires, 67, 71, 233
adjudication, 33
Adrar, 48-51, 280, 297
ADSHEAD, 9
Afar, 37
affranchis, 51
Afrique saharienne, 37, 55
Agadès, 46
Agard J. F., 263
AGGARWAL, 213, 279
Agorgot, 52
Aigues-Mortes, 72, 95-97, 101-102, 108, 112, 127-129, 255, 258, 260, 262-264, 267, 275, 279-280, 284-287, 293-294, 298, 300-301, 304, 324
AkzoNobel, 267
ALBARIC, 279
Albaron, 110, 115
Alexandrie d'Egypte, 139
alfolies, 195

Alger, 31
Allemagne, 36, 60, 63, 74, 138, 164, 184, 224, 227, 243, 272
ALLIX, 279
Alpes, 60, 123, 131, 134-136, 138, 140-141, 146-149, 151, 156, 165, 270-271, 276
Alphonse le Magnanime, 273
Alphonse VIII, 64
Alsace, 32
Alvise dal Bene, 155
Amadror, 46, 300
AMBERT, 279
Amelot, ambassadeur du roi de France, 162
AMORIM, 193-194, 279-280
Amsterdam, 173, 176, 276
Añana, 64, 193, 270, 280
Ancone, 72, 152
Andalousie, 193, 219, 273
ANDRÉ, 12
Angleterre, 59-60, 167, 170-171, 177, 181, 184-185, 190-191, 203, 206-208, 210, 213, 219, 223-224, 228, 262, 272-274
Aobo tu, 24, 280
Arc (et Senans), 233, 242, 244
archevêque d'Aix, 99
archevêque de Mayence, 226
archevêque de Salzbourg, 60, 135
ARELLANO SADA, 64, 280

Arguin, 46
ARITA, 255, 298
Arkema, 267
Arles, 112, 118, 120, 148, 303
Arnemuiden, 173, 182-183
ARNOLD, 280
Artern, 224
Asturies, 194
AURELL, 98-99, 280
Aussee, 134-135, 298
Autriche, 35, 60, 135, 158, 275
Autriche-Hongrie, 91
Aveiro, 193-194, 279, 280, 302
Avignon, 112, 124-125, 163, 262
azalay, 45, 52

Bâ, 49, 280
Bachelard, 19
BACHMANN, 69, 280
Bagnas, 104, 266
Baienfahrt, 271
Balard, 254, 256, 263, 265, 280,
BALARD M., 286
Bâle, 136-137, 142-143, 151-154, 158,
    162-163
Baltique, 170, 173-176, 180-181, 183,
    185, 188, 190- 191, 193, 207, 209,
    211, 213, 218, 228, 273, 279
Banamba, 47-48, 51, 296
Banque La Hénin, 266
BARKER, 203, 207, 209-210, 280
Barletta, 139, 143-144, 152
BARNABÀ, 280
BARRUOL, 301
Baruya, 15
basques, 170, 173, 175, 271, 273
Basso Cristoforo, 158
bateaux à vapeur, 263
bâtiments de graduation, 167, 226, 245
battage, 107, 250-251, 259
BAUD, 135, 146, 280
BAUMÉ A., 60, 254

Bavière, 60, 134-135, 137, 152, 158,
    161, 163, 238
Bayley, 11
Bayonne, 228, 242
Baysalt, 172, 206, 276
Beaucaire, 96-97, 101, 111, 113,
    115-116, 124-125, 157
Béchameil de Nointel, 185, 187
BEEK, 18
BEGGIO, 149, 280
Belgique, 74, 237-239
BENIGNO, 198, 281
Berchtesgaden, 135
Bergame, 147, 161
BERGIER, 15, 140-141, 172, 281
BERNDORFER, 148, 281
Berne, 133, 136-137, 142-143, 152-154,
    157-158, 162-164
bernes, 65
BERNUS, 51, 281
Berre, 99, 110, 112, 114, 138, 247, 254,
    257, 264
BERRY (duc de), 67, 203, 213, 281
Besançon, 141
Bex (canton de Vaud), 152, 299
Bilbao, 170
BILLIOUD, 125, 155, 281
Bilma, 44-45
BLANCHARD, 142, 157, 281
BLEECK, 220, 222-223, 281
BLOCH, 13
Blocus continental, 219, 225, 228
blocus du sel, 272
Bochnia, 179, 270
Bodensee, 137, 143
BODMER, 281
Bohême, 135, 179, 271
BOLOGNESI, 77, 281
Bolzano, 135, 145, 149-150
Bonaparte, 72-73
Bône, 31
BONNEFONT, 281
BONO, 37, 282

BORELLI, 280, 282, 284, 287
BOSMAN, 75, 285
Botti François, 75-80, 87, 92
Botti Girolamo, 89
BOUDET, 247, 262-264, 266, 282
Bougie, 31
BOUHIER, 172, 182, 282
Bouin, 168, 187, 299
BOUQUET, 136, 282
Bourgneuf, 168-169, 171-173, 175, 187, 218, 270, 273, 279, 297
BOURRIN-DERRUAU, 282, 287
BOYÉ, 32-33, 136, 282
BRANDENBERGER, 143, 282
BRAUDEL, 282
BRELOT, 136, 245, 282
Brême, 185, 192, 207, 209, 213, 220
Brenner, 138, 145
BRESC, 282
Brescia, 147
Bresse, 116, 126
Bretagne, 169-170, 177, 182, 185, 189, 203, 283
Briansiaux, 73-77, 79-82, 86-89, 92-93, 275, 285, 288, 294, 324
BRIDBURY, 172, 282
Brigue, 134, 140, 143, 146, 160
brine streams, 214
Brockhausen, 226
BROGGIA, 198, 283
Bronzolo, 149, 283
Brouage, 128-129, 168-169, 172, 176-177, 179, 181, 186, 189, 194, 199, 207, 218, 270, 273, 285
Brownrigg, 172, 205, 283
Bruges, 175, 283
BRULEZ, 181, 184, 283
BRUNS, 178, 283
Buchhorn, 137
BURGHOLZ, 227, 283
BURON, 170, 187, 195, 283

Cà' DA MOSTO, 46
Caboche, 273

CABOURDIN, 281, 283-284, 286, 290, 295, 301, 304
Cadix, 169, 171- 172, 207, 218, 273
Cagliari, 34, 129, 139, 196, 197
CAILLÉ, 50
Calonne, 151
CALVERT, 203, 209, 214, 283
Camargue, 95-96, 101, 111, 116, 254, 289, 304
canal de la Marne au Rhin, 238, 241
CANALI, 149, 283
canalisations, 68
CANCILA, 198, 283
cantons catholiques, 159, 163
cantons suisses, 32, 123, 131, 136, 152-153, 275, 281, 324
Cap vert, 171
Capodistria, 138, 151
Caraïbes, 171
Carcassonne, 115, 116
Cardona, 60, 270
cargador, 30
Carny, 240
CARONI, 283
CASADIO, 72, 77, 82-83, 87, 89, 91-92, 283-284
CASTELLAZI, 149, 284
Castelleti, 161
CAVACIOCCHI, 284, 292, 294
CECCHINI, 284, 296
Céline, 11
Celtes, 270
Cervia, 71-72, 75-83, 85-93, 128, 275, 281, 283-284, 290-291, 296, 298
CHALONER, 203-205, 211, 284
chambre apostolique, 71, 79, 83, 85-88, 90
Champagne, 33
charbon, 36, 167, 185, 191, 204-214, 224, 226-228, 231-232, 234, 238, 243, 263, 274
Charles d'Anjou, 109-110, 285
Charles le Simple, 108
Charles v, 116, 174

Charles VI, 116
Charles VII, 127
Charles-Quint, 161, 184
CHARTRAIN, 284
Château-Salins, 231, 240
Chaux, 136, 244
chemin de fer, 122, 238, 259, 262-263
Cheshire, 60, 63, 66, 199, 203-204, 207-212, 279-280, 283-284, 286, 304
Chine, 24, 26, 291
Chinguetti, 44, 48
Chioggia, 71, 128, 138, 270, 273, 284, 291
CHOMEL, 141-142, 284
CHOUDHURY, 213, 284
Chypre, 139, 146
Cicéron, 12, 37
cigognes, 61
cisterciens, 60, 70, 270
Citis, 247, 252-254
Claiß J-S., 138, 226
CLAUZEL, 52-55, 284
COLLINS, 173, 208, 284
colonie de la saline, 85
COMBES, 284
compagnie de fermiers, 125
  – de Saint-Gobain, 239
  – des salines de l'Est, 231
  – des salines et mines de sel de l'Est, 232, 234
  – des Salins du Midi, 243, 259, 264, 266
  – des Salins du Midi et des Salines de l'Est, 244
Comptoir des sels de l'Est, 242
comte de Bourgogne, 65
Comté de Bourgogne, 136
comte de Provence, 96, 98, 99, 101, 110-112, 115, 156
comte de Saporta, 254
comte de Savoie, 157
comte de Tyrol, 60, 135, 145, 156
comte Jean de Chalon, 65

CONCINA, 284
Conservatiore Régional du Littoral, 267
CONSTANTELOS, 37, 284
contrebande, 24, 116, 133, 163, 187, 189, 273
contrefaçon, 193
Copenhague, 193
corporation, 67, 77, 150
corsaire, 30, 73
corso, 151
corvée, 24, 26, 28, 32, 55, 151
corvées de charrois, 32
COUDERT, 231, 234-235, 237-239, 241-242, 284
course, 29
CRAEYBECKX, 284
Cranci, Mussolati, Chichi et Morlacchi, 151
Crédit Agricole, 266
Crédit Mobilier, 264
Crimée, 139
CROUZET, 212, 275, 284
CUBERO, 261, 285
cuirs et peaux, 123
Cuitzeo, 31, 32
Cumberland, 205, 217

DAGET, 46, 285
Daguin Ernest, 239
Damiani Robert, 125
Danakils, 37
Danemark, 174, 217, 219-220, 272
Daniel de Foe, 207
Danzig, 173-180, 185, 190-193, 209, 218, 273, 294
DARBY, 67, 285
darinkdelven, 184
Darwin, 255
Datini, 112-113
d'Audiffret, 233
Dauphiné, 112, 138, 156-157, 159, 163, 279, 302
DE BRISAY, 285, 296

de Dietrich, 68, 285
DE OLIVEIRA, 285
DE RAEMY, 285
DE ROMEFORT, 285
Del Bene Alvise, 125, 156
DELAFOSSE, 190, 194, 285, 304
DELETTREZ, 285
DENEL, 123, 285
déportation, 57
déportés, 36
DESCHAMPS, 298
DESSEMON, 285
DEVISSE, 39-40, 46, 286
DHOMBRES, 287
DIDSBURY, 203, 286
Dieuze, 136, 233, 235-236, 240, 242, 287, 301
dîme du sel, 98
Dol père et fils, 247
Dombasle, 239-240
Domesday Book, 67
Dordrecht, 176, 184
droit d'étape, 193
droit de bansel, 109
Droitwich, 66-67, 167, 204, 213, 270, 281
dromadaires, 40, 45, 52, 57
dry mining, 60
DUBOIS A., 137, 143-145, 286
DUBOIS C., 38, 286
DUBOIS H., 146, 286, 295
duc d'Autriche, 60
duc de Braunschweig-Lüneburg, 66
duc de Savoie, 146, 157, 196
duc de Styrie, 60
DUCELIER, 286
duché de Savoie, 140
DUFOURNET, 124, 145, 286
dumping, 232, 240, 242
Dungeon, 209, 210
Dunkerque, 73, 215, 228
DUNSTAN, 27, 286
DUPARC, 123, 286
DUPONT, 286

Dürrenberg, 224
DURRENMATT, 286
Dussaud, 12

EBERSOLT, 141-142, 284
écologie, 214
Écosse, 59, 167, 185, 199, 206-207, 212-213, 227, 272
Einville, 237
Elf-Atochem, 266
ELKAR, 173, 287, 293
ELLIS, 207, 287
EMMER, 171, 287
Empereur carolingien, 270
empereur Frédéric II, 63
EMPTOZ, 265, 287
Encyclopédie Méthodique, 136, 287
Engadine, 143, 146-147
Enquête sur les sels, 248, 250-253, 256, 264, 287
entrepôt, 23, 32, 46, 48, 110, 113, 115, 122-123, 143-146, 150, 157-158, 195, 263, 272
épices, 108, 180-181
Escaut, 181
esclavage pour dette, 53
esclaves, 29-31, 36-37, 39-42, 44-52, 55, 208, 297, 300, 303
ESCOBAR OLMEDO, 32, 287
Espagne, 31, 37, 60, 62, 160-162, 169, 193-195, 203, 207-208, 219, 233, 238, 272-273, 301
Essex, 217
États de l'Église, 80, 152
Etats-Unis, 172, 211, 224
Ethiopie, 37
EVANS, 285, 296
évêché de Besançon, 65
 – Langres, 65
 – Münster, 226
évêque d'Agde, 126
 – Arles, 98, 99
 – Carcassonne, 126

– Cervia, 71, 87
– Sion, 124
– Sisteron, 101
– du Puy, 115
EWALD, 10, 32, 287

FABBRI, 244, 287
FACCIOLI, 149, 287
facheria, 99
Fachi, 44-45
fachiers, 98-100
FALCONI, 63, 287
famille de Chalon, 66
FANFANI, 149, 287
Farciennes, 239, 241
FAUCHER, 287
faux-saunage, 124, 189
Favreau, 170, 232-233, 257, 264, 287
Fels Anton, 137
Ferme générale, 137, 164, 244
fermier, 79, 101, 108, 120, 124-126, 133, 147, 162, 164, 194-195, 231, 272
FERRER ABARZUZA, 30, 287
FERRER I MALLOL, 30, 287
FIGUIER, 265, 287
filtration, 41, 205
Finlande, 10, 179
Firth of Forth, 207
fisc public, 33
Flandre, 175-176, 179, 184, 209, 213
Florence, 74
FLORENÇON, 102, 109, 287
FLURL Mathias, 137
focatico, 273
foire de Bolzano, 153
fontaine salée, 64, 204
FORBES, 14, 290
forçats, 24, 33-37
forge, 224, 271
Francesco di Marco, 113
Franche-Comté, 60, 136-137, 141, 152, 161-162, 228, 233, 282, 299
François de Barthélémy, 165

François de Montbrun, 80, 81
François Hubert, 267
François Iᵉʳ, 161
Fribourg (Suisse), 142, 162
FRIEDERICH, 143, 287
Frise, 176, 184-185, 192, 272
FRITSCHKE, 132, 134, 142, 145, 151, 153-155, 158, 287
fromage, 113, 123-124, 153, 269
– de gruyère, 146
Furong, 26
FURTENBACH, 144

gabelle, 93, 96, 101, 109-110, 112, 114-116, 121, 124-127, 140, 147, 155, 157, 171, 186, 231, 247, 273, 285
Galice, 193-194, 196
GARDELLE, 287
GARNIER, 291
GASCON, 123, 287
GAUTHIER, 287
GEISS, 173, 287
Gélase, 13
GELY, 245, 282
Gênes, 33, 74, 77, 80, 134, 138-140, 144, 271
Genève, 65, 121, 123-124, 140, 143, 146, 154, 157, 164, 281, 285, 287
Genevois, 116
GEORGES, 75, 288
Gérard de Bayon, ingénieur, 72
GERN, 136, 151, 162-163, 288
GERVILLE-RÉACHE, 53, 288
GÉRY, 42, 288
GIGNOUX, 288
Gilbert John, 211
GIOFFRE, 138, 289
GODELIER, 15
GÖNNENWEIN, 145, 289
Gouhenans, 234
GOULETQUER, 42-44, 289
GOURON, 289

GOURRET, 289
Gradierwerk, 227
Grammaye, d'Anvers, 184
Grand Argentier, 126
Grand Saint-Bernard, 141, 143- 144
GRANDIN, 45, 289
grenier, 114-116, 127, 186
grève, 235
Grimaldi, 233
Grisons, 137, 153-154, 160- 161
Groningue, 185, 192
GROSSMAN, 149, 289
Grozon, 242
GRÜTTER, 143, 289
Gruyère, 124, 281
Guérande, 129, 168-170, 173, 185, 187, 195, 215, 283
guerre de Succession d'Autriche, 197
– de Trente Ans, 133, 155, 207, 220
guerres de religion, 162-163
GUGGISBERG, 143, 162, 164, 289
Gümpel, 15
GUO, 26, 289
GUY, 207, 289

Hacienda real, 195
Hall/Tirol, 15, 135, 137, 139, 142-143, 145, 147, 149-150, 153-156, 158-161, 271, 276
Hall en Souabe, 137
Halle, 15, 61, 63, 68, 167, 178, 270, 299
Hallein, 15, 135, 270-271, 275, 293-294
Halligen, 184
Hallstatt, 15, 135, 270
HALPERN PEREIRA, 228, 289
Hambourg, 169, 173-174, 185, 188, 192, 209, 213, 218
Hanse, 271-273, 293, 299, 306
Hanse des marchands de l'eau, 272
hanséate, 174-177, 180-182, 209, 279, 325
hareng, 174, 273
HARTEVELD, 184, 290

HASSINGER, 145, 290
HAUSEK-KÜNDIG, 158, 290
Henri Merle et compagnie, 254
HENTZLEN, 291
HIEGEL, 143, 152, 290
Hilaire de Poitiers, 16
HIRSCH, 290
hivernage, 176, 181
Hoang ho, 26
Hocquet, 9, 26, 30, 33, 43, 66-67, 69, 78, 117, 133, 138- 139, 146, 149, 151-152, 156, 168-170, 174, 184, 195-196, 198, 206, 215, 217-218, 225-226, 261, 283, 289-292, 294-295, 297, 299, 301, 304, 306
HOFFMANN, 145, 292, 296
Hollandais, 175-176, 180-185, 197, 287, 325
Hollande, 12, 74, 171, 183-184, 188, 199, 209, 213, 217-218, 227, 262, 271, 273
HOLZHAUSER, 144, 292
Homère, 10
Hongrie, 179
HOTTENGER, 231, 233-234, 238, 292
Hsieh chou (lac), 26
HUGHES, 172, 203, 206, 292
Hyères, 98-99, 110, 114, 138, 140, 242, 247-248, 251, 264, 295-296

Ibiza, 29-31, 129, 133, 139, 146, 152, 161, 196, 199, 270, 273, 292
Ibn Battuta, 46
Ibn Hauqal, 46
Idjil, 46-50, 296
Indes, 208, 212, 274
Indo-Suez, 266
ingénieur, 72, 211, 226, 239
Inn (vallée de l'), 145
Innsbruck, 135, 148
intempéries, 101, 123, 151, 169, 219, 258
IREDALE, 203, 292
Irénée, 18

Irlande, 208, 210
irrégularité des récoltes, 93
Italie, 60, 72, 74, 93-94, 141, 153, 160, 197, 260, 271- 273, 275, 286, 324

Jacques Cœur, 126, 127, 298
Jean de Chalon, 65, 69
Jean de Chalon l'Antique, 65
JEANNIN, 173, 191, 293
JEHEL, 293
JENKS, 173, 177, 293
Johan van Beverwijck, 15
JONES, 11, 17, 18
Jonte François, 124
Jougne, 141, 284
JUNG, 14

K+S, 266
Kadzell, 41-42
KAISER, 227, 293
KAMMERHOFER-AGGERMANN, 302
Kanem, 42, 45
Kawar, 44, 289
KELLENBENZ, 150, 176, 293, 306
KELLY, 207, 293
Kinjalia, 42
KLEIN H., 135, 150, 293
KLEIN M., 50, 293
KLEINMANN, 289
KNITTLER, 145, 148, 293-294
KOLLER, 135, 148, 294
KÖLNER, 143, 294
Königsberg, 179, 185, 190, 192-193, 218
Königsborn, 226-227, 303
KOROVESSIS, 294, 297
Kösen, 224
Kovno (Kaunas), 179, 193
KOWALESKI, 175, 294

L'HOMER, 295
La Baleine, 267

La Mata, 139-140, 273
La Rochelle, 173, 190, 194, 203, 228
LABARTHE, 68, 294
lac de Côme, 143, 147
  – de Garde, 147, 149
  – Majeur, 143, 146, 147, 160
LADERO QUESADA, 195, 294
Laesø, 59, 217, 304
Lagrange, 12
Lampourdier, 113-114, 116-117, 157
LAMSCHUS, 279, 294, 302
Lancashire, 209, 280
LANDES, 294, 300, 303
Languedoc, 95-96, 106, 109, 112, 115-116, 126-127, 138, 163, 259, 263, 266, 284, 286-287
LATHAM, 11, 13
LATTY, 75, 294
LAUFFER, 176-177, 294
Lausanne, 65, 137, 154
Lavalduc, 247-248, 252-254, 265
LAVEAU, 190, 285
Lawrence, 10, 13
LE BLÉVEC, 282, 287, 301
LE GOFF, 275, 294
Le Terme, 170, 295
Leblanc Nicolas, 76, 214, 239-240, 247, 265
Ledoux Claude-Nicolas, 245
LEKKAS, 294
Léman, 146, 155
levage, 107, 250-252, 259
Lille, 15, 73-74, 79, 228, 275, 277, 294
Lindau, 134, 137, 142, 149, 153-154, 158, 293
LIOT, 31, 295
LITCHFIELD, 172, 255, 295
Lithuanie, 179, 193
Liverpool, 185, 208-213, 215, 228, 274, 280
LIVET, 133, 164, 295
LIVI, 29, 295
Livonie, 176-177, 179, 227
Livourne, 196

Locarno, 147
LOCATELLI, 66, 136, 282, 295
LOMBARDI, 132, 295
Lombardie, 138-139, 146
Lons-le-Saunier, 69, 280, 300
Lorraine, 32-33, 60, 136-137, 151-152,
  164, 168, 214-215, 228-229, 231,
  233, 235-238, 240, 241-243, 264,
  270-271, 276, 282, 301, 325
Louis IX, 96, 110, 127
Louis XI, 123
Louis XIV, 163
LOVEJOY, 41-42, 43, 46, 289, 295, 305
Lübeck, 174-178, 185, 191-193, 217,
  272-273, 302, 305
Lucas et Harris, 16
LUDLOW, 208, 295
Lugano, 146-147, 160-161
Lunebourg, 61, 63, 66, 68-70, 167, 176,
  178, 184-185, 191-192, 199, 207,
  217-220, 223-225, 227, 270-271,
  275, 306, 325
Lunel, 96, 99, 115, 125, 286
Lunéville, 241
Luxembourg, 136
Lyon, 18, 117-118, 120, 122, 124-126,
  148-149, 157, 163, 254, 257-259,
  262-263, 287

machine à vapeur, 105, 214-215, 227,
  262
magasin à sel, 143
Maguelonne, 99, 283, 294
maître des salins, 100, 110, 112, 125, 196
  – du puits, 223, 270
  – du sel, 23, 38, 111, 153
malaria, 77, 96
MALARTIC, 98-99, 138, 295-296
MANCA, 29, 98, 296
MANEGOLD, 296, 305
Manga/Mangari, 41-42, 288-289
manipulation, 60, 187
Marandet, 152

Marbury, 208
Marcheville-Daguin, 235, 243
MARONI, 291
Marseille, 48, 79, 149, 262- 263, 265,
  306
Marston, 211
Martigues, 247, 252-253
MARTIN, 205, 280, 296
MASCILLI MIGLIORINI, 296
MATHIS, 150, 296
Matrat, 10
MATTE, 105, 296
MAZZEO, 72, 296
McDOUGALL, 46-47, 49-51, 296, 297
McINTYRE, 207, 297
MEERTENS, 13, 15
Memmingen, 142, 153
MÉNANTEAU, 14, 297
mercenaires suisses, 123
Merle Henri, 254
Méthode d'Olympe, 11
Mexique, 10, 295
MEYER, 158, 297
MICHAUD, 297
Michoacan, 31, 287
MICHON, 185, 187, 297
Middelburg, 182, 304
Middlewich, 66, 204, 208, 214
Milan, 74, 79, 134, 144, 146-147, 149,
  152, 159, 160-161, 275
MINARD, 297
mines de sel, 35-36, 275
mineurs, 211
Ming (dynastie), 26
MIQUEL, 39, 297
MITTERAUER, 293, 296
MOINIER, 37, 297
MOLLAT, 127, 191, 275, 290, 296-298,
  300, 303
monastère de Nonnberg, 135
  – de Rein, 135
  – bénédictin, 60, 167, 270
MONIOT, 41, 298
monopole royal, 100, 125

Montet, 105, 298
Monti, 85, 88-90, 298
Montmélian, 123, 286
Montmorot, 136, 164, 233, 242, 244-245, 280
Montpellier, 110, 115, 126, 258, 265
Morize, 298
Morton, 266
morue, 15, 227-228, 273
Moulinier, 97, 111, 117, 124, 148-149, 155, 157, 298
moutiers, 69
Moyenvic, 136, 151, 231, 233, 235, 242
muire, 64-66, 69, 162
muletiers, 143, 150-151
Munich, 142, 272, 276

Nakashizuka, 255, 298
Nancy, 136, 241-242
Nantes, 160, 170, 173, 186-188, 190, 194-196, 276, 284, 297, 301
Nantet, 40, 298
Nantwich, 204-205, 208, 213
Naples, 74, 114, 197, 273, 283
Napoléon, 73, 225, 228, 231
Napoléon iii, 91
Narbonne, 110
navigation hivernale, 174, 181
Nef, 203, 207, 298
Neffe, 135, 298
Newcastle, 207
Neweklowsky, 149, 298
Nice, 34, 134, 140-141, 281
Nicolas de Locques, 19
Noiriel, 261, 298
Noirmoutier, 168, 172, 182, 187, 273, 282
noria, 104
Northumberland, 167, 185, 207
Northwich, 204, 208-210, 213-214, 279
Norvège, 209
Notre Dame de la Mer, 101, 156
Nouvelle Angleterre, 197

Occhi, 149, 298
Oléron, 168-170, 195, 273

Orange, 113, 114
ordre de Malte, 105, 128

paix de Vervins, 160
Pallavicini, 63
Palme, 61, 135, 150, 289, 292, 295, 298, 304
Papauté, 78, 112, 124
Paravicini, 173, 298
Paris, 73, 74, 76, 81, 116, 170, 232, 235, 238, 257, 272-273, 298
part-prenants, 67
paternoster, 61
Patrologia syriaca, 19
Patrologie grecque, 11
– latine, 11
Patterson, 41
Pavie, 134, 143, 146, 160
Payot, 136, 299
Pays-Bas, 13, 60, 180-181, 184, 208, 271, 283-284
péage, 96-97, 101, 109-110, 112, 115-117, 120-127, 140, 145-147, 149-150, 155, 284-285
Peccais, 96-97, 100-102, 104, 105, 107, 110-117, 120, 122-128, 134, 138, 142, 148, 152, 154, 156-157, 162, 164, 257-258, 262-264, 270, 296, 298
pêche, 72, 81-82, 106, 108, 171, 208, 217, 228, 242
pêcheries, 96, 102, 108-109, 242, 271, 289, 290
– de Scanie, 174
pêcheurs, 102, 108, 171
Pelizza, 29, 299
Pelletier, 299
pénurie de sel, 137, 151
Pereire Eugène, 241
Peste, 120
peste Noire, 29, 117
Pfahlgeld, 176
Pferschy, 299, 304
Pfister, 144, 299

Philippe le Bel, 96-97, 101, 111, 174
Philippe VI de Valois, roi de France, 115,
　128
PHILLIPS, 37, 299
Philon d'Alexandrie, 12, 18
PIASECKI, 171, 226, 299
PICKL, 148, 299
PIECHOSKI, 68, 299
Piémont, 131, 139-140, 143
PIRA, 34-35, 197, 299
Piran, 71, 138
Piri Reis, 31
Pise, 33
PLASELLER, 299
Platon, 10
Pline, 14-15, 18
Plutarque, 12, 16
Pô, 143, 146
poêles, 23-24, 26, 60-65, 70, 133,
　135-136, 171, 184, 205, 207-208,
　213-214, 218, 224-226, 245, 271
　– de fer, 207-208
　– de plomb, 204, 208, 223, 270
Pologne, 60, 179, 272, 306
pompe, 105, 205, 209, 213, 224,
　226-227, 244, 248, 262
　– à vapeur, 211
Pont-Saint-Esprit, 113-116, 122, 157, 163
Pontchartrain, 194
Porcelet, 98-99, 280
Portugal, 169, 172, 185, 190-191, 193,
　195, 203, 219, 227-228, 273
POURCHASSE, 189-190, 299
Prache et Bouillon, 245
Prestonpans, 207
PRINET, 66, 299
prisonniers, 31
　– de guerre, 35
prix du sel, 72, 89, 154-156, 160, 163,
　165, 175, 179, 196, 198, 212, 271
PROST, 300
Provence, 96, 99, 109-110, 114, 116,
　140, 157, 247, 259, 262-263, 276,
　285, 325

Prusse, 173, 175-177, 179-180, 185,
　193, 199, 238
Prussiens, 175, 177, 181
Psalmodi, 96-97, 101, 108, 127, 303
puits à balancier, 61
　– à muire, 65, 66, 68
　– à roue, 105
　– salés, 26, 59-61, 210, 324

qualités des sels, 89

Rabbi Rashi, 12
raffinerie de sel, 226, 239, 300
RAGOSTA, 24, 300
Raguse, 128, 271
RAMLOT-STILMANT, 226, 300
Ra's al-Makhbaz, 139, 146
Rassuen, 253, 265-266
RAU, 191, 300
RAUSCH, 294, 300, 302
Ray John, 204
Ré, 168, 186, 190, 195, 203, 273
real patrimonio, 33, 64
REGNIER, 52, 300
Regonfle, 124
Reichenhall, 134, 137-138, 142, 276,
　293, 304
RENAULT, 46, 300
Renouard et cie, 264
rente, 44, 71, 77, 79, 99-100
rentier (du sel), 76
Reval, 176, 179, 193, 218
révolution des transports, 238
REYES, 287, 300
Rhases, 14
Rhône, 95, 101, 110-112, 114-117,
　120-128, 138, 142, 148-149, 156-157,
　163, 253, 255, 257-259, 262-263, 275,
　281, 285-287, 295, 298, 300-301, 303,
　324
Riga, 173-174, 176, 190, 193, 218, 273
RIOU, 41
RITTER, 44, 49, 52-53, 300

ROBERTS, 48, 300
ROCIOLA, 300
Rohm & Haas, 266
roi d'Aragon, 33, 96, 110
roi de France, 100-101, 111-112, 114-115, 124, 140, 155-156, 171
— de Prusse, 226
— d'Espagne, 159
— Edouard IV, 177
— Robert d'Aujou, 124
Romagne, 71-72, 77, 79, 82, 275, 324
ROMESTAN, 300
Rosenheim, 158, 276
ROSSIAUD, 95, 102, 118, 120, 128, 148, 300-301
Rostock, 193
rota, Rod, 150
ROTH, 235-236, 240, 242-243, 287, 301
ROTTIER, 44, 301
Roumanie, 60
Rozières, 136
RUFFIEUX, 281
Ruhr, 226-227
RUSDEN, 301
Russie, 12, 36, 60, 179, 272

sables salés, 203, 217, 272
SABLOU, 301
Sahara, 39, 45-46, 49-52, 296-297
saint Ambroise, 16
Saintes Maries (de la Mer), 101, 112, 124
Saint-Louis, 128
Saintonge, 189-190, 194
sal di boccha, 273
salaisons, 106, 129, 133, 169, 196, 271
salarium, 15
Salies-de-Béarn, 63-64, 67-68, 285, 294, 304
Salin-de-Giraud, 253-254, 266-267, 276
Salindres, 254
saline de Saint-Nicolas-Varangéville, 239
— des Prélats, 70
salineur, 67

Salins, 15, 61, 63, 65-66, 68-69, 133, 136, 141, 157, 162-164, 167, 233-234, 242-244, 268, 270-271, 282, 286, 295, 297, 304
Salins du Midi, 243-244, 261, 264, 266-268, 325
salnaria, 110
salorges, 170
salsae rolls, 67
Salsomaggiore, 60
salt boilers, 210
Saltcoats, 205, 207, 293
Salterbeck, 205
salters, 272
Saltpan Bay, 207
Salzbourg, 15, 36, 134-135, 275
Salzjunker, 167
Salzkammergut, 60, 135
SAMORY, 48
Sankey Navigation Act, 210
Sardaigne, 33-36, 139, 146, 196
SARRAZIN, 283, 292, 295, 297, 299, 301, 304, 306
Sassendorf, 226
SASTRE MOLL, 139, 301
Saulnois, 236
saunerie, 24-25, 61, 63, 68, 70, 110, 133, 184, 204-207, 223-226
SAUPIN, 195-196, 297, 301
SAVAGE, 46, 297, 301
Savoie, 123, 126, 134, 138, 140, 145, 155-157, 162, 259, 276, 281, 286
savonnerie, 265
Sayula, 31, 295
Scandinavie, 33, 59, 179, 227
Scanie, 176
Schaffhouse, 137, 142, 144, 154, 158, 163
Schiffsfahrt, 175
Schleiden, 16-17
SCHMID, 143, 301
SCHRAML, 135, 301
SCHREMMER, 137-138, 147, 226, 301, 302

SCHULTE, 176, 302
Schwäbisch Hall, 271
SCHWEBEL, 173, 213, 302
SCLAFERT, 302
SEABRA LOPES, 194, 302
seigneur de Fos, 99
Seille, 32, 136, 236, 241
sel d'alliance, 164
　– de la Baie, 169, 171-175, 177,
　　179-182, 185, 187, 189, 191-193,
　　195, 203- 204, 224, 276, 325
　– de la Trave (Travensalz), 178,
　　191-192
　– de tourbe, 192
　– di bocca, 133
　– gemme, 23, 59-60, 167, 185,
　　207-211, 213-214, 228, 231, 235,
　　239, 243, 269-270, 274
　– ignigène, 156, 168, 172, 185, 199,
　　203, 218, 228
　– marin solaire, 168, 172
　– raffiné, 176, 192, 199, 228, 238,
　　240-241, 243
　– solaire, 185, 218, 224
　sels d'alliance, 161
　– des péages, 163
Senf, 224
Senf Friedrich August, 225
Senf Friedrich Erdmann, 224
SENSENIG, 36, 302
Setúbal, 129, 169, 172, 194, 199, 218,
　228, 270, 273, 289, 300
Seyssel, 123-124, 146, 148-149, 157
Shields, 207, 208
Sichuan, 26, 304
Sicile, 60, 99, 112, 114, 124-125, 139,
　156, 197-198, 265, 273
Siedesalz, 191
SIMEONI, 149, 302
SIMON, 37, 302
Simplon, 143-144, 152, 160
SINHA, 213, 302
Sion, 144
SNELLER, 182, 304

Société anonyme des anciennes salines
　domaniales de l'Est, 233
　– de Berre, 257
　– de Rosières-Varangéville, 239
　– des anciennes salines domaniales de
　　l'Est, 235
　– des mines et salines de Rosières et
　　Varangéville, 239-240
　– salinière lorraine, 243
SOCOSEL, 235, 243
Solvay (et cⁱᵉ), 214, 235, 237, 239,
　242-243
Song (dynastie), 24
Sonnin, 223-224
sorcellerie, 13
Souabe, 137, 144
Soudan, 41-42, 46, 48-50, 52, 298, 303
sources salées, 60, 62, 66, 135, 167-169,
　217, 226, 231, 234, 245, 269, 272
Spinalonga, 139
SRBIK, 135, 150, 302
STADLER, 135, 302
STARK, 178, 191, 302
Steiner Melchior, 153
Stettin, 185, 192-193, 218
Stockalper Adrian, 144
Stockholm, 176, 193
STÖCKLY, 303
STODDARD, 96, 303
STOLZ, 145, 150, 303
STOUFF, 303
Stralsund, 185, 192
Styrie, 60, 134-135
Sund, 174, 188-189, 191, 219
surproduction, 257

Tabelbala, 39
TAILLEMITE, 194, 196, 303
Talmud, 16
TAMSIR NIANE, 37, 303
Taoudenni, 48, 50, 52-54, 284
Tarascon, 96, 110, 112, 114, 116, 124,
　157, 285
TARDY, 190, 303

Tarentaise, 135, 157, 280
Taxco, 32
Teggida n'tesemt, 44, 46
Terhazza, 54
Terre-Neuve, 227
Tessin, 138, 142-143, 146-147, 159
Teste, 234
TEUTEBERG, 283
Thonnelier, 231
TIMM, 227, 303
tirage du Rhône, 148
Tishit, 46-50
Tombouctou, 46, 48, 50, 52-55
tonnellerie, 271
Tortosa, 273
touareg, 46, 48, 50-52
TOUCHARD, 182, 303
Toulon, 110
Toulouse, 258
tourbes, 184, 217-218, 272
traite (du sel), 99-190
traité, 136, 158, 194
Transylvanie, 270
Trapani, 129, 134, 139, 144, 152, 161, 196-198, 273, 281, 283
Trarza, 49-51
travail forcé, 26, 32, 55
TREMEL, 135, 304
Trente, 145, 150
Trentin, 149
tribut, 32
TROCMÉ, 194, 304
TUCOO-CHALA, 64, 304
Tunis, 31, 46
TUR TORRES, 139, 304
TURCHINI, 291
Turin, 74
Tuzla (Bosnie), 60
tympans, 104
Tyrol (Tirol), 60, 135, 137, 152, 158, 160, 163, 276, 303

Ugine-Kuhlmann, 240
UNGER, 182, 304
Unna, 226-227

Usiglio, 254-255
Uzès, 96-97, 108

vagabonds, 26, 28, 259
val d'Aoste, 143-144
Valais, 123-124, 133-134, 137, 142-144, 154, 156, 158-161, 163-164
Valence (Dauphiné), 117, 125
Valence (Espagne), 30
Valteline, 139, 153
vapeur, 105, 204, 213, 227, 247-248, 262
Varangéville, 235-236, 238-239, 241, 244
Vaud (pays de), 133, 135-136, 142-143, 282
Veckinchusen, 175, 180
VEGLIANTE, 245, 282
VELLEV, 173, 217, 304
Venise, 30, 33, 71, 98, 108, 133-134, 138-139, 143-144, 146, 151-154, 156, 159, 161, 271-273, 275, 290-292, 303
vente étrangère, 136, 152
VENTURINI, 111, 304
Verhille Henri, 243
Vérone, 133, 147, 149
viage, 117-118, 120
viandes séchées, 123
vicomte de Béarn, 64
Vidal, 252
Vidal Jean Joseph, 253
villages commandés, 34
villages du sel, 43
Villeroy, 107, 250
Vilnius, 193
VIVARÈS, 105, 304
VOGEL, 26, 280, 304
VOILLIARD, 304
VOISIN, 66, 304
VOLK, 70, 304
vom Stein, 227
von Beust, 226
von Bülow, 223-225

von Hardenberg, 223
VORUZ, 143, 304

Walcheren, 176, 181
Walloe, 226
WANDERWITZ, 134, 142, 304
WARD, 203, 212- 214, 304
Weaver, 210
WELLER, 284
Wen shi, 28
Westphalie, 167, 220, 226-227
WETTER, 304
WHATLEY, 207, 304-305
Whitehaven, 205
Wieliczka, 36, 60, 179, 270
WIGBOLDUS, 305

Winsford, 211, 213-214
WITTHÖFT, 66, 172, 176, 178, 185, 192, 217, 219-220, 222, 305-306
WOLF, 173, 179, 301, 306
Worcestershire, 204
WORONOFF, 291
WYROZUMSKI, 179, 306

Yangzijiang, 24
YOUNG, 96, 303

Zélande, 59, 171, 176, 181-185, 192, 199, 217-218, 227, 273
Zurich, 123, 132, 134, 137-138, 142-144, 153-155, 158, 161, 164

图书在版编目（CIP）数据

盐的世界史：从奴隶社会到全球化时代／（法）让－
克洛德·奥凯著；陈侠，张健译. －－北京：社会科学
文献出版社，2021.6
（思想会）
ISBN 978－7－5201－8435－9

Ⅰ.①盐… Ⅱ.①让… ②陈… ③张… Ⅲ.①盐业史
－研究－世界 Ⅳ.①F416.82

中国版本图书馆 CIP 数据核字（2021）第 094688 号

·思想会·

盐的世界史：从奴隶社会到全球化时代

著　　者／［法］让－克洛德·奥凯（Jean-Claude Hocquet）
译　　者／陈　侠　张　健

出 版 人／王利民
责任编辑／吕　剑　聂　瑶

出　　版／社会科学文献出版社·当代世界出版分社（010）59367004
　　　　　　地址：北京市北三环中路甲 29 号院华龙大厦　邮编：100029
　　　　　　网址：www.ssap.com.cn
发　　行／市场营销中心（010）59367081　59367083
印　　装／北京盛通印刷股份有限公司

规　　格／开本：880mm×1230mm　1/32
　　　　　　印　张：10.875　字　数：270 千字
版　　次／2021 年 6 月第 1 版　2021 年 6 月第 1 次印刷
书　　号／ISBN 978－7－5201－8435－9
著作权合同
登 记 号／图字 01－2020－2934 号
审 图 号／GS（2021）3647 号
定　　价／78.00 元